KB181044

탄핵 광장의 안과 밖

탄핵 광장의 안과 밖

촛불민심 경험분석

이지호·이현우·서복경

책담

이 글은 2011년도 서강대학교 교내연구비 지원에 의한 연구입니다.

서문

―

대한민국은 여러 차례에 걸쳐 성공적인 민주화 과정의 역동성을 보여주었다. 2016년 10월 시작된 '박근혜 정부의 최순실 등 민간인에 의한 국정농단 의혹 사건'에 대한 국민의 분노가 대통령 탄핵으로 이어지는 일련의 과정 역시 또 한 번 한국 정치 발전의 계기가 되었다.

2017년 3월 11일까지 주최 측 추산 총 누적인원이 1,600만 명이 넘었던 20차례 촛불집회의 정치적 의미는 크게 두 가지로 정리해볼 수 있겠다. 첫 번째는 현상적 차원으로, 대규모 시민집회가 완벽한 질서 속에서 진행되었다는 사실을 들 수 있다. 2016년 10월 29일 약 5만여 명이 참석한 1차 촛불집회 이후 20회가 넘는 동안 단 한 명도 위법행위로 체포된 사례가 없었던, 전 세계 어디에서도 유례를 찾기 힘든 자발적 정치 참여의 훌륭한 사례가 아닐 수 없다. 이런 차원만으로도 한국 국민의 성숙한 시민의식과 민주주의 가치 실천 능력을 과시하기에 부족함이 없었다.

두 번째는 내용적 차원으로, 대통령 사퇴라는 대다수 국민 여론이 행동으로 표출되었고 그 목표에 이르는 정치 변화를 시민이 주도했다는 점이다. 국회의 대통령 탄핵소추안 가결에서부터 헌법재판소의 탄핵 인용, 검찰과 법원의 구속 수사 결정에 이르기까지 각 국가기관이 각자의 자율성에 근거해 판단을 내렸지만, 이를 추동한 힘이 여론과 시민행동이었다는 점은 분명하다. 또한 이 힘은 대통령 한 개인의 해임을 넘어 정당체제 차원의 변화까지 만들어냈다.

이번 촛불집회의 정치사회적 의미는 다양하게 조명되어야 하며 이미 여러 해석들이 제기되고 있다. 한편에선, 거시적 관점에서 1987년 헌정체제 이후 1997년 신자유주의 체제 속에서 대중의 분노가 표출된 것이며 2017년 촛불집회는 신자유주의를 벗어난 탈신자유주의로의 지향을 보여주는 것이라는 미래지향적 평가가 나왔다(손호철 2017). 또 2017년 촛불집회는 2008년 미국산 쇠고기 수입 반대 촛불집회에서 태동된 대의제 민주주의의 한계와 새로운 참여 주체의 직접적 행동이라는 민주주의 운영 방식의 변화를 의미한다는 주장도 나왔다(이동연 2007; 송호근 2017). 이번 촛불집회 참여를 통해 시민들은 이 나라의 주권자가 누구이며 권력이 누구로부터 나오는 것인지를 정확히 실감할 수 있었다는 평가다.

다른 한편에선, 이러한 긍정적 평가를 넘어 촛불집회의 한계를 지적하는 관점도 나왔다. 평화집회가 가능했던 이유는 경찰의 강경진압 자제, 서울시의 지원, 그리고 법원의 개방적인 집회 범위 확대 결정 등이 주요 원인이며(김동춘 2017, 208), 정권 말기에 발생한 촛불집회의 성과가 차기 대선이라는 정치행사에 함몰될 위험성을 경고하고 개혁의 목표와 과제를 고민해야 한다는 주장도 제기되었다.

이 책은 이번 촛불광장에 대한 거시적이고 역사적인 해석보다는, 광장의 안과 밖을 구성한 다양한 면면에 돋보기를 들이대면서 전체 그림을 추론해보는 미시적 접근을 택하고 있다. 광장의 시민들은 누구였으며 그들이 원하는 바는 무엇이었는지, 광장의 시민과 여론조사로 확인된 시민들은 어떻게 같고 달랐는지, 미디어에서 추정하는 광장 시민들에 대한 여러 가설들 중에 무엇이 진실에 가깝고 무엇은 그렇지 않은지, 광장 안에서 본 촛불과 광장 밖에서 본 촛불은 같았는지 달랐는지 등에 대한 구체적 질문을 던지고, 각각의 질문에 대한 경험적 대답을 해보려고 노력한 결과물인 셈이다.

필자들이 이런 질문과 대답을 고민하게 된 이유는 평범한 시민들의 눈높이에서 바라본 이번 촛불광장과 탄핵에 대한 경험적 기록이 필요하다는 소명감 때문이었다. 사실 '촛불혁명', '명예혁명' 등의 명명들은 촛불집회에 참가한 시민들이 직접 부여한 것이 아니다. 경험조사를 통해 관찰한 바에 의하면, 정치적인 냉소와 외면이 대통령이 연루된 민간인의 국정농단이라는 터무니없는 사태를 방치했다는 성찰, 대한민국의 국민으로서 정치를 바로잡아야 한다는 애국심 등이 시민들로 하여금 촛불을 들게 한 실질적 이유에 더 가깝게 보였다. 정치에 냉소적이긴 하지만 결코 정치를 외면하지는 않았던 국민들이 민주주의에 대한 가치와 기대를 새롭게 드러낸 것이 이번 촛불광장으로 발현된 것일 수 있다.

촛불집회는 부당한 권력남용이라면 처벌되어야 하며 국민이 처벌을 주도할 의사와 능력이 있다는 것을 보여주었다. 2017년 3월까지 촛불집회 기간 동안 모인 시민들의 후원금 총액은 약 38억 원에 이르렀다. 3월 14일 촛불집회의 행사 비용이 1억 원 정도 모자라다는 것이 일부 언론을 통해 보도되자, 5일 만에 후원금 12억 원이 모금되었다고 한다. 이처럼 촛불집회는 특정 단체가 독점하거나 주도한 것이 아니었으며 시민의 자발적인 참가였다는 것을 다시금 확인할 수 있다.

세계적인 추세를 보아도 지난 50년간 비폭력적인 투쟁이 폭력적 투쟁보다 더 성공 확률이 높고 효율적인 것으로 나타났다(스테판·체노웨스 2008). 성공과 효율성의 핵심에는 대중의 힘people power이 있기 때문이다. 비폭력적인 집회일 때 더 많은 시민들이 참가하며, 통계 수치로 볼 때 3.5% 이상의 인구가 집회에 참여하게 되면 집회의 목적을 이룰 수 있다는 것이다. 또한 그동안 인구의 3.5% 이상이 참가한 집회는 모두 평화집회였다는 사실이 확인되었다. 여기에 더하여 평화집회는 결과적으로 민주주의 체제 확립에 기여하며 내전의 재발 가능성을 떨어뜨리는 것으로 밝혀졌다.

촛불집회가 대규모로 진행되기 시작할 즈음에는 특정 진보단체가 회원들을 동원한다거나 일당을 지불하고 참가자들을 모은다는 헛소문도 있었다. 그러나 오히려 집회 참가자들이 더 늘어나면서 그러한 소문은 사라졌다. 촛불집회는 진보 성향의 시민들만이 모여 박근혜 정권을 반대하는 정치집회라는 평가도 있었다. 그러나 정치인에게 발언의 기회마저 주지 않을 정도로 정치적 해석을 경계한 시민집회였다.

시민들의 입장에서 촛불집회는 엄숙한 정치행사가 아니었다. 시민들은 '이게 나라인가'라는 분노에서 출발하여 "대한민국은 민주공화국이다"라는 헌법 제1조에 공감했고, 민주정치의 기본 원칙을 준수하라고 요구했다. 친구나 가족과 함께한 참가자들은 결코 비장하지 않았으며 오히려 집회 분위기를 즐겼다는 표현이 더 적절했다. 대통령의 퇴진이라는 뚜렷한 목표와 함께 어우러진 문화축제의 분위기는 더 많은 시민들이 참가할 수 있는 여건이 되었다. 대규모 집회로 발전하기 위해서는 평화집회 외에도 풍자와 해학이 필요하다. "오늘날 활동가들은 (중략) 분노와 증오에서 재미에 뿌리를 둔 더욱 강력한 형태의 행동주의로 옮겨가고 있다"(스르자 포포비치, 143)는 추세와 일치하는 것이었다.

이 책은 촛불집회를 경험적인 자료에 근거해서 분석하는 것을 목적으로 한다. 경험분석이 중심인 이 책에는 다양한 설문자료가 사용되었다. 먼저 내일신문과 서강대학교 현대정치연구소가 2016년 12월 말에 실시한 전국 단위 1,200명 대상 전화 설문조사가 기초 자료로 사용되었다. 이 설문을 통해 2016년 말 현재 23.9%의 국민들이 촛불집회에 참가한 경험이 있다는 것을 확인했다. 또한 휴대전화 웹을 사용한 패널 설문조사 자료도 사용되었다. 4차에 걸쳐 동일한 응답자를 설문조사한 자료로서 촛불집회에 대한 심도 깊은 분석에 유용하게 활용되었다. 조사 시기는 2016년 11월 14일(1차), 2016년 11월 25일(2차), 2016년 12월 16일(3차), 2017년 3월 13일(4차)이다. 그리고 마지막으로, 다른 기관은 보유하지 않은 설문자료인 광화문 집회 참여자들을 대상으로 한 현장면접 자료도 썼다. 2016년 11월 26일 5차 촛불집회 현장에서 2,058명을 조사했다. 또한 현장조사 응답자들을 대상으로 12월 15일에 2차 조사를 실시하여 530명의 응답을 받았다. 이러한 설문조사를 바탕으로 대통령 탄핵 촛불집회 참가자들의 태도 및 행태를 분석했다.

이 책은 총 4부로 구성되었다. 각 부에는 각각 한 가지 질문에 대한 짧은 경험적 대답을 제공하는 수개의 글이 있다. 1부는 2016년 10월 29일 1차 촛불광장의 탄생을 그 이전 상황들과 단절적이지 않고 연속된 관점에서 조망할 수 있도록 하기 위해 간략히 광장의 전사前史를 소개하는 내용으로 구성했다. 2부는 3부와 4부의 분석 결과의 이해를 돕기 위해, 1~20차 촛불광장이 어떻게 전개되었는지에 관한 사실 정보를 전달하는 내용으로 구성했다. 본격적인 경험분석 내용으로 3부에서는 '광장의 내면'을, 4부에서는 '광장의 외면'을 조망했다. 3부는 촛불광장 안으로 들어가 촛불시민은 누구이며 왜 광장에 나왔고 그들의 정치적 선호는 무엇이었는지, 그리고 광장 참가자들에 대한 논쟁적인 여러 가설들 중 어떤 가설이 사실에 부합하고 부합하지 않는지 등을 검증하는 내용으로 구성했다. 4부는 광장의 안과 밖을 비교하면서 광장 참가자와 미참가자의 유사성과 차이성을 분석하는 데 초점을 두었다.

자료를 습득하는 과정은 많은 이들의 도움이 없으면 불가능했다. 우선 내일신문사에 감사를 드린다. 현대정치연구소와 함께 촛불집회 관련 프로젝트를 기획하고 실행했던 경험 덕분에 필자들이 이 책을 출판하기로 결정할 수 있었다. 까다로운 설문 문항들과 조사 여건에도 불구하고 4차에 걸쳐 웹 조사를 통한 풍부한 패널 설문조사를 수행해준 서베이몹의 김윤호 대표에게도 큰 감사를 드린다. 또한 광화문 집회 참가자 현장조사에 조사원으로 참여해준 서강대학교 정치외교학과 대학원생들의 도움이 없었다면 역사의 한 순간을 기록으로 남기지 못했을 것이다. 짧은 시간 동안 출간을 위해 노력해준 책담의 최만영 대표와 관계자들에게도 감사를 드린다. 무엇보다도 세 명의 필자들이 이러한 공동작업을 할 수 있었던 것은 이갑윤 교수님의 학문적 영향이 크다. 학문을 대하는 자세부터 경험적 검증의 엄격함 등 많은 가르침이 있었기에 필자들이 이 책의 출판이라는 결실을 맺게 되었다.

2017년 7월
저자 일동

4부 광장의 외면 外面

부록

1부

광장의 전사 前史

30%의 콘크리트 지지율?

2016년 10월 29일 시민 5만여 명[1]이 박근혜 정부에 대한 분노의 촛불을 밝혔고, 이로부터 2017년 3월 10일 헌법재판소의 대통령 탄핵인용 결정에 이르는 대장정이 출발했다. 현직 대통령을 탄핵에 이르게 한 시민과 국회, 검찰, 특별검사, 헌법재판소 등의 숨 가쁜 상호작용이 본격화된 것은 이때부터이지만, 과연 이 사태는 어디에서 기원했을까?

혹자는 2016년 9월 20일 '미르·K스포츠 재단에 최순실 관여' 보도(한겨레신문)를 그 기원으로 보기도 하고, 10월 24일 이른바 '최순실 태블릿 PC' 보도(JTBC 〈뉴스룸〉)를 그 기원으로 보기도 한다. 이 두 사건이 사태 전개의 방향을 정하고 속도를 가속화시키는 데 중요한 계기였다는 점은 분명해 보인다. 한국갤럽이 제공한 주별 대통령 국정지지도 조사 자료에 따르면, 10월 둘째 주부터 국정지지도에 유의

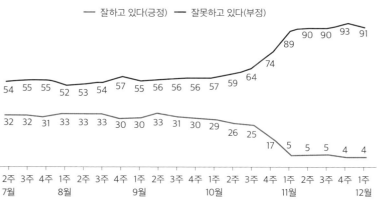

그림 1-1 **주별 대통령 국정지지도(2016년 7월 2주 ~ 2016년 12월 1주)**

(단위: %)

— 잘하고 있다(긍정) — 잘못하고 있다(부정)

54 55 55 52 53 54 57 55 56 56 56 57 59 64 74 89 90 90 93 91

32 32 31 33 33 33 30 30 33 31 30 29 26 25 17 5 5 5 4 4

| 2주 | 3주 | 4주 | 1주 | 2주 | 3주 | 4주 | 1주 | 2주 | 3주 | 4주 | 1주 | 2주 | 3주 | 4주 | 1주 | 2주 | 3주 | 4주 | 1주 |
| 7월 | | | 8월 | | | | 9월 | | | | 10월 | | | | 11월 | | | | 12월 |

출처: 한국갤럽 〈데일리 오피니언〉 제공 자료

한 변화가 발견되었으며, 10월 24일 JTBC 보도가 있고 나서 10월 29일 1차 촛불집회가 개최된 직후인 11월 첫 주 국정지지도는 5%로 급락하여 12월 첫 주까지 지속되었다. 국정지지도 4~5%는 통상적인 여론조사 오차범위를 고려하면 통계적 의미가 없는 수치이므로, 12월 첫 주 이후 각 여론조사 기관들은 국정지지도 조사를 멈춰버렸다.

그런데 돌이켜보면, 이런 결과는 통상적인 여론의 흐름에 비추어 보건대 놀라운 일이다. 12월 첫 주까지 확인된 대통령 국정지지도에 이어, 12월 첫 주 국회의 탄핵소추안 가결 찬성 비율, 국회 탄핵소추안 통과 이후 헌법재판소의 탄핵소추 인용 찬성 비율은 유의한 변동이 없이 매우 높은 수준으로, 그것도 안정적으로 유지되었다. 한국갤럽이 제공한 자료에 의하면, 2016년 12월 둘째 주 기준 탄핵 찬성 비율은 81%였고, 2017년 2월 둘째 주 기준 79%였으며, 3월 첫 주에도 77%를 유지한 것으로 나타났다(한국갤럽 〈데일리 오피니언〉). 77~81%의 차이는 오차범위 안의 차이이므로, 전체적인 여론이 상당히 안정적인 수준을 유지했다는 것을 보여준다.

2016년 10월 말 이후 이러한 여론의 안정성은 어떻게 가능했던 것일까? 통상 여론에 충격을 안긴 대형 비리 사건 등이 터지면 여론은 단기간에 출렁이다가 관련 정보가 확산되면서 판단이 조정되는 기간을 거쳐 안정화되는 것이 보통이다. 이 사태가 9월 말 혹은 10월 말 어느 날 언론 보도로 드러난 국정농단 사건이 가져다준 충격으로부터 출발한 것이라면, 어떻게 국정지지도가 일거에 4~5%까지 급락한 다음 변동 없이 유지될 수 있었던 것일까?

사태 발생 이후 설날 연휴를 제외하고 20주 동안 지속되었던 광장의 촛불이 탄핵에 이르는 여론을 안정적으로 유지한 핵심 동력이었던 점은 분명하다. 그렇다면 지치지 않고 20주 동안 광장을 유지시킨 힘은 또 어디에서 온 것일까?

〈그림 1-2〉는 2016년 10월 말 이후 여론의 추이를 설명해주는 한 단서를 제공한다. 사태 발생 직전까지 언론들은 대통령의 '콘크리트 지지율'에 대해 언급하곤 했다.[2] 2014년 봄 '세월호 참사'와 이후 이 사건을 대했던 정부의 어처구니없었던 태도, 2014년 말 '정윤회 문건 사건'으로 회자된 비선실세의 국정 개입 의혹, 2015년 초 '연말정산 파동'과 2015년 여름 '메르스 사태'로 상징되는 국정운영의 무능, 2016년 7월 '우병우 민정수석 비리 의혹' 등을 거치면서도 지지율은 그때마다 일시 하락하긴 했지만 곧 회복되었고 30%의 최저선만큼은 굳

그림 1-2 **분기별 대통령 국정지지도(2013년 2분기 ~ 2016년 4분기)**

(단위: %)

— 긍정 — 부정

출처: 한국갤럽 〈데일리 오피니언〉 제공 분기별 국정지지도 자료

건하게 유지되었다는 것이다.

그러나 돌이켜보면, '콘크리트 지지율 30%'의 신화 혹은 마지막까지 유지되었던 30%의 지지율에 대한 어떤 해석들이, 박근혜 정부가 여론의 흐름을 잘못 읽게 하고 사태를 이 지경에까지 이르게 한 요인 중 하나였던 것으로 보인다.

2014년 '세월호 참사'와 이 사건을 대한 정부의 태도, 그리고 2015년 '메르스 사태'는 이 정부에 대한 여론의 평가를 분기시켰던 계기였다. '세월호 참사'는 그 이전까지 50%를 상회했던 긍정적인 국정평가를 50%를 상회하는 부정적 국정평가로 전환시켰고, 이 정부는 대통령이 해임될 때까지 다시는 이를 회복하지 못했다. 또 2015년 '메르스 사태'는 박근혜 정부 출범 이후 처음으로 30%대의 국정지지도를 기록한 계기가 되었다.

박근혜 정부의 공직자들과 집권당 정치인들이 2014년과 2015년
에 40% 혹은 30%의 지지율로 되돌아가는 여론의 탄성彈性에 안주하
지 않고 증가하는 부정적 여론에 더 주목했더라면, 사태는 이 지경에
이르기 전에 내부적인 견제의 작동으로 어느 정도는 제어되었을지
모른다. 그러나 그들은 마지막까지 그 정부가 잘해내기를 인내하며
기다려주었던 30% 시민들의 기대를 끝내 저버렸다. 잘해서 긍정평가
를 한 것이 아니라 잘하기를 바라면서 지지를 버리지 않았던 30% 유
권자들의 꼭꼭 다져진 정치적 인내는 2016년 가을 어느 날 마지막 기
대의 둑이 무너지자마자 일거에 빠져나가 고갈되어버린 것이다.

무려 20주 동안이나 광장을 유지시킨 힘, 국회와 검찰과 언론을
움직여 대통령을 해임시킨 부동不動의 여론을 만들어낸 에너지는 이
미 훨씬 이전에 단단히 응축되어 터지기만을 기다렸던 셈이다. 물론
이런 해석조차 어설픈 연구자의 사후적 해석일 뿐이지만, 민주정치에
서 여론이 어떻게 만들어지고 움직이는가에 대한 값비싼 배움이 아
닐 수 없다.

TV조선이 울린 신문고

지금은 박근혜—최순실 게이트[3]의 대명사로 자리 잡아 대한민국 사람이라면 모르는 이가 없게 되어버린 것이 미르재단과 K스포츠재단이다. 미르재단은 청와대의 주도로 대기업들로부터 486억 원을 걷어 2015년 10월 27일 설립되었고, K스포츠재단은 이듬해 1월 13일 역시 대기업들로부터 288억 원을 걷어 설립되었다.

대기업들은 왜 이들 재단에 돈을 냈는지, 박근혜 전 대통령과 청와대 관계자, 최순실 등은 대기업 모금 과정에서 각각 어떤 역할을 담당했는지, 박근혜 전 대통령과 최순실은 이 재단들을 통해 무엇을 하고자 했는지 등은 여전히 법적 공방 중이다. 그러나 두 재단의 인사나 운영을 공식적으로 재단과 관계가 없는 최순실이 주도했다는 사실이 여러 증거와 증언으로 확인되었고, 2016년 11월 6일 두 재단에 기업 출연을 강요했다는 혐의 등으로 구속된 안종범 전 경제수석, 뇌물을 공여한 혐의 등으로 구속된 이재용 삼성전자 부회장 등 관련 건으로 여러 명이 구속되면서 두 재단은 이 사태의 태풍의 눈으로 떠올랐다.

그런데 2016년 7~8월 두 재단의 이름이 처음 언론에 등장할 때만 해도 일반 시민들뿐만 아니라 언론들에게조차 매우 낯선 존재였던 것으로 보인다. 두 재단의 이름이 언론에 최초로 보도된 것은 2016년 7월 26일이었고, 해당 언론은 TV조선이었다. TV조선은 이날부터 시작해 8월 중순까지 '단독' 혹은 '특종'이라는 머리말을 달고 꾸준히 관련 보도를 내보내기 시작했다.

7월 26일에는 미르재단 설립 과정에서 나타난 대기업들의 적극적인 출연 태도에 대해 다른 공익재단들의 모금 과정과 비교하며 그 의혹을 제기했다. 다음 날에는 안종범 전 경제수석의 이름을 직접 거론함으로써 청와대 개입 의혹을 제기했으며, 누구도 결정권을 갖고 있지 않다는 내부자들의 증언을 토대로 미르재단의 내부 운영에 의혹을 제기함으로써 '최순실'이라는 이름을 거명하지는 않았지만 드러나지 않은 실질적 배후의 존재를 암시했다.

TV조선은 7월 28일과 29일, 8월 2일에도 연이어 쉬지 않고 관련 보도를 내보냈다. 미르재단의 실질적 운영자로 차은택을 지목했으며 안종범 전 수석이 모금뿐만 아니라 재단 운영에도 개입했음을 폭로했고 기업 측 증언을 토대로 '자발적' 출연이 아닌 '강제' 모금의 가능성을 제기했다. 8월 3일 보도부터는 드디어 'K스포츠재단'이 등장했다. 3일과 4일, TV조선은 두 재단의 설립 과정이 '쌍둥이'처럼 닮아 있을 뿐만 아니라 재단 설립 총회는 '가짜'였으며 설립 신청서류 또한 동일한 형태를 취하고 있음을 폭로했다. 8월 11일부터 16일까지의 보도에

표 1-1 **2016년 7~8월 TV조선 미르재단 관련 보도**

일자	보도 제목
7월 26일	〈TV조선 단독〉 미르재단 설립부터 미스터리…이유는?
	〈TV조선 단독〉 재단법인 미르, 30개 기업이 486억 냈다
7월 27일	〈TV조선 단독〉 안종범 수석, 500억 모금 개입 의혹
	〈TV조선 단독〉 미르재단 내분 암투 파행…주인 누굴까?
7월 28일	〈TV조선 단독〉 '미르' 모금 기업들 "정부 기획으로 알고 돈 냈다"
	〈TV조선 단독〉 문화계 황태자 차은택, 미르재단 좌우
	〈TV조선 단독〉 안종범, 미르재단 사무총장 사퇴 종용
	〈TV조선 단독〉 미르 모금 기업 불만 많았다
7월 29일	〈TV조선 단독〉 "차은택, 대통령에 심야 독대 보고 자랑하고 다녀"
	〈TV조선 특종〉 "안종범 수석, 미르재단 인사도 개입"
8월 2일	〈TV조선 단독〉 900억 모금한 기업들…팔 비틀렸나?
8월 3일	〈TV조선 단독〉 K스포츠—미르재단은 '쌍둥이'?
8월 4일	〈TV조선 단독〉 '수상한 두 재단'…미르·K스포츠, 회의록까지 똑같아
	〈TV조선 단독〉 청와대 경제비서관도 미르 관계자 만났다
	〈TV조선 단독〉 900억 모금 미르·K스포츠 창립총회는 가짜
8월 10일	〈TV조선 단독〉 380억 모금 체육재단 이사진 미스터리
8월 11일	〈TV조선 단독〉 미르, 대통령 순방 TF에 참여…비선조직이었나?
8월 12일	〈TV조선 단독〉 미르, 세탁 나섰나?…재정상황 뒤늦게 공시
8월 13일	〈TV조선 단독〉 박 대통령 행사마다 등장하는 미르·K스포츠
8월 16일	〈TV조선 단독〉 미르재단 이사장 문화 행사에 특혜 용역?

서는 두 재단의 활동이 해외 순방 등 박근혜 전 대통령의 행적 곳곳에서 발견됨을 드러내 박 전 대통령과 두 재단의 관계에 대한 의혹을 직접 제기하고 나섰다.

그런데 7월 말부터 8월 중순에 이르는 기간 동안 꾸준히 진행된 TV조선의 관련 보도는 다른 언론들의 후속 보도로 이어지지 못했고 일반 시민들의 관심도 크게 끌지 못했던 것으로 보인다.

다음 포털 뉴스 검색 결과를 보면, TV조선의 첫 보도가 있었던 7월 26일부터 31일까지 미르재단을 포함했던 보도는 24건으로, 이 가운데 TV조선 외 다른 언론의 보도는 절반에도 미치지 못했다. 또한 TV조선은 8월 2일부터 중순까지 지속적으로 관련 뉴스를 내보냈고 8월 3일에는 K스포츠재단을 언급하기도 했지만, 8월 한 달 동안 미르재단을 포함했던 보도는 66건, K스포츠재단을 포함했던 보도는 15건에 불과한 것으로 나타났다. 이 가운데에서도 상당수는 TV조선 자체 보도로, 방송 뉴스의 특성상 동일한 내용을 제목을 달리하여 여러 번 내보냈기 때문이다.

8월 중순 이후 9월 20일 한겨레신문의 최순실 지목 보도 이전까지는 TV조선 자체 보도도 사라졌을 뿐만 아니라, 다음 포털의 전체 검색에서도 미르재단 관련 27건, K스포츠재단 관련 21건의 매우 낮은 빈도만을 나타내고 있었다. 이런 상황은 9월 20일 한겨레신문 보도 이후 두 재단 관련 보도가 각각 4,950건, 4,799건으로 폭증한 것에 비추어 궁금증을 자아내는 부분이 아닐 수 없다.

표 1-2 미르재단·K스포츠재단 관련 뉴스 빈도

2016년	뉴스 키워드 검색(건)	
	미르재단	K스포츠재단
7월 26~31일	24	0
8월 1~31일	66	15
9월 1~19일	27	21
9월 20~30일	4,950	4,799

출처: 다음 포털 뉴스 검색(2017. 2. 20)

8월 중순 이후 TV조선의 관련 보도가 지면과 방송에서 일거에 사라졌는데, 그 이유는 일명 '우병우—이석수 사건'의 긴박한 전개 때문이었던 것으로 추정된다. TV조선은 7월 26일 미르재단 관련 특종 보도 며칠 전인 7월 18일, "넥슨, 우병우 민정수석 처가 땅 매입 의혹"이라는 제목의 보도를 내보냈다. 2011년 우병우 청와대 민정수석 처가의 땅을 김정주가 회장으로 있는 기업 넥슨이 몇 배의 비싼 가격으로 구매했고, 그 과정에 진경준 검사장이 개입되었다는 의혹을 제기한 것이다.

보도가 나가자마자 당일 우병우 전 청와대 민정수석은 관련 사실을 전면 부인하는 보도자료를 내고 해당 기자를 출판물에 의한 명예훼손으로 검찰에 고소했다. 다음 날인 7월 19일에는 경향신문이 우병우 수석이 정식 수임계를 내지 않고 홍만표 변호사와 정운호 전 대표의 변론을 맡았다는 의혹을 제기하는 기사를 내보냈고, 역시 우병우 전 수석은 경향신문을 고소했다. 사태가 이렇게 전개되자 7월 26일 박근혜 전 대통령은 이석수 변호사를 특별감찰관에 임명하고 관련 사건에 대한 감찰을 지시했다.

그런데 8월 16일 MBC는 "이석수 특별감찰관이 우병우 관련 사건 조사 내용을 언론에 유출했다"는 보도를 내보냈고, 이석수 감찰관은 즉각 이를 부인하는 사태가 발생했다. 이석수 감찰관은 8월 19일 진경준 검사장 인사 검증 부실, 가족 명의 회사 탈세 및 횡령, 아들 병역 특혜에 대한 직권남용 혐의 등을 근거로 우병우를 검찰에 조사 의뢰했는데, 당일 청와대는 "특별감찰관이 감찰 내용을 특정 언론에 유출하고 서로 의견을 교환한 것은 특별감찰관의 본분을 저버린 중대한 위법행위이자 묵과할 수 없는 사안"이라 규정했다.

결국 8월 23일 검찰은 두 사건을 묶어 '우병우—이석수 사건'이라 명명하고 조사에 착수했다. 8월 26일 집권 새누리당의 김진태 의원은 기자회견을 통해 '조선일보 송희영 주필의 뇌물수수 의혹'을 공개했으며 29일 송 주필은 사임을 표명했다. 미르재단과 K스포츠재단과 관련한 TV조선만의 단독 보도 행진 마지막 날이었던 8월 16일은 공교롭게도 이석수 특별감찰관의 조사 내용 언론 유출 사건이 보도된 날이었다.

아무튼 7월 말부터 8월 중순까지 이어진 TV조선의 고군분투는 신문고 역할을 톡톡히 했던 것으로 보인다. 미르재단과 K스포츠재단의 이름을 공론화시켰고 청와대 개입에 의한 기업 강제모금 의혹을 제시했을 뿐만 아니라, 두 재단이 대통령 관련 사업에도 개입했다는 정보를 제공함으로써 다른 언론사들의 광범위한 후속 취재를 가능하게 해주었기 때문이다. 9월 20일 이후 여러 언론들의 보도 경쟁과 그에 힘입은 관련 뉴스의 폭증 사태는 TV조선의 선구적 노력이 없었다면 어려웠을 것이다.

언론과 국회의 하모니

2016년 9월 20일, 한겨레신문은 총 15개의 기사와 사설, 칼럼으로(한국언론재단 빅카인즈BIGKinds 검색 결과) 미르재단과 K스포츠재단의 설립과 운영에 최순실이 개입했다는 의혹을 전했다. 다음 포털 뉴스 검색에 따르면, 이날 '최순실' 키워드로 검색된 뉴스 건수는 총 117건이었고, 다음 날인 9월 21일에는 그 2.4배에 이르는 286건이 검색되었다. 이후 9월 30일까지는 2,290건의 관련 보도가 있었고 10월 1일부터 10일 사이에는 1,520건으로 줄었다가 11일부터 20일 사이 6,490건으로 증가한 후 21일부터 31일 사이에는 44,500건으로 폭증했다. 10월 마지막 열흘 동안의 기사 빈도 폭증은 10월 24일 '최순실 태블릿PC' 보도와 10월 29일 1차 촛불집회 덕분으로 추정된다.

그런데 9월 20일 '최순실' 개입 의혹 최초 보도 이후 사태 초기 국면에서 정보를 확산시키고 이슈화하는 데 국회가 상당한 역할을 한

표 1-3 **시기별 언론 키워드 검색 결과**

2016년	뉴스 키워드 검색(건)	
	최순실	최순실&국회
9월 1~19일	3[4]	0
9월 20일	117	66
9월 21일	286	136
9월 20~30일	2,290	1,370
10월 1~10일	1,520	1,130
10월 11~20일	6,490	2,690
10월 21~31일	44,500	12,000

출처: 다음 포털 뉴스 검색(2017. 1. 20)

것으로 확인되었다. 9월 20일 당일 뉴스 검색 결과를 보면, '최순실' 보도 빈도는 117건이었고 이 가운데 66건이 '국회'를 키워드로 함께 포함하고 있었다. 다음 날인 21일에도 '최순실' 키워드 보도 286건 가운데 136건은 '최순실&국회' 검색 결과에 포함되었다.

보도 당일 더불어민주당, 국민의당, 정의당은 국회에서 관련 원내대책회의를 개최했고 '최순실' 개입 의혹에 대한 진상규명 의지를 밝혔다. 또 미르재단, K스포츠재단 의혹 소관 위원회인 국회 교육문화체육관광위원회 소속 야당 의원들은 국회 정론관에서 기자회견을 열어 2016년 위원회 국정감사에서 관련 인사들의 증인 채택과 진상규명 계획을 밝히고 새누리당의 협조를 요청했다.[5] 그리고 이날은 국회 제346회 정기회 5차 본회의가 개최된 날이었다. 본회의에서 더불어민주당 조응천 의원은 황교안 총리를 대상으로 한 대정부질의에서 관련 의혹을 제기했고, 우병우 당시 청와대 민정수석과 윤전추 청와대 행정관 임명에 최순실이 관여했다는 의혹을 제기했다.[6] 9월 20일 본회의에서 조응천 의원에 의해 제기된 일련의 의혹은 다음 날인 21일 각종 언론사 보도를 통해 일파만파 확산되었다. 9월 1일부터 개회된 정기회 일정 덕분에(?) 9월 20일의 최초 의혹 보도는 원내 다양한 마이크들을 통해 확산, 전파된 것이다.

9월 20일부터 30일 사이 '최순실' 키워드의 보도는 2,290건이었고, 이 중 59.8%인 1,370건은 국회 관련 보도였다. 그리고 10월 1일부터 10일 사이 '최순실' 키워드의 보도 1,520건 중 74.3%인 1,130건이 국회 관련 보도였다. 국회가 9월 26일부터 10월 중순까지 2016년 국정감사를 진행했고, 관련 인사들의 국정감사 증인 채택 여부를 둘러싼 원내정당들의 갈등에서부터 감사에 채택된 증인들의 출석 여부, 그리고 기관보고와 증인들의 증언을 통한 의혹 확산의 과정이 이 시기 동안 연이어 진행되며 언론의 주목을 받았기 때문이다. 특히 미르재단, K스포츠재단과 정유라의 이화여대 특혜 의혹 등의 소관 위원회인 교육문화체육관광위원회의 국정감사는 언론의 주목을 받았다. 위원회는 9월 26일부터 10월 15일까지 국정감사를 진행했다. 〈표 1-4〉는 이 기간 동안 위원회에서 관련 의혹의 진상규명을 위한 감사 활동을 나타낸 것이다. 위원회는 기관감사 결과 해소되지 않은 의혹에 대해 감사원 감사를 의뢰하거나 형사고발을 하기로 결정했다.

한편 10월 6일에는 전체회의를 통해 최순실, 안종범 전 청와대 경제수석, 차은택 전 창조경제추진단장, 이석수 전 특별감찰관, 이승철 전 전국경제인연합회 부회장, 정동구 전 K스포츠재단 초대 이사장, 정동춘 전 K스포츠재단 이사장 등에 대한 증인 채택 안건을 논의

표 1-4 각종 의혹 관련 교육문화체육관광위원회 국정감사 현황

일자	감사 대상 기관	관련 내용
9월 26일 9월 28일 10월 14일	교육부	- 정유라 부정입학, 출결 관리 및 과제 제출 특혜 등 관련 의혹 감사 - 정유라 특혜 관련 교육부의 이화여대 재정지원 건 감사 요청
9월 27일 10월 13일	문화체육관광부	- 미르·K스포츠재단 설립 허가 특혜 의혹 - 밀라노엑스포 관련 차은택 특혜 의혹 - 미르재단과 K스포츠재단 설립 승인 과정, 해외 순방 행사 플레이그라운드 수의계약 과정, K스포츠클럽 및 K스포츠재단 영업지원 관련 문체부의 불법 부당행위, 문화창조융합센터사업 기금운용계획의 부적절한 변경, 밀라노엑스포(부처 변경, 차은택 감독 선임), 2014년 전국체전 승마 장소 변경 관련 감사원 감사 요구 - 최순실 국정농단 진상규명 관련 답변에 대한 위증 관련 김종 전 문체부 차관에 대한 형사고발 요구
10월 4일	그랜드코리아레저(GKL) 등 문체부 산하기관	- 대통령 순방 과정에서 플레이그라운드, K스포츠재단 등 참여 특혜 의혹 - 차은택과 연관된 늘품제조 부당지원 및 은폐, 2015년도 승마 국가대표 운영관리 부실 및 훈련 수당 부당 지급, 훈련일지 위조 등 관련 감사원 감사 요구 - GKL의 장애인휠체어펜싱팀 창단에 최순실의 회사 '더블루K'를 업무대행사로 선정해 특혜를 준 점(문체부와 GKL 해당) 감사 요구 - 한국동계스포츠영재센터에 대한 GKL사회공헌재단의 예산 지원 관련에 대한 감사원 감사 요구
10월 10일	문화예술위원회 등 문체부 산하/유관기관	- 미르 모금 관련 회의록 제출 시 경총회장 발언 삭제 등 위증 관련 박명진 문예위 위원장에 대한 형사고발 요구

출처: 교육문화체육관광위원회 〈2016년도 국정감사결과보고서〉 일부를 정리함.

하기도 했다. 증인들의 출석은 제대로 성사되지 않았지만 그 자체로도 언론이 주목할 만한 정보 가치는 충분했고, 증인 채택 과정에서 정부와 집권당의 비협조적인 태도는 그대로 언론을 통해 시민들에게 전달되고 있었다.

이화여대 학내분규와 '정유라' 사건

2016년 10월 말 광장이 열린 데에는 '정유라'의 이화여대 부정입학 및 학점 특혜 등의 의혹이 지대한 공헌을 한 것은 의심의 여지가 없다. 대학 입학을 최종 목표로 초·중·고등학교 교육이 비정상적으로 집중되어 있는 현실에서, 자녀가 있는 모든 부모들과 당사자 학생들에게 이 사건은 대통령과 청와대 근처에서 발원한 권력 비리 사건을 일상의 삶 가까이로 일순간 옮겨놓은 충격이었다.

　　어렵게 모든 노력을 기울여 대학에 입학한 후에도 하루하루 학점을 관리하고 '스펙'을 쌓느라 온 청춘을 보내고 있던 대학생들에게도, 정유라 그에게만 특별했던 대학 총장과 교수들의 불법행위는 용납될 수 없는 상처가 되었을 것이다. 2015년 기준으로 고등학교 졸업자 10명 중 7명이 대학에 진학했다. 이 사건이 한국 사회의 젊은 세대들에게 가져다준 충격은 그 내용의 심각함뿐만 아니라 충격의 범위

표 1-5 **이화여대 분규와 정유라 사건 관련 일지**

일자	사건
2016년 7월 초	교육부, 5월 평생교육 단과대학 설립 지원 대학 6개 발표에 이어 이화여대 포함 4개 대학 추가 선정 발표
7월 28일	이화여대 학생들, 대학 평의원회 회의에서 미래라이프대학 설립 추진 중단을 요구, 본관 점거 농성 시작
7월 30일	경찰병력 21개 중대 1,600여 명, 학교 본관에 투입
8월 3일	이화여대, 미래라이프대학 설립 추진 취소 결정
9월 26일	한겨레신문, 정유라 부정입학 및 학점 특혜 의혹 보도
9월 28일	국회 교육문화체육관광위원회 국정감사, 정유라 부정입학 의혹 제기 더불어민주당 원내대변인 현안브리핑, 지도교수 교체 의혹 제기
10월 4일	국회 안전행정위원회 국정감사, 이화여대 경찰병력 투입 경위 등 논란
10월 16일	이화여대 교수협의회, 총장 퇴진 집회 예고
10월 19일	최경희 총장 사퇴
11월 18일	교육부, 이화여대 특별감사 결과 발표, 정유라 입학 취소 요구
12월 2일	이화여대 학교법인, 정유라 입학 취소 및 입학처장 등 관련자 5명 징계 요구
12월 5일	서울특별시교육청, 청담고등학교에 정유라 졸업 취소 요구
12월 15일	국회 국정조사 4차 청문회에서 관련 의혹 조사

에서도 폭넓을 수밖에 없었다.

　하지만 이 사건의 출발은 이화여대 학생들이 '그저 총장이 나갔으면 하고 땅을 팠는데 고구마에 무령왕릉에 지구 핵까지 나왔다'[7]고 우스갯소리를 할 만큼 멀리 있는 것처럼 보였다. 2016년 7월 교육부는 평생교육 단과대학 지원 사업 대상으로 이화여대를 포함한 4개 대학을 추가 선정해 발표했고, 학생들은 7월 28일 대학 평의원회 회의에서 이 사업의 추진 중단을 요구하며 본관 점거 농성을 시작했다. 이때 농성을 시작했던 학생들은 그 농성이 86일 동안이나 이어질 것에 대해서도,[8] '정유라 입학 및 학사관리 특혜 의혹'으로 이어져 박근혜 게이트의 뇌관이 될 것에 대해서도 전혀 예상하지 못했을 것이다.

이 사건은 2016년 7월 30일 경찰병력 1,600여 명이 이화여대 본관에 들어가 농성 중이던 학생들을 대상으로 강제 해산을 시도하면서 학교 밖으로 전해지게 되었다. 이전까지 다른 대학들에서도 드물지 않았던 학교의 정책 결정에 대한 찬반을 둘러싼 학내분규의 성격을 띠었지만, 경찰병력을 투입한 일은 이화여대 졸업생은 물론 언론과 정치권 및 일반 시민들의 이목을 끌었다. 뿐만 아니라 재학생들은 학교 측이 학생들의 농성 진압을 위해 경찰병력을 학내로 끌어들였다는 충격적인 사실 앞에서 결집하기 시작했고, '미래라이프 대학 설립 추진 중단'과는 별개의 이슈로 '경찰의 학내 진입 사건의 진상규명과 책임자 사과' 등이 다루어지게 되었다.

8월 3일 학교 측은 결국 '미래라이프 대학 설립 추진 중단'을 결정했지만, 사태는 해결되기는커녕 학교를 벗어나 언론과 국회로 일파만파 퍼져 나갔다. 학생들이 이 문제의 해결을 위해 택했던 주요 방법 가운데 하나는 민원이었다. 미래라이프 대학 설립 추진 과정의 진실과 경찰병력 투입 과정에 대한 감사를 요구하는 민원을 여야 국회의원실과 각종 유관기관에 2,000여 건이 넘게 제기한 것이다.[9] 이들의 노력은 9월 1일 개원한 정기국회 국정감사 준비 과정에 반영되었고, 안전행정위원회와 교육문화체육관광위원회 소속 위원들의 국정감사에서 다루어졌다.

2016년도 국정감사가 시작된 9월 26일, 한겨레신문을 통해 정유라 승마 특혜 의혹과 지도교수 교체 관련 의혹이 보도되었다.[10] 9월 28일 국회 교육문화체육관광위원회는 국정감사에서 정유라 부정입학 관련 의혹을 제기하고 현장 감사에 나섰다. 10월 4일 안전행정위원회는 서대문경찰서장을 불러 이화여대에 경찰병력을 투입한 경위를 물었고, 학교 측의 거듭된 요청으로 투입했다는 답변을 이끌어냈다.

9월 20일 한겨레신문 보도 이후 '최순실'의 국정 개입 의혹이 걷잡을 수 없이 확산되는 와중에 정유라의 대학 입학 및 학사 관리 특혜 의혹이 결합되면서, 각기 별개의 사건으로 흘러왔던 두 흐름이 맞부딪혀 거대한 사회적 충격을 만들어낸 것이다. 이화여대의 학생들과 교수협의회는 총장의 사퇴, 철저한 진상규명과 관련자 처벌을 요구했고 결국 총장의 사퇴와 관련자들의 구속에 이르게 되었다. 하지만 이 사건은 2016년 가을에 시작된 광장과 탄핵의 이중주의 서막을 연 계기로 기록된다.

10월 24일, 그날의 오전과 오후

2016년 10월 24일은 여러모로 사태 전개의 변곡점이 되었던 날로 기억된다. 그날은 박근혜 전 대통령의 국회 시정연설이 있었던 날이다. 이미 국회에 제출되어 있던 정부의 2017년도 예산안의 기조에 대해 설명하고 국회의 협조를 구하는 행사였는데, 오전 10시부터 진행된 시정연설의 하이라이트는 뜻밖에도 '예산'이 아니라 '개헌'이었다. 박전 대통령은 이렇게 말했다. "저는 오늘부터 개헌을 주장하는 국민과 국회의 요구를 국정과제로 받아들이고 개헌을 위한 실무적인 준비를 해나가겠습니다."

그날 그의 개헌 추진 천명으로 정치인들은 물론 일반 시민들까지 모두 어리둥절할 수밖에 없었다. 그는 취임 초였던 2013년 4월 "민생이 어렵고 남북관계가 불안한데 개헌 논의가 블랙홀이 될 가능성이 있다"[11]며 반대 입장을 밝힌 바 있었고, 2014년에도 "민생 법안과 경제 살리기에 주력해야 하는데 개헌 논의 등 다른 곳으로 국가 역량을 분산시킬 경우 또 다른 경제의 블랙홀을 유발시킬 수 있"[12]다는 언급으로 개헌에 반대하는 입장을 거듭 분명히 해왔기 때문이다. 심지어 2016년 시정연설 며칠 전에도 당시 집권 새누리당을 중심으로 확산되던 개헌 논의에 대해 청와대는 "그동안 개헌과 관련해서 입장이 달라진 건 없다"고 밝힌 바 있었다.[13]

그랬기에 10월 24일 오전에 터져 나온 임기 내 개헌 추진 선언은 그 의도와 배경, 현실 가능성 등을 둘러싼 갑론을박을 불러일으킬 수밖에 없었다. 다음 포털 뉴스 검색 결과를 보면(2017년 1월 25일 검색 결과), 10월 24일 하루에만 대통령의 개헌 관련 보도가 2,540건이나 쏟아져 나와 관심의 정도를 입증해주고 있었다. 집권 새누리당과 그 당의 김무성 의원 등은 환영 입장을 표명한 반면 박원순 서울시장, 문재인 전 더불어민주당 대표 등은 반대 입장을 공식화하는 등 언론은 종일 정치인들의 개헌 관련 입장을 전달하며 그 배경에 대한 분석 기사를 발빠르게 내보내기도 했다.

언론의 대체적인 배경 분석은 "최순실 사태로 인해 대통령 지지율이 사상 최저치인 25%에 이르자 정국 전환이 필요했고 극약처방인 개헌 카드를 꺼내들었다"[14]는 데 일치했다. 9월 말에서 10월 중순까지 진행된 국회 국정감사에서 정유라의 이화여대 관련 의혹, 미르·K스포츠재단 관련 의혹이 잇따라 제기되고 언론들은 '비덱', '더블루K' 등 후속 보도들을 쏟아내던 상황이었다. 10월 19일에는 JTBC 〈뉴스룸〉에서 고영태의 증언을 토대로 "최순실이 박근혜 대통령의 연설문을 손보는 일을 즐겼다"는 보도를 냈고, 결국 10월 20일에 대통령의 관련 발언이 나왔다.

　박 전 대통령은 청와대 수석비서관회의를 주재하는 자리에서 "의미 있는 사업에 대해 의혹이 확산되고 도가 지나친 인신공격성 논란이 계속 이어진다면 문화 융성을 위한 기업들의 순수한 참여 의지에 찬물을 끼얹어 기업들도 더 이상 투자를 하지 않을 것이고 한류 문화 확산과 기업의 해외 진출에도 부정적인 영향을 미치게 될 것"이라고 밝혔다. 또 "각종 의혹이 확산되고 논란이 계속되는 것은 지금 우리가 처한 위기를 극복하는 데 도움이 되지 않고 오히려 위기를 가중시킬 수 있다"는 발언을 내놓기도 했다.[15] 하지만 사태는 전혀 진정되는 방향으로 전환되지 못했고, 그 와중에 나온 것이 10월 24일 시정연설 '개헌' 발언이라는 것이다. 하지만 박 전 대통령의 개헌 발언 의도가 무엇이든 간에, 20대 국회의원들 상당수가 개헌에 우호적인 상황에서 실제 개헌의 가능성이나 경로를 타진하는 정치인의 발언이나 언론의 분석이 줄을 이었다.

　이날 오후까지의 분위기는 이처럼 개헌으로 인해 우왕좌왕하는 분위기였다. 그런데 이날 밤 JTBC 〈뉴스룸〉의 '최순실 태블릿 PC' 보도는 일거에 이런 분위기를 반전시켜버렸다. "최순실이 버리고 간 태블릿 PC의 자료를 근거로 최순실이 44개의 대통령 연설문을 대통령이 공개적으로 발표하기 전에 받았다"는 보도 내용은 어느 신문의 보도처럼 '판도라의 상자'가 열린 것이었다.[16] 이 보도는 10월 25일 박근혜 대통령으로 하여금 "최순실 씨는 과거에 제가 어려움을 겪을 때 도와준 인연"이라는 해명을 내놓게 했고, 최순실로 하여금 독일 현지에서 해명성 인터뷰를 하게 했으며,[17] 결국 10월 30일 그를 국내로 불

그림 1-3 **2016년 10월 25일 오후 4시 35분 현재 실시간 검색어 순위**

네이버		다음	
실시간 급상승 검색어		**실시간 이슈**	서울 16℃ ⌄
1 탄핵	↑ 351	1 탄핵	↑ 553
2 박근혜	↑ 51	2 박근혜 탄핵	↑ 496
3 **박근혜 탄핵**	↑ **180**	3 하야	↑ 349
4 하야	NEW	4 jtbc	↑ 123
5 박근혜 대국민..	NEW	5 조선일보	NEW
6 최순실	－ 0	6 최태민 목사	↑ 78
7 jtbc	↑ 108	7 이정현	↑ 71
8 최순실 연설문	↑ 357	8 박관천	↑ 66
9 손석희	↑ 231	9 에이프릴 현주	↑ 66
10 최태민	↑ 48	10 오마이뉴스	↑ 68

출처: 2016년 10월 25일자 국민일보, "'박근혜, 최순실'에 점령당한 실시간 검색어 10개"

러들인 계기가 되었다.

〈그림 1-3〉은 박근혜 전 대통령이 최순실과의 관계를 해명했던 10월 25일 오후 4시 35분경, 한 언론사가 네이버와 다음의 실시간 검색어 순위[18]를 찍어 올린 것이다. 10월 24일 JTBC의 첫 보도는 당시 JTBC가 확보한 태블릿 PC에 담긴 극히 일부분의 내용에 불과했음에도, 대통령의 국정운영 관련 문서를 선출직도, 임명직도, 직업 공무원도 아닌 민간인 신분의 최순실이 함께 공유했다는 사실은 한국 사회 전체를 경악시키기에 충분했던 것 같다.

또한 10월 25일 '개인적 인연' 차원으로 이 사태를 해명했던 대통령의 태도는 국정운영 최고책임자로서 무거운 책임을 인식하고 있는 것으로는 볼 수 없었기에, 그 해명은 오히려 '박근혜—최순실' 관계에 대한 의혹만을 증폭시키는 결과를 낳았다. 실시간 검색어에 '최태민', '최태민 목사'가 올라 있는 것은 이런 의혹의 확산이 반영된 것이다. 반면 '탄핵'이라는 단어가 1순위를 차지한 것은 24일 보도와 25일 해명이 가져다준 충격이 얼마나 컸는지를 짐작하게 한다. 이때는 아직 1차 촛불집회조차 개최되지 않은 시점이었고, 광장의 요구가 '탄핵'에 이르기까지는 시간이 한참 남아 있던 시기이기도 했다.

광장으로 이어진 시국선언의 물결

10월 24일 '최순실 태블릿 PC' 보도와 10월 25일 대통령의 해명이 가져온 충격은 10월 26일부터 대학가와 시민사회단체의 연이은 시국선언으로 이어졌다.

26일 이화여대 총학생회는 2012년 대통령 선거 캠페인에서 박근혜 후보가 내세웠던 '내 꿈이 이뤄지는 나라'라는 슬로건을 패러디한 '대한민국, 최순실의 꿈이 이뤄지는 나라입니까?'라는 제목의 선언문을 발표했다. 대통령의 모교였던 서강대학교 학생들은 '최순실 게이트 해결을 바라는 서강인 시국선언'을 발표했다. 또 경희대학교 총학생회와 부산대학교 총학생회도 시국선언을 발표하면서 이 사태에 대한 대학가의 충격적인 반응을 확인시켜주었다.[19] 10월 26일부터 시작된 대학생들의 시국선언은 10월 28일까지 단 3일 만에 41개 대학으로 확산되었으며, 학생들은 전국의 시국선언 대학을 구글 지도에 표시하

그림 1-4 전국 대학생 시국선언 지도

고 그 정보들을 공유해나갔다. 또한 SNS에서는 네티즌들이 '#나와라 최순실' 등의 해시태그 운동을 하며 '박근혜 탄핵집회, 29일 오후 6시 광화문광장'이라는 문구를 확산시키고 있었다.[20]

한편 평일이던 10월 26일 저녁 7시 진보대통합연대회의 서대문 지회가 주최하는 집회를 시작으로, 같은 날 저녁 8시 '2016 청년총궐기 추진위원회'가 주최한 도심 버스킹,[21] 경기도 화성시의 '박근혜 하야 촛불집회', 27일 서울 세종로 파이낸스빌딩 앞 '최순실 의혹 진상규명 촉구 집회',[22] 28일 전북 지역 비상시국회의가 주최한 촛불집회,[23] 대구 시민단체가 주도한 '박근혜 하야 촉구 집회'[24] 등이 연이어 개최되면서 29일 대규모 집회를 예고하고 있었다.

10월 27일부터는 대학교수들의 시국선언이 발표되기 시작했다. 27일 시국선언문을 발표한 성균관대학교 교수 32명은 "현재의 대통령은 국가를 이끌 능력과 양심을 갖추지 못했으므로 탄핵이 마땅하다"라고 주장했다.[25] 같은 날 경북대학교 교수 88명은 '민주주의를 사수하고자 하는 경북대학교 교수 일동' 명의의 시국선언문을 발표했고, "비선실세의 국정농단과 국기문란 책임은 박근혜 대통령에게 있다. 국민의 자존심에 상처를 입히고 국가를 혼란에 빠뜨린 당사자인 박근혜 대통령은 모든 책임을 지고 하야하라"라는 내용을 담았다. 경희대학교 교수의회도 "비서진 교체와 전면 개각이 대통령의 무능을 채워줄 수 없다. 대통령은 더 이상 국격을 훼손하지 말고 깨끗이 물러나라"라는 내용의 시국선언문을 발표했다.[26]

한편 이 당시까지만 해도 '하야'와 '탄핵'이 거론되던 대학가의 분위기와 국회, 원내정당들의 분위기는 사뭇 달랐다. 집권 새누리당을 포함해 모든 원내정당들이 사태의 심각성을 인지하고 대책 마련에 분주했지만, 아직 '자진사퇴'와 '탄핵'을 거론하지는 않고 있었다. 원내 제1당이자 제1야당이었던 더불어민주당은 26일 의원총회를 통해 '특별검사' 임명을 통한 진상규명을 결정했으며 문재인 전 대표는 '국무총리 교체와 거국중립내각 구성'을 제안했다. 안철수 전 국민의당 상임공동대표도 '비서진 전면개편, 내각 총사퇴'를 요구했다. 26일 오전 집권당은 긴급 최고위원회의를 개최하여 '청와대와 내각의 인적쇄신'

요구를 청와대에 전달하고 의원총회를 열어 야당이 주장한 특별검사 임명을 수용하기로 결정했다. 26일 시점으로 대통령의 퇴진을 공식 거론한 정치인은 이재명 성남시장이었다. 그는 유력 정치인으로는 최초로 "대통령이 하야하고 거국중립내각을 구성해 국가권력을 다 넘기는 게 맞다"라는 주장을 내놓았다.[27]

원내정당 가운데 가장 먼저 대통령의 즉각사임 요구를 당론으로 결정한 정당은 정의당이었다(10월 31일). 원내 제1, 제2 야당이었던 더불어민주당과 국민의당에서는 개별 의원이나 유력 정치인의 차원에서 '즉각퇴진'에 관한 요구들이 이어졌지만, 국민의당이 이를 당론으로 채택한 것은 11월 10일이었고 더불어민주당은 11월 14일에 결국 이를 당론으로 채택했다. 그 사이 원내정당들은 대통령의 2선 후퇴와 국무총리 교체, 거국중립내각 구성 등의 대안을 놓고 청와대 및 대통령과 협의를 진행해나갔다. 그러나 11월 2일 대통령의 일방적인 국무총리 지명 및 개각 발표가 있었고, 대통령의 2선 후퇴와 국무총리 지명자 철회 및 야당과의 협의를 통한 거국내각 구성이라는 원내정당들의 요구와 엇박자를 내면서 11월 8일 대통령의 때늦은 '국회 추천 총리 수용' 의사 표명 등은 탄핵이라는 초유의 사태를 향해 가는 마지막 경로처럼 보였다.

2부

광장의 전개 展開

10월 29일 1차 집회는
어떻게 열렸나

"오늘 촛불집회는 (……) 집회가 급작스럽게 잡히다 보니 시간, 장소에 대한 문의가 많은데 착오 없으시길 바랍니다." 10월 29일 1차 촛불집회 공지문은 이렇게 시작한다. '급작스럽게' 집회 계획이 잡혔고 집회 준비, 집회 신고, 집회 공지가 짧은 시간 내에 이루어진 긴박했던 상황을 잘 전달해주는 문구라 하겠다. 이런 조건에서 어떻게 5만여 명(주최 측 추산)의 시민들이 집회에 참여할 수 있었던 것일까?

〈그림 2-1〉의 집회 공지문을 배포한 단체는 '민중총궐기 투쟁본부'(이하 '투쟁본부')였다. '투쟁본부'는 한국민주노동조합총연맹, 전국농민회총연맹, 전국빈민연합, 보건의료단체연합, 21세기한국대학생연합 등 53개 단체가 모여 2015년 11월 14일 '전태일 열사 정신계승 전국노동자대회 민중총궐기'를 준비하기 위해 결성되었고, 2015년 12월 5일과 19일 2~3차 집회, 2016년 2월 27일 4차 집회와 3월 26일 5차 집회

그림 2-1 **10월 29일 1차 촛불집회 공지문**

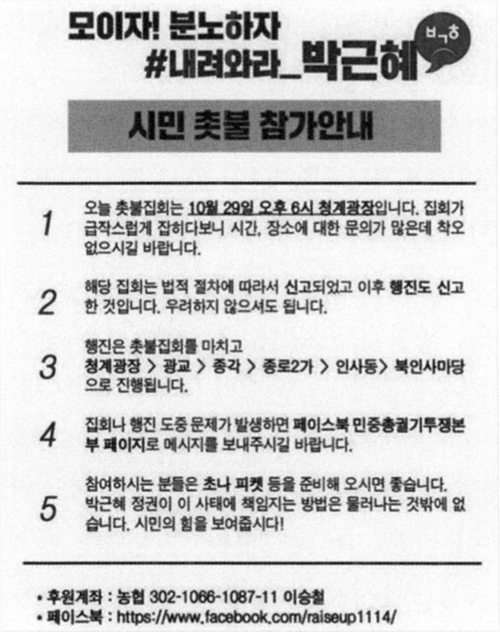

모이자! 분노하자
#내려와라_박근혜

시민 촛불 참가안내

1 오늘 촛불집회는 10월 29일 오후 6시 청계광장입니다. 집회가 급작스럽게 잡히다보니 시간, 장소에 대한 문의가 많은데 착오 없으시길 바랍니다.

2 해당 집회는 법적 절차에 따라서 신고되었고 이후 행진도 신고한 것입니다. 우려하지 않으셔도 됩니다.

3 행진은 촛불집회를 마치고 청계광장 〉 광교 〉 종각 〉 종로2가 〉 인사동 〉 북인사마당으로 진행됩니다.

4 집회나 행진 도중 문제가 발생하면 페이스북 민중총궐기투쟁본부 페이지로 메시지를 보내주시길 바랍니다.

5 참여하시는 분들은 초나 피켓 등을 준비해 오시면 좋습니다. 박근혜 정권이 이 사태에 책임지는 방법은 물러나는 것밖에 없습니다. 시민의 힘을 보여줍시다!

• 후원계좌 : 농협 302-1066-1087-11 이승철
• 페이스북 : https://www.facebook.com/raiseup1114/

출처: '민중총궐기 투쟁본부' 공식 페이스북

를 개최했으며 11월 12일 6차 집회를 준비하고 있던 상태였다. 투쟁본부의 공식 페이스북에 올라온 게시물들은 이 단체가 10월 26일 이전까지 11월 12일로 예정되었던 '민중총궐기'를 준비하는 것 외에 별도의 촛불집회에 대한 계획이 없었음을 확인시켜준다.

10월 29일 1차부터 11월 12일 3차까지 촛불집회의 슬로건은 '모이자! 분노하자! 내려와라 박근혜!'였다. 이 슬로건은 초기 주말마다 광장으로 쏟아져 나왔던 시민들의 상태를 그대로 대변했던 것으로 보

인다. '최순실의 국정 개입'이라는 어처구니없는 사태에 직면하여 일단 모여 분노를 표현하겠다는, 단순하지만 강력한 의지의 표현이었던 셈이다. 이런 조건 속에서 투쟁본부는 어떤 기획이나 조직화 계획 등을 가지고 체계적으로 임했던 것이 아니라, 가입 단체들의 숫자와 11월 12일을 미리 준비하고 있었다는 이유로 등 떠밀리듯이 1~3차 집회의 주최 측이 되어버렸다는 것이 당시 상황에 적합한 설명으로 보인다.

촛불집회가 20회를 넘기면서, 주최 단체가 매주 집회를 공지하고 무대를 설치하고 연사를 섭외하며 대규모 스크린과 대용량 스피커를 준비한 상태에서 집회가 진행되는 것이 당연한 듯 인식되었지만, 초기 촛불집회는 그야말로 둑 터지듯 몰려나온 시민들이 부족하나마 십시일반 준비하고 배려함으로써 진행되었다. 첫 집회가 개최된 후인 11월 2일 '박근혜—최순실 국정농단 사태에 즈음한 전국 비상시국회의'가 개최되었고, 11월 4일 '박근혜정권 퇴진 비상국민행동 준비위원회'가 결성되었으며, 2차 집회가 개최된 이후인 11월 9일에야 '박근혜정권 퇴진 비상국민행동'(이하 '퇴진행동')이 전국 1,503개 단체가 참여한 상태에서 공식 발족[28]하여 이후 촛불집회의 기획과 준비를 담당하게 되었다.

광장과 탄핵의 이중주,
긴박했던 시간들

10월 29일 토요일 첫 촛불집회가 개최된 날은 검찰이 청와대 압수수색을 최초로 시도했던 날이기도 했다. 검찰은 9월 말부터 불거진 최순실의 국정농단 의혹을 수사하기 위해 10월 27일 특별수사본부(본부장 이영렬 서울중앙지검장)를 꾸렸다. 그리고 29일 오전 청와대 안종범 정책조정수석비서관과 정호성 부속실 비서관 등 관련 인물들의 자택을 압수수색했으며 이들의 사무실 압수수색을 위해 청와대 진입을 시도했다. 하지만 29일 검찰의 청와대 압수수색은 청와대 측의 거부로 무산되었다. '임의제출' 형식으로 일부 자료만을 제출받았으며 30일 2차 압수수색 시도가 있었으나 마찬가지 과정을 반복했다.

한편 30일 오전 독일에 체류하고 있다고 알려졌던 최순실이 영국에서 귀국했고, 다음 날인 31일 검찰에 출석해 조사를 받았다. 11월 3일 최순실은 검찰에 의해 구속되었으며 다음 날인 11월 4일 오전 대통령은 사태 발생 이후 두 번째 대국민담화를 발표했다.

"존경하는 국민 여러분. 먼저 이번 최순실 씨 관련 사건으로 이루 말할 수 없는 큰 실망과 염려를 끼쳐드린 점 다시 한 번 진심으로 사과드립니다. 저는 이번 일의 진상과 책임을 규명하는 데 있어서 최대한 협조하겠습니다. 필요하다면 저 역시 검찰의 조사에 성실하게 임할 각오이며 특별검사에 의한 수사까지도 수용하겠습니다. 홀로 살면서 챙겨야 할 여러 개인사들을 도와줄 사람조차 마땅치 않아서 오랜 인연을 갖고 있었던 최순실 씨로부터 도움받게 됐고 왕래하게 됐습니다. 돌이켜보니 개인적 인연을 믿고 제대로 살피지 못한 나머지, 주변 사람들에게 엄격하지 못한 결과가 되고 말았습니다. 무엇으로도 국민들의 마음을 달래드리기 어렵다는 생각을 하면 내가 이러려고 대통령을 했나 하는 자괴감이 들 정도로 괴롭기만 합니다. 어느 누구라도 이번 수사를 통해 잘못이 드러나면 그에 상응하는 책임을 져야 할 것이며 저 역시도 모든 책임을 질 각오가 돼 있습니다."

—박근혜 전 대통령, 2016년 11월 4일 2차 대국민담화문 중

하지만 대통령의 대국민화는 이미 불붙은 국민들의 분노를 가라앉히는 데 아무런 도움이 되지 못했다. 당일 대통령 국정지지도가 4~5%로 추락했다는 여론조사 결과가 보도되었다.[29] 288개 단체 7,449명의 문화예술인들이 '우리 모두가 블랙리스트 예술가다, 박근혜 퇴진 문화예술인 시국선언'에 참여했으며, 광화문광장에 '박근혜 퇴진 캠핑촌' 설치에 나섰다.[30] 이미 대통령 2선 후퇴와 거국중립내각 구성[31] 제안에서부터 자진사퇴를 요구하고 있었던 원내 주요 정당 정

치인들은 담화문 발표 이후 더 강경해진 대통령직 사퇴와 탄핵을 거론하고 나섰다. 11월 4일 하루 동안에 "박근혜 대통령은 즉각 물러나라. 더 이상 박근혜 대통령은 대한민국 대통령이 아니다"(안철수 전 국민의당 대표), "박근혜 대통령은 즉각 물러나야 한다. 지금 박 대통령은 (……) 대통령으로서의 막중한 권한을 행사할 수 있는 도덕적, 현실적 상황이 아니다"(박원순 서울시장), "국정난맥에 따른 자진사퇴 요구가 아니라 탄핵을 해야 될 때가 됐다. 박 대통령을 탄핵하고 구속하라"(이재명 성남시장)라는 강경한 입장들이 쏟아져 나왔다.[32]

그리고 다음 날인 11월 5일, 2차 촛불집회에는 주최 측 추산 30여만 명이 참여해 1차 집회의 6배에 달하는 시민들이 광장을 메웠다.[33] 2차 집회 직후 검찰 수사는 더욱 속도를 냈고 11월 6일 안종범, 정호성 전 비서관이 구속되었으며 11월 8일에는 차은택 전 창조경제추진단장이 중국에서 체포되어 11월 11일 구속되었다. 이 와중에 11월 8일 박근혜 전 대통령은 정세균 국회의장을 만난 자리에서 '국회 추천 총리를 수용하겠으니 총리를 추천해달라'는 승부수를 띄웠지만, 11월 9일 더불어민주당, 국민의당, 정의당 등 야3당에 의해 이 제안이 거부됨으로써 협상의 여지가 점차 사라지고 있었다.

10월 31일 '대통령 즉각퇴진'을 당론으로 정한 정의당, 11월 10일 중앙위원회에서 역시 퇴진 당론을 정한 국민의당과 아직 퇴진 당론을 공식화하지는 않았던 더불어민주당은 11월 12일 3차 촛불집회에서 전면 결합을 천명했다. 그리고 11월 12일 3차 집회에서 다시 2차 집회의 3배가 넘는 106만여 명의 시민들이 광장을 메우면서 대통령의 즉각퇴진과 진상규명을 요구했고, 그 다음 주에는 국회가 진상규명을 위한 제도적 절차에 돌입했다.

11월 15일 새누리당, 더불어민주당, 국민의당, 정의당 원내대표 외 191명이 〈박근혜 정부의 최순실 등 민간인에 의한 국정농단 의혹 사건 진상규명을 위한 국정조사(이하 '최순실 등 국정농단 의혹 국정조사') 요구서〉를 국회에 제출했다. 11월 17일에는 최순실 등 국정농단 의혹 국정조사특별위원회가 제출한 국정조사계획서가 국회 본회의를 통과했다. 여야 총 18인의 위원으로 구성된 국정조사특위는 11월 17일부터 60일 동안 관련 기관보고, 현장조사, 청문회를 개최하는 활동에 돌입했다. 또한 같은 날 국회는 209명의 국회의원들이 발의한 '박근혜 정부의 최순실 등 민간인에 의한 국정농단 의혹 사건 규명을 위한 특별검사의 임명 등에 관한 법률안'을 통과시켰고, 90일에 걸친 특별검사의 활동도 시작되었다.

11월 19일 다시 96만여 명의 시민들이 전국의 광장에서 촛불을 들었다. 다음 날인 11월 20일 일요일은 사태가 탄핵으로 이어지는 또 하나의 변곡점이 되었다. 이날 검찰 특별수사본부는 그때까지 진행된 수사의 중간발표 결과를 내놓았다. 검찰은 최순실, 안종범, 정호성 등에 대한 구속기소 혐의를 밝히면서 대통령에 대해 '공모관계에 있는 것으로 판단'한다는 입장을 전격적으로 제시했다.

"검찰 특별수사본부는 오늘 11월 20일 최순실을 직권남용권리행사방해, 강요, 강요미수, 사기미수죄 등으로, 안종범을 직권남용권리행사방해, 강요, 강요미수죄 등으로, 정호성을 공무상비밀누설죄로 구속기소했습니다. (……) 그 외 차은택 전 창조경제추진단장, 송성각 전 한국콘텐츠진흥원장을 강요미수 등 혐의로 구속 수사 중에 있고, 김종 전 문체부 2차관, 최순실의 조카인 장시호 전 동계스포츠영재센터 사무총장에 대하여 직권남용 권리행사방해 등 혐의로 구속영장을 청구한 상황입니다. (……) 대통령에 대하여, 현재까지 확보된 제반 증거자료를 근거로 피고인 최순실, 안종범, 정호성의 범죄 사실과 관련하여 상당 부분이 공모관계에 있는 것으로 판단했습니다."

—11월 20일 검찰 특별수사본부의 중간수사 결과 발표문 전문 중

검찰 발표 이후 하루 종일 시민들과 언론은 '공모관계'라는 검찰의 판단이 가져온 충격을 나누고 검찰 발표에 대한 대통령의 입장을 요구했다. 그리고 20일 오후 청와대 대변인은 공식 브리핑을 통해 다음과 같은 입장을 발표했다.

"오늘 서울중앙지검 특별수사본부가 수사 결과를 발표하면서 마치 대통령이 중대한 범죄라도 저지른 것처럼 주장했다. (……) 차라리 헌법상 법률상 대통령의 책임 유무를 명확하게 가릴 수 있는 합법적 절차에 따라 하루빨리 이 논란이 매듭지어지기를 바란다."

—11월 20일 검찰 수사 발표에 대한 청와대 대변인 발언 전문 중

청와대 대변인이 제시한 '헌법상 법률상 대통령의 책임 유무를 명확하게 가릴 수 있는 합법적 절차'는 '탄핵'으로 받아들여졌다.[34] 11월 21일 월요일 원내 야3당은 모두 탄핵 추진을 당론으로 채택하기에 이르렀다. 다음 날인 22일에는 김무성 전 새누리당 대표가 '탄핵 찬

성' 입장을 밝히는 등[35] 집권당 내부에서도 탄핵 관련 논의가 걷잡을 수 없이 확산되었다. 25일 개최된 '새누리당 비상시국회의'에서는 '탄핵안이 상정될 경우에 찬성하겠다는 의원의 숫자가 40명'이라는 공식 입장이 제출되었다.[36] 원내 야3당이 대통령에 대한 탄핵소추를 결정한 상태에서 탄핵소추안 가결 정족수를 채우기 위해서는 집권 새누리당 의원들의 협조가 필수적이었다. 원내외 모든 시선들이 새누리당, 특히 탄핵소추에 찬성 입장을 표명한 의원들의 모임인 '새누리당 비상시국회의'에 쏠리게 되었다.

11월 26일 촛불집회에는 다시 역대 최대 인원인 190여만 명이 전국의 광장을 채웠고, 12월 2일 본회의에서 탄핵소추안을 가결시키라는 요구로 국회를 압박했다. '탄핵'이라는 절차가 공식화된 이후 모든 정치 주체들은 12월 2일 혹은 9일이라는 구체적 일정을 둘러싸고 움직였다. 대통령은 이 와중인 11월 29일 3차 대국민담화를 내놓았다.

"저는 제 대통령직 임기 단축을 포함한 진퇴 문제를 국회의 결정에 맡기겠습니다. 여야 정치권이 논의하여 국정의 혼란과 공백을 최소화하고 안정되게 정권을 이양할 수 있는 방안을 말씀해주시면 그 일정과 법 절차에 따라 대통령직에서 물러나겠습니다."

―11월 29일 3차 대국민담화 발표문 전문 중

대통령의 3차 대국민담화는 '임기 단축'이라는 파격적인 제안을 담고 있었지만 원내 야3당은 이 제안에 대해 부정적이었다. 반면 집권당은 이 제안을 둘러싸고 새로운 내부 갈등이 발생했다. 집권당 원내 지도부는 대통령이 임기 단축을 천명한 만큼 새로운 지평에서 사태의 해결 방안을 논의해야 한다고 제안했고, '새누리당 비상시국회의'는 2017년 4월까지 사퇴한다는 '사퇴 시한 표명'을 청와대에 요구하기로 했다.[37]

'사퇴 시한 표명' 요구에 대한 대통령의 답변을 기다리는 동안 12월 2일 본회의가 폐회되었고 12월 3일 토요일이 다시 돌아왔다. 232만여 명이라는 기록적인 숫자의 시민들이 광장을 채우며 탄핵소추안 가결을 한목소리로 요구했다. 그리고 12월 4일 일요일 '새누리당 비상시국회의'가 조건 없는 탄핵소추 찬성으로 입장을 정리함으로써 현직 대통령의 탄핵이라는 초유의 사태로 들어서게 되었다.

2016년 12월 9일 금요일 본회의를 앞둔 그 주 화요일, 다수의 시민들은 9명의 재벌총수들이 국회 국정조사 청문회에 증인으로 출석해 증언하는 광경을 생중계로 지켜보며 사태의 심각성을 다시금 확인했다. 12월 8일과 본회의 당일인 9일에는 국회 앞에서 '주권자 시국대토론'이 개최되었다. 참가한 시민들은 '압도적 다수의 탄핵소추안 찬성'을 요구하며 국회를 압박했다. 12월 9일 오후 3시에 개회된 본회의에서는 탄핵소추위원단 김관영 의원의 탄핵소추 사유 관련 발언이 있은 후 표결이 진행되어 오후 4시경 결과가 발표되었다. 300명의 재적의원 중 1명 불참, 2명 기권, 234명 찬성, 56명 반대, 7명 무효 표로 탄핵소추안이 가결되었다. 이로써 그날 오후 7시 3분 박근혜 대통령의 직무는 공식 정지되었다.

슬로건으로 보는 20번의 촛불

2016년 10월 29일 1차 촛불집회부터 2017년 3월 11일 20차 촛불집회까지 집회 슬로건의 변천은 사태 전개의 변곡점들을 고비마다 그대로 드러낸다. 10월 29일 1차 집회의 명칭은 '모이자! 분노하자! 내려와라 박근혜! 촛불집회'로 '1차'라는 차수 명기가 없었다. 그만큼 시민들의 분노가 급박하게 터져 나온 상황이라는 점을 확인시켜준다.

11월 5일 2차 집회에서부터 차수가 명기되기 시작했는데, 이는 2차 집회 직전의 시민단체 연합으로 촛불집회 준비단위가 구성되기 시작하여 체계화된 시민적 대응을 예고하는 것이었다. 11월 12일 3차 주말집회의 명칭은 '모이자!~'의 앞부분이 동일했으나 '범국민행동'이라는 표현이 처음으로 등장한 때였다. 이후 퇴진행동은 20차 집회까지 이 표현을 고수했다. 주말 촛불집회가 일부 의견집단의 정치 표현 행위로 제한되지 않고 전 국민적 저항이라는 의미를 담고자 했던 것으로 보인다.

11월 19일 4차 집회에서부터는 매주 이슈가 된 사건을 매개로 특정 행동방향을 의제화하려는 의도를 담은 새로운 슬로건들이 등장하기 시작했다. 4차 집회 명칭은 '모이자! 광화문으로! 밝히자! 전국에서! 박근혜 퇴진 4차 범국민행동'으로, 촛불집회의 전국적 확산과 '박근혜 퇴진'이라는 행동 목표를 동시에 담고 있었다. 퇴진행동은 11월 12일 3차 집회에서부터 전국 각 지역의 주말 촛불집회 개최지 정보를 모아 페이스북, 트위터 등 소셜 미디어를 통해 공유하기 시작했다. 또 19일 4차 집회에서부터는 이를 '대동하야지도'라는 명칭으로 공식화했으며 지도 형태로 가공해 배포하기 시작했다.

11월 26일 5차 집회는 국회 내에서 대통령 탄핵 추진이 공론화된 이후의 최초 집회로, '200만'이라는 숫자를 집회 명칭에 넣음으로써 탄핵 추진에 대한 시민적 동의와 참여를 독려했다. 12월 3일 6차 집회는 12월 2일 금요일 본회의에서 탄핵소추안 상정이 무산된 직후에 개최되어 역대 가장 많은 인원인 232만여 명이 참여했다. 12월 8일과 9일에는 국회의원들에게 탄핵소추안 찬성을 압박하기 위해 국회 앞에서 이틀 연속 '주권자 시국대토론'을 개최하기도 했다. 9일 탄핵소추안이 본회의를 통과하고 다음 날 개최된 7차 집회는 탄핵소추안 통과를 자축하는 분위기로 진행되었다.

12월 17일 8차 집회에는 '공범처벌' 슬로건이 등장했다. 이는 12월 14~15일 국회 국정조사특위 제3~4차 청문회 및 12월 16일 청와대 현장조사 무산 직후였던 상황의 맥락에서 이해될 수 있다. 14일 3차 국정조사 청문회에 최순실과 박 대통령 사이에서 심부름꾼 역할

표 2-1 촛불집회의 명칭 및 슬로건(1~20차)

일자	차수	집회 명칭 및 핵심 슬로건
10월 29일	1	모이자! 분노하자! 내려와라 박근혜! 촛불집회
11월 5일	2	모이자! 분노하자! 내려와라 박근혜! 2차 촛불집회
11월 12일	3	모이자! 분노하자! 내려와라 박근혜! 3차 범국민행동
11월 19일	4	모이자! 광화문으로! 밝히자! 전국에서! 박근혜 퇴진 4차 범국민행동
11월 26일	5	'200만의 촛불, 200만의 함성' 박근혜 즉각퇴진 5차 범국민행동
12월 3일	6	박근혜 즉각퇴진의 날
12월 8일	-	박근혜 즉각퇴진, 응답하라 국회 비상국민행동 〈국회광장 주권자 시국대토론〉
12월 9일	-	박근혜 즉각퇴진, 응답하라 국회 비상국민행동 〈국회광장 주권자 시국대토론〉
12월 10일	7	안 나오면 쳐들어간다 박근혜 정권 끝장내는 날
12월 17일	8	끝까지 간다! 박근혜 즉각퇴진, 공범처벌-적폐청산의 날
12월 24일	9	끝까지 간다! 박근혜 즉각퇴진 조기탄핵 적폐청산 9차 범국민행동
12월 31일	10	박근혜 즉각퇴진! 조기탄핵! 적폐청산! 송박영신 10차 범국민행동의 날
2017년 1월 7일	11	세월호 1,000일, 박근혜 즉각퇴진! 황안안 사퇴! 적폐청산! 11차 범국민행동의 날
1월 14일	12	박근혜 즉각퇴진! 조기탄핵! 공작정치주범 및 재벌총수 구속! 12차 범국민행동의 날
1월 21일	13	내려와 박근혜! 바꾸자 헬조선! 설맞이 촛불!
2월 4일	14	박근혜 2월 탄핵, 황교안 사퇴, 공범세력 구속, 촛불개혁 실현! 14차 범국민행동의 날
2월 10~11일	15	"천만촛불 명령이다! 2월 탄핵! 특검 연장!" 박근혜 황교안 즉각퇴진, 신속탄핵을 위한 15차 범국민행동의 날
2월 18일	16	탄핵지연 어림없다! 박근혜 황교안 즉각퇴진! 특검연장! 공범자 구속을 위한 16차 범국민행동의 날
2월 24~25일	17	박근혜 탄핵·구속! 특검 연장! 박근혜 4년, 이제는 끝내자! 2·25 전국 집중 17차 범국민행동의 날
3월 1일	18	박근혜 구속 만세! 탄핵 인용 만세! 3·1절 맞이 박근혜 퇴진 18차 범국민 행동의 날
3월 4일	19	"박근혜 없는 3월, 그래야 봄이다!" 헌재 탄핵 인용! 박근혜 구속! 황교안 퇴진! 19차 범국민행동의 날
3월 11일	20	"촛불과 함께한 모든 날이 좋았다" 모이자! 광화문으로! 촛불승리를 위한 20차 범국민 행동의 날

출처: '박근혜정권 퇴진 비상국민행동' 공식 홈페이지 성명 및 보도자료(www.bisang2016.net)

을 한 의혹을 받고 있던 이영선, 윤전추 청와대 행정관이 증인으로 채택되어 있었으나 이들은 불출석 사유서를 제출하고 출석을 거부했다. 국정조사특위는 긴급히 동행명령장 발부를 결정했지만 청와대가 동행명령장 집행을 거부해 결국 이들의 증언은 무산되었다. 또한 15일 4차 청문회에서 증인으로 채택되어 있던 김한수 전 청와대 뉴미디어비서관실 행정관도 출석하지 않았으며, 16일 청와대 현장조사를 위해 방문했던 국정조사특위 위원들도 결국 청와대 출입문을 넘지 못한 채 되돌아와야 했다.

크리스마스 이브였던 12월 24일과 2016년의 마지막 날이었던 12월 31일에도 촛불집회는 이어졌다. 퇴진행동은 '송박영신'이라는 문구로 2016년을 마무리했다. 2017년의 첫 집회는 1월 7일에 개최되었는데, 이날은 2014년 '세월호'가 온 국민들의 눈앞에서 가라앉은 지 1,000일이 되는 날로 광장은 관련 행사들로 뒤덮였다. 한편 이날 집회의 슬로건에는 '황교안 사퇴'가 들어갔는데, 이는 황 총리가 임명한 송수근 문화체육관광부 1차관에 대해 '문화예술계 블랙리스트'를 총괄 실행했다는 의혹이 제기되면서 무리한 인사 단행에 대한 비판이 일었던 것과 관련이 있었다.[38]

1월 14일 12차 집회에는 '공작정치 주범 및 재벌총수 구속'이라는 슬로건이 등장했다. 이 역시 그 주의 정치 일정 및 상황의 연장에 있었다. 그 주 월요일이었던 1월 9일은 국회 국정조사특위의 마지막 청문회가 개최되었던 날로, 우병우 전 민정수석이 증인으로 채택되어 있었으나 불출석사유서를 제출한 채 출석을 거부했다. 또 조윤선 당시 문화체육관광부 장관은 증인으로 출석하기는 했으나 '재판에 영향을 미칠 수 있다'는 이유로 증인 선서를 거부하기도 했다. 특위는 이 날 전체회의를 열고 우 전 수석과 안봉근, 이재만 전 비서관, 조여옥 전 청와대 간호장교 등 32명에 대해 청문회 불출석과 국회 모욕죄를 적용해 고발하겠다는 방침을 결정했다.[39] 한편 특검이 2017년 1월 12일 이재용 삼성전자 부회장을 피의자 신분으로 소환 조사했고, 14일 집회는 이재용 부회장에 대한 구속 수사 요구로 이런 상황을 반영하고 있었다.

1월 21일 13차 집회 당일에는 조윤선 문화체육관광부 장관과 김기춘 전 비서실장이 '문화계 블랙리스트' 관련 혐의로 구속되었다. 설날을 3일 앞둔 1월 25일 밤에는 박 대통령이 '정규재TV'와 일대일로 진행한 인터뷰 동영상이 공개되어 파장을 일으켰다. 28일 설날에는 별도의 집회 없이 '합동차례와 떡국 나눔' 행사가 진행되었다.

2월 첫 주말 집회부터는 '2월 탄핵'이라는 슬로건이 등장했다. 헌법재판소의 변론 일정 관련 논란을 반영한 것이었다. 헌법재판소는 2016년 12월 22일부터 1차 준비기일을 시작으로 2017년 1월 3일부터 1차 공식 변론 일정을 개시했다. 헌법재판소는 1월 3, 5, 10, 12, 16, 17, 19, 23, 25일, 2월 1, 7, 9, 14, 16, 20, 22, 27일에 걸쳐 총 17차로 변론 일정을 마무리했다. 그리고 1월 25일 9차 변론이 마무리된 직후인 1월 31일 박한철 헌법재판소장의 임기가 만료됨에 따라 이후 8인 체제로 운영되었다. 박한철 전 소장은 퇴임 전, "3월 13일 이정미 전 헌법재판소장 권한대행의 퇴임 이전까지 탄핵심판이 마무리되어야 한다"라는 의견을 밝혔다. 이후 헌법재판소의 변론 일정을 둘러싼 대통령 변호인단과 국회 소추위원단 간의 갈등이 첨예해지던 상황이 2월

한 달간 지속되었다.

　15차 촛불집회는 2월 10~11일 1박 2일간 진행되었다. 이날 슬로건에는 '특검 연장, 박근혜·황교안 퇴진' 등의 내용이 등장했으며 이 내용은 2월 18일 16차, 2월 24~25일 17차 집회 슬로건에서도 유지되었다. 특별검사의 잔여 임기가 2월 말로 마무리되는 상황에서 2016년 11월 17일 국회를 통과했던 '특검법'과 당시 원내정당들 간의 합의에 따라 30일 연장안에 대한 황교안 총리의 승인이 필요했던 시점이었다. 그러나 황 총리의 대선 출마설 등이 회자되고 있었고 특검 연장에 대한 부정적 예측이 확산되었기 때문에 관련 내용이 슬로건으로 반영된 것으로 보인다. 실제로 2월 16일 특검은 황 총리에게 기간 연장을 신청했으나 황 총리가 승인하지 않아 2월 28일 그대로 활동 기한이 만료되었다.

　2월 27일 헌법재판소 변론이 종결된 이후 3월 10일 탄핵심판 선고일까지 시민들은 헌법재판소 인근에서 1인 시위나 평일 저녁 촛불집회 등을 이어나갔다. 그리고 3월 10일 이정미 전 헌법재판소장 권한대행의 탄핵 인용문 낭독과 함께 역사상 최초의 대통령 탄핵이라는 길고도 고통스러운 여정이 끝이 났다. 3월 11일 퇴진행동은 당시 방송된 한 드라마의 카피를 패러디해 '촛불과 함께한 모든 날이 좋았다'는 슬로건으로 이 긴 여정을 마무리지었다.

전국을 휩쓴 촛불, '대동하야지도'

서울 광화문광장은 2016년 가을에서 2017년 봄에 이르는 촛불집회
의 상징적 장소가 되었지만, 촛불은 이곳에서뿐만 아니라 전국 곳곳
에서 몇 달 동안이나 밝혀져 있었다. 10월 29일 1차 집회 때부터 촛
불을 든 시민들은 서울 청계광장뿐만 아니라 부산역 광장, 광주 5·18
민주광장, 제주시청 어울림마당, 울산 태화강역 광장, 전주 풍남문광
장 등을 채웠다.[40] 11월 5일 두 번째 주말에는 광주 금남로, 경북 경주
역 광장, 대구 2·28기념공원, 제주시청 어울림마당, 울산 남구 롯데백
화점 앞, 경북 포항 북포항우체국 앞, 경기도 용인 죽전 포은아트홀 광
장, 대전 타임월드 백화점 앞, 부산역 광장, 강원 원주시 강원감영 앞
등 그 수가 훨씬 늘어난 광장들이 열렸다.[41]

　　11월 12일 3차 주말집회를 앞두고 주최 측은 전국 각지의 촛불
집회 개최 정보를 모아 인터넷과 소셜 미디어 등을 통해 제공하기 시

그림 2-2 11월 12일 촛불집회 전국 개최지 현황(11월 9일 오후 6시 기준)

작했다. 11월 9일 6시까지 모아진 전국의 집회 개최 정보를 보면, 주말뿐만 아니라 평일에도 촛불집회가 이어지고 있었던 것을 확인할 수 있다. 서울에서는 매일 오후 7시 청계 파이낸스빌딩 앞에서 촛불집회가 개최되고 있었고, 경기도에서는 11월 10일 안양역, 11월 7~11일 안산 중앙동 월드코아 앞, 11월 9일 고양 화정역, 11월 10일 부천북부역의 집회 개최 예정 정보가 나타나 있다. 강원도에서도 매주 수요일 저

그림 2-2 **11월 19일 4차 집회 '대동하야지도'(11월 17일 오후 5시 기준)**

녁 춘천 명동, 매일 저녁 원주 중앙동 농협 앞, 매일 저녁 강릉 신영극장 앞에서 촛불집회가 개최됨을 알리고 있고, 충북에서는 11월 8~11일 청주시, 제천시, 충주시, 괴산군, 단양군, 보은군, 옥천군, 진천군에서 각각 별도의 집회가 개최되었다.

　퇴진행동의 공식 페이스북에 따르면, 그 이전까지 '전국촛불 현황'으로 알려졌던 정보는 11월 19일 4차 집회를 앞두고 '대동하야지도'라는 별도의 명칭을 갖게 되었다. 17개 광역시·도별로 집회가 개최되는 시·군의 정보가 취합되었고, 평일집회와 주말집회에 관한 정보들을 한눈에 일별할 수 있도록 구성되었다. 그리고 집회 개최지는 2차 집회에서보다 훨씬 더 많은 리스트를 포함했다. 예컨대 11월 9일 작성된 '전국촛불 현황'을 보면, 경남 지역 집회 개최지는 창원, 거제, 사천, 거창, 양산, 김해, 남해, 진주, 통영의 9개 지역이었으나 11월 17일 작성된 '대동하야지도'에 따르면 9개 지역에 더하여 마산, 진해, 창녕, 고성, 의령이 더 포함되어 있었다. 퇴진행동은 이후에도 11월 24일, 12월 9일, 12월 16일, 12월 29일과 이듬해 1월 20일, 2월 4일, 2월 9일, 2월 17일, 2월 25일 등을 기준일로 하여 전국 단위 '대동하야지도'를 작성해 전국의 시민들에게 이 정보를 공유한 것으로 확인된다.

인원수로 보는 20번의 촛불

2016~2017년 촛불광장은 지속성, 뚜렷한 목표 지향성과 함께 참여자 규모에서도 국내외의 큰 주목을 받았다. 주최 측이 제공한 정보를 기준으로 보면, 2016년 10월 29일 1차 집회에서부터 2017년 3월 11일 20차 집회까지 매회 평균 83만여 명이 참여했으며, 20차례 촛불집회 가운데 12월 3일 6차 집회에 232만여 명이 참여한 것이 가장 큰 규모로 기록되었다.

총 20회 주말집회 가운데 100만여 명 이상의 참여가 있었던 것은 총 7회였다. 11월 12일 3차 집회에서 처음 106만여 명을 기록한 뒤 국회에서 대통령 탄핵소추가 공론화된 직후 11월 26일 5차 집회 때 190만여 명, 탄핵소추안 본회의 상정 여부를 둘러싸고 집결했던 12월 3일에 232만여 명, 국회의 탄핵소추안 가결 다음 날인 12월 10일에 104만여 명, 헌법재판소의 탄핵심판 선고일 전 두 차례 주말집회 때

표 2-2 **1~20차 주말 촛불집회 참가인원 정보**

(단위: 명)

연도	차수	일자	경찰 추산	주최 측 추산	누적인원(주최 측)
2016년	1	10월 29일	12,000	50,000	50,000
	2	11월 5일	48,000	300,000	350,000
	3	11월 12일	280,000	1,060,000	1,410,000
	4	11월 19일	272,000	960,000	2,370,000
	5	11월 26일	330,000	1,900,000	4,270,000
	6	12월 3일	430,000	2,320,000	6,590,000
	7	12월 10일	166,000	1,040,000	7,630,000
	8	12월 17일	77,000	770,000	8,400,000
	9	12월 24일	53,000	702,000	9,102,000
	10	12월 31일	83,000	1,104,000	10,206,000
2017년	11	1월 7일	38,000	643,380	10,849,380
	12	1월 14일	발표하지 않음	146,700	10,996,080
	13	1월 21일		352,400	11,348,480
	설날	1월 28일		–	–
	14	2월 4일		425,500	11,773,980
	15	2월 11일		806,270	12,580,250
	16	2월 18일		844,860	13,425,110
	17	2월 25일		1,078,130	14,503,240
	18	3월 1일		300,000	14,803,240
	19	3월 4일		1,050,890	15,854,130
	20	3월 11일		708,160	16,562,290

출처: https://namu.wiki/w/박근혜%20퇴진%20범국민행동;
'퇴진행동' 홈페이지 게시 정보와 대조하여 확인함.

각각 108만여 명, 105만여 명이 참여한 것으로 확인된다.

촛불집회의 초기 국면에서는 경찰과 주최 측이 추산한 참가인원 수 집계 결과의 큰 괴리가 논란의 대상이 되기도 했다. 가장 괴리가 컸던 집회는 2017년 1월 7일 11차 집회로, 주최 측 추산 인원은 64만여 명이었던 반면 경찰 추산 인원은 3만 8,000여 명으로 17배의 차이가 났다. 이러한 괴리에 대한 경찰 측의 설명은 다음과 같았다.

> "집회 참가인원 수는 '페르미 추정법'을 근거로 (……) 실시간으로 파악된 인원들을 종합해, 일시점에 집결한 최대 인원을 추산한다. (……) 일시점 최대 참가자를 추산하는 이유는 병력 배치 등에 활용하기 위해서다."[42]

반면 주최 측은 시간대별로 들고 나는 인원수를 포함한 연인원 추산 방식을 사용하기 때문에 이처럼 괴리가 발생한다는 것이다.

일견 참가인원 수의 집계 목적에 따른 방법적 차이로 볼 수도 있었던 이 문제는 탄핵 반대 집회 참가인원 수 추산과의 형평성 논란에까지 이르게 되었다. 1월 7일 집회 다음 날 경찰은 서울 기준 퇴진행동 주최 집회의 순간 최대 참여인원이 2만 4,000여 명이었던 것에 반해, '대통령 탄핵 기각을 위한 국민총궐기운동본부' 등이 주최한 집회의 순간 최대 참여인원이 3만 7,000여 명이었다는 집계 결과를 내놓았다. 그런데 더불어민주당 박남춘 의원이 서울경찰청으로부터 제출받은 자료에 따르면, 1월 7일 집회 당일 퇴진행동 측 집회에 배치된 병력이 탄핵 반대 집회에 배치된 병력의 12배에 이른 것으로 확인되면서, 집계 목적이 병력 배치 등의 목적이라면 왜 이런 결과가 나타났는가에 대한 의문이 제기된 것이다. 결국 1월 7일 집회를 마지막으로 경찰 측은 "논란을 피하기 위해 더 이상 집회 참여인원 추산 결과를 발표하지 않겠다"는 입장을 밝혀 논란은 종료되었다.

광장은 어떻게 준비되었나

주말 오후 수십만에서 100만이 넘는 시민들이 전국 곳곳의 광장에 모여들기 시작하면, 그곳엔 이미 무대가 설치되어 있고 거리가 멀어 무대를 볼 수 없는 시민들을 위한 스크린과 다양한 음향 시설들이 갖춰진 풍경을 맞이하게 된다. 집회가 시작되면 사회자가 나와 미리 섭외된 공연 팀들을 소개하고 연사들이 차례로 무대로 올라 준비된 시간에 맞추어 자신들의 이야기를 풀어간다.

광장에 서거나 앉은 시민들에겐 그날의 슬로건이 담긴 홍보물이나 손팻말이 전해지고, 해가 지면 손에서 손으로 양초와 종이컵이 전달된다. 무대에 집중해 공연을 보거나 연사의 말을 듣는 중간중간 종이로 만든 모금함이 대열의 앞에서 뒤로, 옆에서 옆으로 전달되면서 집회 비용 모금이 이루어지고, 안전사고의 위험에 대비하여 통로를 열고 이동할 공간을 마련하는 진행자들이 분주히 오가는 걸 보게 된다. 그리고 때가 되면 모두가 일어나 미리 공지된 경로를 통해 평화적인 행진을 한다. 행렬 곳곳에는 작고 큰 차량들에 탑승한 진행자들이 그날의 정해진 행진 경로를 안내하고 함께 외칠 수 있는 슬로건을 선창하며 다른 행진 경로의 상황들에 대해 알려주기도 한다.

몇 달 동안이나 평화롭고 안전한 촛불집회가 이어진 것이 가능했던 이유는 매주 주말이 되기 전에 집회와 행진을 기획하고 경찰에 이를 신고하고 연사를 섭외하며 관련 정보를 공유하고 집회 당일에 집회와 행진을 운영해나가기 위해 노력했던 주체들이 있었기 때문이다. 지금은 언론을 통해 많이 알려진 주최 측의 명칭은 '박근혜정권 퇴진 비상국민행동'(퇴진행동)이다.

그림 2-4 **'퇴진행동' 조직운영**

출처: '퇴진행동' 이태호 공동상황실장 인터뷰(2017. 3. 28) 내용을 토대로 재구성함.

이 단체는 11월 5일 2차 집회의 '대회 내용 및 주최, 주관 단위를 점검하고 참여를 조직'하기 위해 11월 3일 구성이 결정되었으며, 11월 9일 공식 발족했고 1,500여 개 전국 시민사회단체들이 결합해 만들어졌다.[43] 퇴진행동은 '대표자회의'를 최고결정 단위로 하고, 매주 집회 기획 등의 결정은 '운영위원회'에서 이루어졌다. '대표자회의'는 퇴진행동에 결합한 전국 1,500여 개 시민단체 전체로 구성되었고, 실제 회의에는 100~200여 개 단체가 참여했다. 운영위원회는 주 1회 개최되었으며 참여 단체들은 누구나 참여할 수 있는 개방적 구조였는데 실제로는 100여 개 단체들이 번갈아 가며 매주 결합했다.[44] 주 1회 운영위원회의 결정 사항 외에 조정이 필요한 사항에 대해서는 '상임운영위원회'를 통해 해결했다. '상임운영위원회'는 시기별로 17~35개 시민단체 대표들로 구성되었고, 필요시마다 부정기적으로 운영되었다고 한다.

운영위원회에서 주요 결정들이 이루어지면 이를 실제로 집행하는 과정은 5명의 공동 상황실장과 여러 집행기구들을 통해 진행되었다. 집행기구는 재정과 회의 운영을 담당한 사무국, 집회의 실질적 기획과 운영을 담당한 집회기획팀, 선전홍보팀, 조직팀, 대외협력팀, 미디어팀, 언론대응팀, 시민참여팀, 법률팀으로 구성되었고, 집회기획팀은 매주 집회 운영에 지원해줄 시민 자원봉사자들을 홈페이지와 페이스북을 통해 모집하여 함께했다. 자원봉사자들은 집회 현장에서 안전을 유지하고 비용을 모금하는 등의 업무를 담당했으며 집회마다 차이는 있었지만 대략 평균 100여 명 정도가 자원자로 참여했다고 한다.

표 2-3 '퇴진행동'의 재정 내역

수입			지출		
대항목	세부항목	금액(원)	대항목	세부항목	금액(원)
계좌 후원	10월 29일~3월 15일	853,355,790	무대 및 음향	20회 주말집회	1,890,615,000
	3월 16일	442,499,080		소규모 집회/행사	123,851,000
	3월 17일	634,984,623		합계	2,014,466,000
	3월 18일	55,154,628	선전 홍보	손피켓, 현수막, 신문 광고 등	160,986,411
	3월 19일	15,342,430	공연		14,837,500
	3월 20일	20,481,970	행사 진행	화장실 대여료	160,323,000
	합계	2,021,818,521		천막, 안전펜스 등 장비 대여료	140,056,100
현장 모금		1,817,607,846		시민자원봉사단 운영, 행사진행 등	93,343,740
단체 분담금 등	참여단체 분담금	21,530,000		합계	393,722,840
	민중총궐기투쟁본부 분담금	2,800,000	물품 구입	양초, 컵	69,091,000
	백남기대책위 무대분담금	23,000,000		행사 물품 구입	35,292,690
	신문광고 모금	22,607,739		퇴진배지	35,000,000
	뱃지판매 외	41,083,881		상황실 차량 구입 등	6,054,190
	합계	111,021,620		합계	145,437,880
기타	광장 사용료 반환	19,723,310	장소 사용료	서울/광화문광장	47,782,040
				회의 장소 사용료	5,734,500
				합계	53,516,540
			상황실 운영	상황실 물품 구입 및 운영	8,068,700
			기타	소송 비용	33,337,200
				반환금(후원금 과입금 반환 등)	4,400,500
				파손변상금	5,450,000
				행사지원금	2,000,000
				세금	3,220
				합계	45,190,920
총합계		3,970,171,297	총합계		2,836,226,791

출처: '퇴진행동' 홈페이지 제공, '박근혜정권퇴진비상국민행동 재정보고(10월 29일~3월 20일)'

한편 퇴진행동이 밝힌 재정 내역에 따르면, 2016년 10월 29일부터 2017년 3월 20일까지 총 39억 7,000여만 원을 모금하거나 후원받아 28억 3,600여만 원을 지출했다. 수입금 가운데 가장 큰 비중을 차지한 것은 집회 때마다 모금함을 통해 걷은 현장 모금액으로 18억 1,700여만 원에 이른다. 현장모금 세부 내역을 살펴보면, 10월 29일 1차 집회에서는 비용 모금이 이루어지지 않았고 11월 5일 2차 집회에서부터 현장모금이 시작되었다.

모금은 주말집회만이 아니라 평일 소규모 집회에서도 이루어졌는데, 주말집회만을 기준으로 할 때 19회 기준 매회 평균 9,500여만 원 정도가 모금된 것으로 추산해볼 수 있다. 수입금은 현장모금 외에도 계좌후원, 단체 분담금 등으로 구성되었다. 계좌후원은 3월 15일까지 8,500여만 원에 불과했으나, 3월 16일 퇴진행동의 재정적자 문제가 몇몇 언론을 통해 알려지기 시작하면서 5일 만에 11억 7,000여만 원이 답지했다고 한다.

한편 지출 가운데 가장 큰 비중을 차지한 것은 무대 및 음향 설치 비용이었다. 총 28억 3,600여만 원 가운데 무대 및 음향 비용이 20억 1,400만 원을 차지했다. 다음은 화장실 대여료, 천막과 안전펜스 등 장비 대여료 등이 포함된 행사진행 비용으로 3억 9,000여만 원이 지출되었으며, 현수막 등 선전홍보 비용이 1억 6,000여만 원, 양초와 컵 등 행사물품 구입 비용으로 1억 4,500여만 원, 관련 소송 비용으로 3,300여만 원 등이 지출되었다고 한다.

'청와대 앞 100미터'는
어떻게 가능했나

집회 및 시위에 관한 법률

제11조(옥외집회와 시위의 금지 장소) 누구든지 다음 각 호의 어느 하나에 해당하는 청사 또는 저택의 경계 지점으로부터 100미터 이내의 장소에서는 옥외집회 또는 시위를 하여서는 아니 된다.

1. 국회의사당, 각급 법원, 헌법재판소

2. 대통령 관저官邸, 국회의장 공관, 대법원장 공관, 헌법재판소장 공관

3. 국무총리 공관. 다만, 행진의 경우에는 해당하지 아니한다.

4. 국내 주재 외국의 외교기관이나 외교사절의 숙소. 다만 (……)

제12조(교통 소통을 위한 제한) ① 관할경찰관서장은 대통령령으로 정하는 주요 도시의 주요 도로에서의 집회 또는 시위에 대하여 교통 소통을 위하여 필요하다고 인정하면 이를 금지하거나 교통질서 유지를 위한 조건을 붙여 제한할 수 있다.

② 집회 또는 시위의 주최자가 질서유지인을 두고 도로를 행진하는 경우에는 제1항에 따른 금지를 할 수 없다. 다만, 해당 도로와 주변 도로의 교통 소통에 장애를 발생시켜 심각한 교통 불편을 줄 우려가 있으면 제1항에 따른 금지를 할 수 있다.

헌법 제21조에 따르면, '모든 국민은 집회·결사의 자유를 가지며' 집회·결사의 권리는 '허가의 대상이 되어서는 안 되는' 기본권에 속한다. 그리고 현행 '집회 및 시위에 관한 법률'(이하 '집시법') 제11조에 따르면, 대통령 관저 100미터 밖에서는 집회나 시위가 가능하다. 아니 1989년 이후부터는 늘 가능했어야 했다.[45] 그러나 2008년 촛불집회의 이른바 '명박산성'을 떠올리지 않더라도, 광화문광장 북쪽에서 청와대 방면으로 이어지는 도로는 언제나 집회, 행렬, 시위 등의 금지 영역이었다. 경찰이 집시법 제12조에 명시된 교통질서 유지 혹은 교통 불편을 명분으로 늘 제한을 가했기 때문이다. 시민들은 경복궁 앞쪽으로 나아가려는 행진 시도들을 번번이 가로막는 경찰의 제한이 부당하다고 느끼고 저항하기도 했지만, 반복되는 금지와 규제는 이를 '부당하지만 인정할 수밖에 없는 현실'로 받아들이게끔 해왔다.

그런데 2016년 12월 3일, 광화문광장에 모였던 시민들은 청와대 담장 100미터 앞까지 행진을 하는 새로운 역사를 썼다. 청와대 100미터 앞길이 처음으로 시위 행렬에 열린 것이다. 생각해보면 합법적인 행진이었고 당연히 보장받아야 할 권리였음에도, 그날 이전까지는 시민들의 것이 아니었던 그 권리가 비로소 12월 3일 공공기관에 의해 보장을 받은 것이다. 하지만 그 과정이 그저 대규모의 인원이 광장에 쏟아져 나왔다는 것만으로 자연스럽게 이루어진 것은 아니었다. 참여연대 공익법센터 소속 위원들이 11월 5일 집회의 준비단계에서부터 12월 3일에 이르기까지 매 집회마다 경찰의 금지와 규제에 저항하는 법적 다툼을 벌였고, 무엇보다 100만이 넘는 규모의 집회가 수차례 있었음에도 안전하고 평화로운 광장을 일궈냈던 시민들의 집단적 노력이 만들어낸 성과였다.

11월 5일 2차 집회를 준비하면서 주최 측은 경찰에 집회신고서를 제출했다.[46] 당시 주최 측은 11월 5일 오후 4시부터 밤 11시 59분까지 '광화문 우체국 → 종각 → 종로2가 → 종로3가 → 을지로3가 → 을지로입구역 → 서울광장 → 대한문 앞 → 일민미술관 앞'에서 옥외집회를 개최하겠다고 신고서를 제출했는데, 11월 4일 오후가 되어서야 경찰은 집시법 제12조 제1항 및 제2항을 근거로 금지 통보를 해왔다. 참여연대 공익법센터 소속 양홍석 변호사, 김선휴 변호사, 박경신 교수 등은 이 통보에 대한 '집행정지 신청서'를 내기로 의견을 모으고 신청서를 접수했는데, 그 시간이 11월 4일 오후 5시 37분이었다.

시민들에게 고지된 집회 시간은 다음 날인 11월 5일 토요일 오후 4시였다. 당시를 기록했던 김선휴 변호사에 따르면, 집회 개최 시간까지 하루도 남지 않은 시간 안에 법원이 집행정지 신청을 받아들일 수 있을 것이라고 기대해서 제출했던 것은 아니었다고 한다. 그러나 신청을 접수한 서울행정법원은 토요일인데도 오후 2시에 심문기일을 지정했다. 집회 시간을 2시간 남겨둔 시점이었다. 법정에서 경찰 측은 늘 그러하듯이 '교통 불편'을 이유로 들었고, 변호인 측은 '10월 29일 집회에서 보여준 시민들의 성숙한 집회 문화'를 근거로 집회와 행진 허용을 요청했다. 그리고 집회 시작 시간이었던 오후 4시, 법원은 '경찰의 금지통고 처분에 대해 본안판결 선고 시까지 그 효력을 정지한다'는 판결문을 전해왔고, 당일 행진은 예정대로 진행될 수 있었다.

> "1주일 전에도 이 사건 집회·시위와 유사한 성격의 집회·시위를 개최했으나 교통 불편 등으로 인한 큰 혼란 없이 집회·시위가 평화적으로 마무리되었다. (……) 교통 불편이 예상되나 집회·시위의 자유를 보장함에 따른 것으로 수인하여야 할 부분이 있고, 이 사건 처분으로 보호하고자 하는 교통소통의 공익이 이 사건 집회·시위를 보장함에 비하여 보다 크다고 보기 어렵다. 이 사건 처분으로 이 사건 집회·시위가 금지될 경우 위 집회·시위가 불법집회·시위로 보여서 여기에 자발적으로 참여하는 국민들의 표현의 자유가 위축될 수 있다."
> ―11월 5일 법원 결정문 중 일부

11월 5일 30여만 명의 시민이 전국적으로 촛불집회에 참여했고, 일주일 뒤인 11월 12일에는 이를 상회하는 규모의 시민들이 촛불을 들 것으로 예상되는 상황이었다. 이번에는 주최 측이 행진 경로를 '청와대 에워싸기'라고 이름 붙였고, 사직로와 율곡로를 포함하여 총 5개 행진 경로를 신고했다. 경찰은 광화문광장의 세종대왕상까지만 허용한다는 통보를 보내왔고, 사직로와 율곡로 행진은 금지되었다. 청와대 앞길로 통하는 사직로와 율곡로는 종교행사 등이 아닌 정치적 집회의 행진 경로로 허용된 적이 없었기에 경찰의 이런 제한이 새로울 것은 없었다. 당시 참여연대 공익법센터도 경찰의 이런 처분을 예상했을 뿐만 아니라 이번에는 집행정지 신청서를 제출하더라도 승산이 없다고 판단했다고 한다.

그러나 이번에도 공익법센터는 주최 측의 요구를 받아들여 도전을 선택했다. 역시 집회 하루 전날인 11월 11일 오후 가처분 신청서를 법원에 접수했고, 집회 당일인 12일 오전 11시에 법정에서 경찰과 변호인이 또 만났다. 경찰은 예의 교통 불편 논리와 함께 안전상의 위험 논리를 새롭게 제기했다. 대규모 인원이 모이면 위급 상황이 발생할 수 있고, 이 경우 구급차가 다닐 수 있는 통로를 확보해야 한다는 게 그 이유였다고 한다. 변호인들은 11월 5일 대규모 집회를 안전하게 유지해냈던 '성숙한 시민의식'과 함께 응급 통로의 대안을 제시했고, 법원은 이날 사직로와 율곡로를 포함한 행진 경로를 모두 허용하는 과감한 결정을 내려주었다.

> "다수의 국민들이 자발적으로 참여하고 있는바, 집회 및 시위에 관한 법률에서 보호 대상으로 삼고 있는 국민들 스스로가 자신의 의사를 표현하기 위해 집회에 참여하고 있는 이상 (……) 이 사건 집회를 조건 없이 허용하는 것이 민주주의 국가임을 스스로 증명하는 것이다. (……) 또한 대통령에게 국민의 목소리를 전달하고자 하는 이 사건 집회의 특수한 목적상 사직로, 율곡로가 집회 및 행진 장소로서 갖는 의미가 과거 집회들과 현저히 다르다고 할 것이다."
> —11월 12일 법원 결정문 중 일부

11월 12일 100만이 넘는 시민들이 광장에 모였고, 또 다음 주가

그림 2-5 11월 19일 주최 측 집회 예정 경로

되었다. 11월 19일 집회를 준비하던 퇴진행동은 좀 더 과감한 행진 계획에 또다시 도전했다. 율곡로와 사직로를 거쳐 청와대 담장 200미터 앞인 청운효자동주민센터와 국립현대미술관 등 청와대 앞으로 한 걸음 더 가까이 가기로 한 것이다.

경찰은 주최 측의 집회 선고에 대해, 청와대 인근 행진 경로 불허뿐만 아니라 11월 12일에 허용되었던 사직로와 율곡로까지도 불허 통보를 해왔다. 참여연대 공익법센터는 다시 집행정지 가처분 신청서를 접수했다. 이번에도 경찰은 '안전사고 위험'을 근거로 들었는데, 특히 율곡로와 사직로 방면에서 청와대 앞쪽으로 나아가는 길이 좁아져 병목현상이 발생할 수 있고 이로부터 압사사고 등 안전사고 위험이 발생할 수 있다는 근거를 제시했다. 지난 두 번의 결정과는 달리 이번엔 재판부가 안전사고를 우려하는 경찰의 논리를 일부 인정했고, 율곡로와 사직로 행진은 11월 12일과 마찬가지로 허용하되 청와대 앞 200미터까지는 안 되고 대신 500미터까지는 일몰 전인 5시 반까지에 한해 허용한다는 결정을 내렸다.

전국적으로 96만여 명이 참여했던 11월 19일 집회가 안전하게 끝난 다음 주, 주최 측은 또다시 지난주와 마찬가지로 청와대 200미터 앞까지 행진하는 신고서를 경찰에 제출했다. 경찰 역시 지난주와 마찬가지로 사직로, 율곡로 행진조차 불허하는 통보를 보내왔다. 반복되는 가처분 신청으로 경찰과 변호인은 법정에서 네 번째로 마주서야 했다. 안전사고 위험을 주장하는 경찰 측에 대해, 변호인들은 11월 12일에 이어 19일에도 100만에 이르는 시민들이 안전사고 없이 집회를 치러냈던 사실과 수십만이 운집한 집회나 시위 경험을 다수 축적하고 있는 성숙한 시민문화를 집회 허용 근거로 내세웠다.

"지난 몇 주간 (……) 동일한 취지에서 열린 대규모 집회에서, 참가한 시민들이 확인시켜준 건강한 시민의식과 질서 있는 집회 문화에 비추어 보면 (……) 안전사고의 우려도 참여시민들의 자제와 배려에 의해 충분히 예방할 수 있을 것이라는 신뢰를 갖게 한다. 따라서 안전사고 발생 가능성이라는 추상적 위험성 역시 이 사건 집회 및 행진의 장소를 전면적으로 제한할 사유가 되지 못한다."

—11월 26일 법원 결정문 중 일부

법원은 오후 5시 반까지에 한해 청와대 200미터 앞 집회를 허용하는 결정을 내려주었다. 그리고 11월 26일, 190만여 명의 시민들이 전국에서 촛불을 들었으며 서울에서는 청와대 담장 200미터 앞에 있는 청운효자동주민센터까지 행진이 이어질 수 있었다.

그리고 또 새로운 한 주가 밝았다. 그 다음 주 집회일은 12월 3일, 국회 본회의에 탄핵소추안이 상정될 수 있을 것인가를 둘러싼 긴장이 팽팽한 시기였다. 이번에는 참여연대 공익법센터 양홍석 변호사와 김선휴 변호사가 먼저 퇴진행동에 새로운 도전카드를 제안했다. 청와대 담장이 바라다 보이는 효자동삼거리를 지나는 행진 코스로 신고해달라고 요구한 것이다. 김선휴 변호사에 의하면, '마지막 한계를 시험해보자'는 생각이었다고 한다. 또다시 법정에 서야 했던 경찰은 청와대 경호상의 위협을 이유로 200미터 안쪽 진입에 반대하는 논리를 내세웠고, 변호인들은 평화집회가 경호상 위협이 될 수 없다는 논리로 맞섰다.

6차 집회 하루 전날인 12월 2일 밤 10시, 법원은 당초 주최 측이 요청했던 효자동삼거리까지의 행진은 제한했지만 대신 청와대 100미터 앞 효자치안센터까지의 행진과 집회를 허용하는 결정을 내림으로써 누적인원 430만여 시민들이 11월 26일까지 5차에 걸친 노력으로 겨우(?) 집시법 제11조에 다다를 수 있게 되었다. 참여연대 공익법센터는 2016년 11월 10일 집시법 제11조와 제12조 개정 입법청원을 제출함으로써 집시법을 헌법 제21조에 보다 가까이 다가서게 하려는 노력을 계속했다.

3부

광장의 내면 內面

실제 순참가자는 몇 명일까

주말마다 집회가 계속되면서 정치권의 상황에 따라 참가인원의 변화는 있었지만 촛불집회에 대한 관심과 잠재적 참가자 수는 계속 증가했다. 촛불집회를 주도하는 퇴진행동 측에 따르면 2016년 말 누적 참여자는 1,000만 명에 달했고 해를 달리해서 2017년 3월 첫 번째 주를 지나면서 누적 참가인원은 1,500만 명을 넘어섰다. 그리고 헌법재판소의 탄핵 인용이 결정된 3월 10일 다음 날 마지막 20차 촛불집회에 전국적으로 70만 명이 참가하면서 마무리되었다.

촛불집회 참가자의 규모를 이야기할 때 가장 먼저 직면하는 문제는 신뢰할 만한 참여자 통계가 없다는 사실이다. 집회 주최 측과 경찰이 각각 참가자 규모를 추산한 수치의 크기는 너무 차이가 난다. 따라서 두 기관의 참가자 추산 수치를 평균 내는 것조차 별 의미가 없어 보인다. 예를 들어 2016년 11월 16일 5차 촛불집회의 참가자 수는 사상 최대였는데, 주최 측은 150만 명이 참가했다고 보았고 경찰 추산은 27만 명에 불과했다.

　대부분의 시민집회가 정부에 비판적 입장을 보이기 때문에 정부는 가급적 참가 규모를 작게 추정하려는 경향이 있다. 따라서 경찰이 참가 규모를 실제보다 축소한다고 생각하는 사람들이 많다. 반대로 주최 측은 집회의 참여인원을 좀 더 많게 보려는 경향이 있는 것도 사실이다. 이처럼 집회 규모에 대한 주최 측과 경찰의 상반된 입장으로 인해 참가인원을 추정할 때 차이가 나타나는 것이다. 기관별 집회 규모에 대한 추정의 차이는 우리나라뿐만 아니라 서구 선진국에서도 마찬가지로 나타난다.

　집회 참가자의 규모를 파악하기 위해서는 다양한 집계 방식을 이해할 필요가 있다. 촛불집회 주최 측은 집회 시간 동안 다녀간 모든 인원을 참가인원으로 산정하는 데 비해 경찰은 집회를 다녀간 총인원이 아니라 집회 규모가 가장 컸던 시간에 참가했던 인원을 추정하는 방식을 택한다. 경찰의 계산 방식은 3.3제곱미터(1평)당 6명이 앉아 있다고 보는 '페르미 추정법'을 사용한다.

　용어로 구분한다면 집회 주최 측은 '연인원'을 집회 참가자로 규정하고, 경찰은 '일시점 최다인원'을 통해 집회 참가자의 규모를 추정하는 것이다. 그 결과 1~9차까지 집회 참여인원에 대해 주최 측은 900만 명, 경찰은 165만 명 정도로 추정하여 큰 차이를 보인다(매일경제, 2016. 12. 25). 이러한 집회 규모의 차이에 대해 이철성 경찰청장은 "경찰 추산 인원의 3배가 실제로 참석한 인원이라 보면 된다"(2016. 11. 7)고 언급하여 실제로 경찰의 집회 참가인원 집계가 현실과 거리가 있다는 것을 시인했다. 그렇지만 경찰의 추산 방식이 일방적으로 틀렸다고 할 수는 없다. 경찰은 질서를 유지하기 위해 한순간에 최대로 모인 참가자들이 몇 명인지에 초점을 맞춘다. 경찰의 임무를 생각하면 집회 시간 동안 총인원 수는 중요하지 않을 수 있다. 그렇다면 애초부터 경찰이 추산한 참가자는 순간의 최대 규모를 측정한 것이라고 밝히면 더 좋을 듯싶다.

과학적인 방식으로, 광화문의 촛불 수를 세고 촛불을 들지 않은 사람의 비율을 포함하여 추정하는 캔들카운터candle counter 기법이나 유동인구의 개념을 이용하여 3명이 1초에 1미터를 지나갔다고 보고 집회 시간을 곱하여 당일 유동인구를 계산하는 방법 등도 제시되었다. 또한 휴대전화 소지자의 와이파이 사용 비율이 45~55%라는 기존 연구 결과를 바탕으로 참가인원을 계산하는 방식도 소개되었다. 흥미로운 것은 다양한 과학적 방법을 통해 계산한 참가 규모는 대체로 경찰 추산의 4배에 근접한다는 사실이다.

경찰은 계속되는 논란에 따라 촛불집회의 참가인원을 추산하지 않기로 결정했다(2016. 12. 27). 이러한 문제는 미국에서도 발생했다. 1995년 워싱턴 D.C에서 개최된 100만 명 행진에서 참여자에 대해 시설관리 측은 40만 명으로 추산하여 언론에 발표했는데, 주최 측은 100만 명 규모라고 주장하면서 시설관리 당국을 고소하겠다고 압박했다. 실제로 소송을 치르지는 않았지만 이후로 시설관리 측은 집회 규모에 대한 추산을 하지 않았다.

집회 참가자 수를 추정하는 공식에 영향을 미치는 가장 큰 변수는 유동인구에 관한 것이다. 만일 집회 참여자들 대부분이 집회가 시작될 때부터 끝날 때까지 지속적으로 참여한다면 유동인구는 거의 없게 되고 주최 측 추산과 경찰 추산 사이에 별 차이가 없을 것이다. 실제로 2014년 8월 교황이 방한한 광화문 행사에서 주최 측과 경찰이 추산한 인원은 약 17만 명으로 규모에 차이가 없었다. 정치적 집회가 아니었기 때문에 참석자를 축소하려는 경찰의 의도가 없기도 했지만 더 중요한 이유는 종교행사에 참가한 사람들은 대부분이 행사 종료 시까지 이탈하지 않았기 때문이다. 따라서 유동 참가자가 많은 촛불집회와는 큰 차이를 보였다.

집회 참여자들의 특성을 파악하는 데 중요한 것 중 하나가 참가자들이 얼마 동안 집회에 머무는지에 관한 정보다. 조이코퍼레이션이 스마트폰의 와이파이 신호 분석을 한 결과가 이에 관한 정보를 제공했다. 2016년 11월 19일 4차 집회를 대상으로 분석한 결과를 보면 절반 이상인 53%가 1시간 이내로 집회 장소에 머무는 것으로 나타났다. 집회 참가자들의 평균 체류 시간은 80분이고 2시간 미만 참가자들이 전체의 74%였다. 또한 오래 머문 참가자일수록 집회 현장에 일찍부터 참가한 것으로 확인되었는데 4시간 이상 머문 참가자들은 오후 2~3시에 현장에 나타난 비율이 높았고, 2시간 이내로 머문 참가자들은 저녁 6~7시 사이에 현장에 가장 많이 나타났다.[47]

4차 집회는 주최 측이 60만 명, 경찰은 17만 명이 참가한 것으로 발표했는데 조이코퍼레이션은 2시부터 9시 사이에 참가인원이 74만 명이라고 추정했다. 이 정도의 참가 규모라면 한국 사회에서 노조를 비롯한 사회단체가 동원할 수 있는 인원을 훨씬 넘어선 것으로 일반 시민들의 자발적 참여가 다수였다는 것을 알 수 있다. 또한 절반 이상 참가자들의 체류 시간이 1시간이 넘지 않았다는 사실을 해석해볼 필요가 있다. 광화문 집회장에 도착하여 집회 단상까지 돌아보고 분위기에 익숙해지기까지 대충 1시간 가까이 걸린다. 단체가 동원한 참가자들이라면 행사가 진행되는 동안 계속 체류했을 것이며 그 시간은 2시간이 충분히 넘었을 것이다. 따라서 절반 이상의 참가자들이 1시간 이내로 체류했고 2시간 이내의 단기 체류자가 74%에 이른 것은 다시금 촛불집회에 동참한 사람들 대다수가 일반 시민들이었다는 것을 보여주는 증거가 될 수 있다. 유동인구를 고려한 추산법(성균관대 원병묵 교수)에서도 유동인구가 고정인구의 3배로 계산되어 시민의 자발적 참여 수준을 다시금 확인할 수 있다.[48]

이상에서 참가자 규모 측정에 관한 논의를 살펴보았다. 참가자 규모와 관련하여 한 번의 집회에 몇 명이나 나왔는가 하는 것도 궁금하지만, 또한 반복 참가자들이 중복해서 포함되는 것을 제외하고 국민들 중 얼마나 촛불집회에 참가했는지 역시 궁금하다. 이 질문에 대한 답을 구하기 위해서 참가자들이 얼마나 반복하여 참가했는지를 파악하는 것이 필요하다. 이에 관한 정보는 집회 참가자들에게 그동안 몇 번이나 촛불집회에 참가했는지를 질문한 설문조사 항목을 통해 얻을 수 있다. 내일신문과 서강대 현대정치연구소는 9차 촛불집회 이후인 2016년 12월 26일부터 28일까지 전국을 대상으로 한 설문조사에서 응답자들의 집회 참석 횟수에 대한 질문을 포함했다. 수도권 지역의 응답자만을 대상으로 보면 응답자 중 32.6%가 이번 촛불집회에 참가한 적이 있다고 답변했다. 서울, 인천, 경기 등 수도권의 20세 이상의 성인 인구가 2,000만 명 정도이므로 650만 명 정도가 촛불집

회에 참가한 경험이 있다고 볼 수 있다.[49]

이 수치가 맞는지 검증해볼 수 있다. 참가자들의 참가 횟수는 〈표 3-1〉과 같이 나타났다. 촛불집회에 참석해본 경험이 있다는 응답자들 중 절반이 훨씬 넘는 56.4%가 9차 집회가 열린 동안 단 한 번 참석했다고 답변했다. 두 번 참가했다는 응답자는 26.5%이다. 이를 합하니 촛불집회 참가가 한두 번에 그쳤다는 응답자가 전체의 83%에 달한다. 앞에서 집회 참가자들이 머문 시간이 2시간 이내로 짧았다는 사실이 조직적 동원이 아니라는 근거가 될 수 있다고 했는데, 반복해서 참가한 비율이 낮은 사실도 일관된 근거로 볼 수 있다.

집회 주최 측에 따르면 9차 집회까지 연인원이 890만 명이라고 했는데 그 주장이 맞는지 설문조사에서 확인한 반복 참가 비율을 이용해서 검증해볼 수 있다. 〈표 3-1〉에서 응답자들의 반복 참가 비율과 연 참가자 수를 곱해서 계산해보면 그 합계인원은 658만 명이 된다. 앞에서 설문응답을 통해 추산한 참가자 수 650만 명과 별반 차이가 없다.

2016년 11월 12일 광화문 3차 촛불집회 이후로 집회는 100만 명에 이를 정도로 대규모화되었다. 9차 집회까지 총 일곱 차례의 대규

표 3-1 **촛불집회 참가자들의 참가 횟수(9차 집회까지)**
(단위: %)

구분	1회	2회	3~4회	5회 이상
비율	56.4	26.5	13.5	3.6
순수 참여자 (890만 명 추산)	502만 명	118만 명	34만 명	4만 5,000명

출처: 내일신문—현대정치연구소 조사(2016. 12)

모 집회가 열린 셈이다. 그러나 표에서 확인한 바와 같이 반복적인 참석자는 매우 적었다. 다시 말해서 참석자가 100만에 이르는 대규모 집회가 매주말 열렸지만 참석자들 대부분이 매번 달랐다는 것이다. 여기서 한 가지 명확히 해야 하는 것은 반복 참가가 적었음에도 불구하고 대규모 집회가 개최되었다는 사실은 참가자들의 폭이 넓다는 것을 보여주는 것이지, 집회의 취지를 지지하는 강도가 약하다는 것을 의미하지 않는다는 점이다. 이번 촛불집회의 계기는 정책적 입장의 차이에 따른 것이 아니라 민주주의의 기본적 가치 혹은 정치의 도덕적 측면에서 시민의 분노가 폭발한 것이다.

일반 시민들에게 정치가 모든 것이 될 수는 없다. 한두 번 집회에 참가하여 지지를 표현하는 것만으로도 시민들에게는 충분한 분노 표출이라는 정치적 만족감을 줄 수 있다. 참가자 개인들이 비록 집회에 장시간 머물지도 않고 반복 참여한 횟수도 많지 않지만 참가를 경험한 시민들이 촛불집회에 높은 충성도를 보인 것을 설문조사를 통해 알 수 있다.

〈표 3-2〉에 따르면, 이미 참가 경험이 있는 응답자들 중 대다수(89.5%)는 집회에서 요구하는 바가 이루어지지 않으면 다시 참가할 의사가 있다고 답했다. 조사 시점이 국회의 탄핵 이후라는 사실에 비추어 볼 때 촛불집회의 목표는 대통령의 즉각사퇴였다. 따라서 참가자들은 대통령의 즉각사퇴에 대한 강한 목표 의지를 가지고 있다고 볼 수 있다. 더욱 흥미로운 것은 설문조사 당시까지 집회에 참여한 경험이 없는 시민들 가운데에서도 만일 사퇴가 이루어지지 않으면 앞으로 집회에 참가할 의사가 있다는 비율이 절반을 훨씬 넘고 있다는 것이

표 3-2 **촛불집회 참가 경험과 향후 참여 의사**

(단위: %)

구분		정국 변화가 없다면 앞으로 참가할 의사		
		있다	없다	인원
촛불집회 참가 경험	있다	89.5	10.5	287명
	없다	58.6	41.4	905명
전체		66.0	34.0	1,192명

출처: 내일신문─현대정치연구소 조사(2016. 12)

다(58.6%). 그렇다면 전체적으로 국민의 66%가 집회에 참가한 경험과 관계없이 대통령의 사퇴를 요구하고 있으며, 이러한 요구가 받아들여지지 않는다면 집회 참여를 통해 정치적 의사를 표출할 용의를 가지고 있는 것이다.

대통령의 즉시사퇴에 대한 다른 기관의 조사 결과도 이 결론을 뒷받침한다. 경향신문의 신년 여론조사 결과를 보면 '대통령이 헌법재판소의 탄핵심판과 관계없이 즉시 사퇴해야 한다'는 응답이 70.2%였으며 '헌재 결정을 기다려야 한다'는 답변은 29%였다. 12월 15일에 휴대폰을 이용한 서베이몹의 조사 결과를 추가적으로 확인해보아도 결과는 비슷하다. '즉시 사임해야 한다'는 응답 비율이 74.2%였다.

누가 촛불집회에 나갔나

주말 촛불집회 참가자가 한 번에 100만 명의 규모가 되면서 특정 집단의 동원 결과라는 주장은 설득력이 없어졌다. 그럼에도 불구하고 도대체 누가 참가했는지에 대한 궁금증은 여전히 남는다. 기존 연구에 따르면 항의집회에 자발적으로 참가하게 된 기본적 동인動因은 분노다.[50] 현재 발생한 사안에 대해 강한 불만이 있을 때 집회 참가를 통해 자신의 의사를 표출하고 동시에 참가자들을 통해 자신의 의사를 강화하는 과정을 거친다. 다음 그림과 같은 순환 구도를 통해 쉽게 이해할 수 있다. 이번 비리 사건을 접하면서 분노를 느낀 시민들 중 일부는 대중 모임에 참여하여 그 분노를 표출하고자 하는 참여 욕구를 가지게 되었다. 이때 참여를 통해 분노를 표출하고 참여 만족감이 올라감과 동시에 같은 의견을 가진 다른 참여자들과의 정보 공유와 일체감을 통해 자신의 신념을 강화하는 기회를 갖게 되었다.

그림 3-1 **정치 참여와 신념 강화**

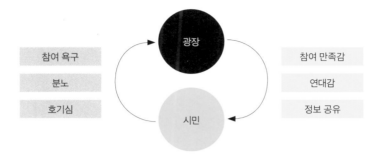

대통령의 탄핵이나 사퇴에 찬성하는 태도와 촛불집회에 참가하는 행위에는 차이가 있다. 의견을 가진 사람 중에 일부만이 집회에 참가한다. 그렇다면 취지에 찬성하는 것과 별개로 집회 참여라는 행동을 하는 시민들의 특성이 궁금해진다. 항의집회 참가의 가장 직접적 동기는 분노이기 때문에 분노의 정도에 따라 집회 참가 여부가 결정될 수 있다. 특히 정책적 반대가 아닌 정치적 영역 내 도덕적 문제일 경우에는 참가 여부에 분노 수준이 미치는 영향이 더욱 크다.

〈그림 3-2〉는 집회에 참가한 경험이 있는 집단과 없는 집단의 이번 사태에 대한 분노점수를 표시한 것이다. 분노점수는 0점(전혀 분노가 없음)에서 시작해 5점(조절 가능한 분노)을 중간점수로 하고 10점(이성을 잃을 정도의 분노)을 최고 점수로 하여 응답자들이 자신의 분노를 표시하도록 했다. 7점까지는 집회 불참자들의 비율이 높지만 10점에 가까울수록 집회 참가자들의 비율이 훨씬 높아지는 것을 볼 수 있다. 참가자들의 분노점수 비율을 보면 8점이 17.5%, 9점이 21.9%, 그리고 최고 점수인 10점이 절반에 가까운 46.4%로 나타났다. 매우 큰 분노 상태

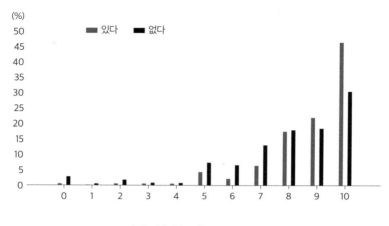

그림 3-2 **촛불집회 참가 경험과 분노 수준**

출처: 서베이몹 조사(2016. 11. 25)

라고 볼 수 있는 8점 이상이 집회 참가자 전체의 85.8%를 차지한다.

탄핵 이후에도 촛불집회가 중단되지 않은 것 역시 탄핵 이후의 분노 수준이라는 개념을 통해 일관적으로 설명할 수 있다. 즉 탄핵안이 통과되어 국민의 분노가 가라앉았다면 그 이후 촛불집회의 횟수가 줄거나 참가자 규모가 급격히 줄었을 것이다. 〈표 3-3〉에서 제시된 결과를 보면 국회에서 탄핵안이 통과된 이후 분노가 줄었다는 응답은 조사자 전체의 21%이며 집회 참가자 중에서 분노가 감소했다는 비율은 19.7%에 불과하다. 대다수 시민들의 분노 정도는 탄핵 이후에도 그 이전과 별로 변화가 없었다. 오히려 분노가 더 커졌다는 답변도 13.5%에 이른다. 집회 불참자들의 경우에는 분노가 줄었다는 응답(21.8%)이 더 커졌다는 반응(11.7%)보다 약 10%p 크다. 따라서 불참

표 3-3 **탄핵 통과 후 분노 강도의 변화**

(단위: %)

촛불집회 참가 경험 분노 변화	분노가 줄어듦	탄핵 통과 전과 비슷	분노가 더 커짐
있다	19.7	64.0	16.2
없다	21.8	66.5	11.7
전체	21.0	65.6	13.5

출처: 서베이몹 조사(2016. 12. 15)

자들에게 국회 탄핵 통과는 비판적 태도를 진정시키는 데 효과가 있었다. 그러나 집회 참여자들의 경우에는 분노 감소(19.7%)와 분노 증가(16.2%)의 변화 비율이 거의 비슷하다. 표에는 제시되지 않았지만 참가자들 중 분노점수가 9점 이상인 집단을 분석해보니 분노가 줄었다는 응답보다 커졌다는 응답 비율이 더 높았다. 참가자 네 명 중 세 명이 분노점수가 9점 이상이었는데, 탄핵 이후에도 이들의 분노 정도가 더 커진 경우가 많았다. 이들에게는 국회의 탄핵소추안 통과가 촛불집회를 중지할 이유가 되지 못했던 것이다. 왜냐하면 촛불집회의 요구는 대통령의 즉시사퇴가 주된 것이었기 때문이다.

〈표 3-3〉에서 분노의 수준이 참가 여부의 중요한 변수라는 것을 제시했다. 그렇다면 분노 수준은 어떠한 집단에서 높거나 낮은지에 대한 보다 근본적인 질문을 하게 된다. 이 질문에 답하기 위해 먼저 참가자의 특성을 인구통계학적 변수인 연령, 교육 수준, 성별 등을 통해 살펴본다. 다음으로는 정치정향이라 할 수 있는 정치이념, 민주주의 가치관, 참여 적극성 등을 기준으로 분석해본다. 마지막으로 정치 정보와 관련하여 정보의 양과 속성에 따라 설명해본다.

〈표 3-4〉에 따르면, 성별 구분에서 남성이 여성보다 참여 비율이 높다. 이 차이의 원인은 직업군에서 주부의 참가 비율이 다른 집단보다 월등히 낮은 것이 어느 정도 영향을 미쳤을 것으로 보인다. 주부의 비율이 전체의 18.7%를 차지하는데 주부의 참가 비율은 11.2%에 불과하다(〈표 3-5〉). 한편 다른 직업군에서는 남녀 간의 집회 참가 비율에 차이가 나타나지 않는다. 예를 들어 사무/관리/전문직에서 남성의 참가 비율은 32.8%이고 여성은 33.5%로 차이가 없다. 또한 학생의 경우에도 남녀의 참가 비율은 각각 31.7%와 31.8%로 동일하다. 해석해보면 집회가 대부분 오후 6시에 시작된다는 점을 고려할 때 주부가 참여하기 좋은 시간대라고 볼 수 없다. 따라서 여성 중 주부의 참가 비율이 낮은 것이 전체적으로 남성에 비해 여성의 참가 비율이 낮은 것에 영향을 미친 것이라 볼 수 있다.

세대별 구분을 보면 20~40대의 참가 비율은 30%에 근접하여

표 3-4 **성별/세대와 촛불집회 참여 여부**

(단위: %)

응답자 특성		촛불집회 참가 여부	
		있다	없다
성별	남	27.9	72.1
	여	20.0	80.0
세대	20대	30.5	69.5
	30대	29.3	70.7
	40대	29.7	70.3
	50대	23.4	76.6
	60세 이상	10.5	89.5

출처: 내일신문—현대정치연구소 조사(2016. 12)

전혀 차이가 없으며, 50대의 경우도 23.4%로 젊은 세대들에 비해 약간 낮기는 하지만 60세 이상과는 2배 이상의 차이를 보인다. 통상적으로 50대가 60세 이상과 유사한 정치성향을 가졌다고 생각하는 경향이 있지만 사실은 그렇지 않다. 1987년 민주화를 이끌어낸 20대가 현재는 50대가 되었다. 소위 386으로 불리는 이들 세대는 직접 민주화를 주도한 참가 경험과 아울러 이전의 50대에 비해 진보적 성향을 띠고 있다. 따라서 50대의 상당수가 이번 집회에 참가했다는 경험적 결과는 그리 놀랄 만한 사실이 아니다.

〈표 3-5〉의 학력을 보면 대학 졸업자나 대학 재학 중인 집단의 참가율이 상당히 높은 것으로 나타난다. 중졸 이하 집단에서 참가율이 낮은 이유는 학력 자체가 아니라 연령효과라고 보는 것이 더 타당하다. 이번 조사에서 중졸 이하는 60세 이상에서 가장 비율이 높다. 60세 이상에서 77%를 차지한다. 학력별로 구분해보면 고졸 중 60세 이상이 40.9%이지만 대학 재학 이상에서 60세 이상은 10.7%에 불과하다. 따라서 학력에 따른 집회 참가율의 차이는 상당 부분이 연령효과에서 기인한 것으로 보아야 한다. 중졸 이하 집단에서 참가율이 낮은 것으로 나타나지만, 그것은 학력이 낮은 사람들이 참가하지 않았다기보다는 참가 비율이 낮은 고령층에서 학력이 낮은 비율이 높기 때문에 일종의 착시처럼 나타나는 것이다. 헌법재판소의 탄핵 인용 결정 이후 탄핵에 반대한 태극기 집회를 보자. 가장 두드러진 특징은 참가자들의 연령이 매우 높다는 것인데, 이를 통해서 촛불집회 참가 여부는 학력이 아니라 연령 혹은 세대가 더 중요한 요인이라는 것을 확인할 수 있다.[51]

마지막으로 응답자의 경제적 위상이 집회 참가에 영향을 미쳤는지를 확인해보자. 응답자의 경제적 위치를 판단하는 방법은 소득이나 자산 등 객관적인 정보를 사용하는 방법과 응답자가 주관적으로 느끼는 계층을 기준으로 구분하는 방법이 있다. 둘 다 장단점이 있지만 응답자의 주관적인 판단에 따라 정치행위가 결정된다는 점에서 응답자가 답변한 주관적인 경제 계층 정보를 사용했다. 계층에 따른 집회 참가 비율은 거의 차이가 없다. 또한 계층의 순서에 따라 참가 비율이 높아지거나 낮아지는 일관적인 패턴이 나타나지 않는다. 이러한 결과는 촛불집회에 참가하는 이유가 경제적 문제에서 기인하지 않는다는 것을 보여준다. 대통령과 관련된 비리에 분노한 시민들이 참

표 3-5 **학력/직업/계층과 촛불집회 참여 여부**

(단위: %)

응답자 특성		촛불집회 참가 경험	
		있다	없다
학력	중졸 이하	9.0	91.0
	고졸	15.8	84.2
	대학 재학 이상	28.9	71.1
직업	자영업	24.2	75.8
	판매/서비스	26.1	73.9
	생산/기능/노무	28.3	71.7
	사무/관리/전문	33.1	66.9
	주부	11.2	88.8
	학생	31.7	68.3
계층	상	24.0	76.0
	중	25.7	74.3
	하	22.5	77.5

출처: 내일신문—현대정치연구소 조사(2016. 12)

가한 것이며, 경제적 불평등이나 경제 계층 간의 갈등이 집회 참가를 촉발한 것은 아니라는 사실을 확인할 수 있다.

한편 직업군을 보면 사무/관리/전문직에 속한 응답자들의 참여 수준이 다른 직업군에 비해 월등히 높은데 상대적으로 이 직업군에 속한 응답자들의 학력이 높고 젊은 층에 다수 포함된 결과라고 볼 수 있다. 이 직업군의 참여 정도에 주목해야 하는 이유는 정치 변동의 시기에 사무/관리/전문직이 참여하게 되면 전 시민적 참여로 확대되는 계기가 되었다는 역사적 경험 때문이다. 1987년 민주화 운동이 직선제라는 정치적 결과를 가져오게 된 직접적 계기는 '넥타이 부대'로 불리는 직장인들이 민주화 운동에 동참하여 거리로 쏟아져 나오면서 군부정권에 압력을 가한 것이었다.

개인에게 주어진 환경에 따른 분석에 이어, 〈표 3-6〉을 통해 응답자의 정치성향과 참가 비율의 관계를 확인해보자. 가장 눈에 띄는 것은 2012년 대선에서 박근혜 후보와 문재인 후보를 선택한 유권자들의 집회 참가 비율의 차이다. 문 후보를 지지한 응답자들의 참가 비율이 박 후보 지지자들에 비해 3배 이상 높다. 민주당 지지, 진보적 정치성향, 그리고 문재인 후보를 지지했던 응답자들이 다른 특성의 시민들보다 촛불집회에 더 많이 참가한 것은 분명하다. 그러나 동시에 다른 특성을 갖는 국민 역시도 참가 비율이 낮지 않다는 사실을 간과해서는 안 된다. 예를 들어 2012년 대선에서 투표권이 없었다는 응답자들 중 40%가 촛불집회에 참가한 경험이 있다고 답했는데, 이들은 20대 초반이다. 이들 중 집회 참가자들은 미참가자들에 비해 민주당이나 문 전 대표에 대한 특별한 선호 경향을 보이지 않고 있다.[52]

표 3-6 **정치정향과 촛불집회 참여 여부**

응답자 특성		촛불집회 참가 경험	
		있다	없다
18대 대선 지지후보	박근혜	11.5	88.5
	문재인	36.1	63.9
	기권	14.7	85.3
	투표권 없음	40.0	60.0
지지정당	민주당	34.6	65.4
	새누리당	5.0	95.0
	국민의당	31.0	69.0
	정의당	46.8	53.2
	지지정당 없음	17.6	82.4
정치이념	진보	39.1	60.9
	중도	19.4	80.6
	보수	17.3	82.7
전체		23.9	72.1

출처: 내일신문─현대정치연구소 조사(2016. 12)

지지정당별로 집회 참가 비율을 보면 정의당 지지자들의 참가 비율이 46.8%로 가장 높고, 다음으로 민주당 지지자들의 참가 비율이 높다. 국민의당 지지자들의 참가 비율도 30%가 넘는다. 예상한 바와 같이 새누리당 지지자들의 참가 비율은 가장 낮다. 이는 이번 이슈의 속성이 여당과 야당의 대결적 양상이라는 것을 보여준다. 한국 정치에서 정당 선호도는 매우 낮다. 정당의 해체 및 창당, 합당 등이 선거 때마다 등장하여 시민들이 정당 일체감을 가질 수 없는 상황이다. 따라서 이 조사에서 선호정당이 있는지를 물었을 때 단지 27%만이 선호정당이 있다고 답했다. 선호정당이 없다는 응답자들에게 재차 조금이라도 좋아하는 정당이 있으면 선택해달라고 했을 경우 무당파는 37.4%로 줄어들었다. 이처럼 정당 일체감이 취약한 상황에서 새누리당을 지지한다고 답한 응답자들이 촛불집회에 참가한 비율(5%)이 극히 낮은 것은 당연하다.

이번 대통령 탄핵 사태의 원인이 정책적 이슈와 관계가 없기는 하지만 분명히 진보와 보수라는 한국 정치의 균열 축과 상관성을 지닌다. 따라서 개인의 정치이념에 따라 사태를 바라보는 시각과 촛불집회 참가 의사에 차이가 나타난다. 진보 성향 시민들의 참여가 거의 40%에 이르는 데 비해 보수 성향 시민들의 참여는 그 절반에도 미치지 않는다는 것이 이번 사태에 대한 인식의 차이와 대통령 거취에 관한 정치이념의 차이를 보여준다. 그럼에도 불구하고 이념적 편향성이 적은 중도이념 집단의 경우 20%에 가까운 시민들이 집회 참가 경험이 있으며, 보수 성향 집단에서도 17% 이상이 참가 경험이 있다는 것은 진보 집단뿐만 아니라 중도나 보수 집단에서도 이번 사태에 대한 분노가 상당하다는 것을 보여준다.

흥미로운 것은 2012년 대선에서 기권한 사람들의 집회 참가 비율이 박 후보 지지자들만큼이나 낮다는 사실이다. 얼핏 기권자들이야말로 정치 색깔이 짙지 않기 때문에 중립적 관점에서 탄핵을 바라보았다고 생각할 수 있다. 〈표 3-6〉에서 보이는 것처럼, 이들의 집회 참여율(14.7%)이 박 후보 지지자들(11.5%)과 크게 다르지 않은 데 반해 다수의 촛불집회 참가자들이 진보 성향이라는 점을 들어 촛불집회는 박근혜 대통령을 정치적으로 곤경에 빠뜨리려는 정치적 의도가 있는 것이라고 해석할 수 있다. 그러나 그러한 해석은 설문 수치에만 얽매인 표면적 해석에 불과하다. 설문조사에서 나타나지 않은 배경을 이해할 필요가 있다. 박 후보 지지자들 중 상당수는 대통령 탄핵에 찬성하지 않기 때문에 참가 비율이 낮지만 투표 기권자들은 정치적 의견 때문에 집회에 불참한 것이 아니다. 이들은 기권에서 보듯이 소극적인 정치 참여 태도 때문에 참가 비율이 낮은 것으로 이해해야 한다. 정치 참여 중 가장 쉬운 형태인 투표를 하지 않았던 유권자들이 투표보다 훨씬 많은 노력이 요구되는 집회에 참가하지 않은 것이라고 추론하는 것이 적절하다.

이러한 관점은 〈표 3-7〉을 통해서 경험적으로 증명될 수 있다. 이 표는 기권자들이 탄핵 이전에 대통령의 거취에 관해 어떤 의견을 가졌는지를 보여준다. 기권자들의 견해 분포와 전체 평균의 분포를 보면 모든 응답 항목에서 오차범위 내의 차이를 보이는 것을 알 수 있다.

표 3-7 **18대 대선 기권자들의 대통령 거취에 대한 의견** (단위: %)

조사 시기	의견 대선 투표	스스로 하야	국회 탄핵 절차에 따라	2선 후퇴	조기사임 선언	대통령직 유지	인원
1차 조사 (2016. 11. 4)	박근혜	40.9	12.8	19.2	12.3	14.8	438명
	기권자	48.8	19.0	11.5	13.5	7.1	252명
전체 평균		51.9	15.5	12.1	13.5	6.9	1,540명
2차 조사 (2016. 11. 25)	박근혜	48.1	24.1	8.2	7.9	11.7	316명
	기권자	55.0	19.4	6.9	13.1	5.6	160명
전체 평균		57.0	22.0	6.1	9.4	5.5	1,063명

출처: 서베이몹 조사

반면에 박 후보 지지자들과는 '스스로 하야해야 한다'는 응답과 '대통령직 유지'라는 의견 분포에 있어 두 번의 조사 모두에서 확연한 차이를 보인다. 가장 극단의 두 의견에 대해 기권자들의 의견은 전체 국민의 의사와 유사하다. 이러한 박 후보 지지자와 기권자 사이의 의견 분포 차이는 촛불집회의 참여 비율처럼 탄핵을 보는 태도가 비슷할 것이라는 추론이 잘못된 것이라는 점을 명백히 보여준다.

마지막으로 〈표 3-8〉을 통해 응답자들의 심리적 태도에 따른 참여의 차별성을 살펴보자. 정치가 중요하다고 생각할수록 정치에 관심이 많아지고 참여 가능성이 높다. 또한 자신이 정치에 참여함으로써 정치가 바뀔 수 있다고 생각할수록 참여 가능성은 높아진다. 여기에 만일 이번 촛불집회가 고질적인 정치 비리 문제를 고칠 수 있는 계기가 된다고 생각했다면 참여 욕구가 더욱 강했을 것이다.

요약하면 응답자들이 정치를 얼마나 중요하게 생각하는지와 촛불집회가 앞으로 정치권의 비리를 줄일 것이라는 기대 여부에 따라 집회 참여 의사에 차이가 있는 것으로 나타났다. 그러나 그러한 심리적 태도의 차이가 집회 참여에 결정적 영향을 미치는 정도는 아니었다. 오히려 정치효능감political efficacy으로 요약되는 정치에 대한 적극적인 태도가 집회 참여에 큰 영향을 미치는 것으로 나타났다.

이러한 결과는 촛불집회가 참여에 대한 시민들의 자신감을 높이는 데 기여했으며 광장민주주의라고 부르는 직접민주주의의 영향력이 높아지는 계기가 마련되었다는 것을 보여준다. 집회에 참가하지 않은 다수의 시민들도 집회의 취지에 동의하고 그 결과가 대통령의 탄핵 완성으로 나타나면서 시민의 힘을 실감하게 되었다. 헌법재판소의

표 3-8 **심리적 태도와 촛불집회 참여 여부**

응답자 특성		촛불집회 참가 경험		설문항
		있다	없다	
정치 효능감	높음	30.5	69.5	나 같은 사람이 정부가 하는 일에 대해 뭐라고 얘기해봤자 아무 소용이 없다
	낮음	16.7	83.3	
정치 중요성	찬성	24.7	75.3	정치가 국가 발전에 중요한 역할을 한다
	반대	21.2	78.8	
향후 정치 비리	줄어들 것	26.3	73.7	촛불집회와 박근혜 대통령의 탄핵을 계기 로, 향후 정치권의 비리는 어떻게 될 것으 로 보십니까?
	변화 없을 것	21.2	78.8	

출처: 내일신문—현대정치연구소 조사(2016. 12)

탄핵 인용 결정이 여론을 의식한 것인지 또는 여론을 반영해야 하는 것인지에 대해서는 논쟁의 여지가 있다. 그러나 탄핵 이후의 조사를 보면 헌법재판소의 결정이 여론에 영향을 받은 것이라는 의견이 지배적이었다.[53] 또한 이전의 조사 결과가 없어서 비교는 불가능하지만 '국가의 중요한 정책을 결정할 때에는 국민의 의사를 직접 묻는 국민투표를 실시해야 한다'는 의견에 대해 '매우 찬성'이 42.9%, 그리고 '찬성하는 편'이라는 답변이 43.5%로 나왔다. 이를 합하면 86.4%의 국민은 자신들이 국가의 중요 정책 결정에 직접 영향력을 행사하고 싶어 하는 것으로 나타난다. 이처럼 정치 영역에서 시민 역할의 확대를 요구한 것은 이번 비리 사건을 통해 나타난 정치 불신의 상승 때문인지, 혹은 온라인 정치와 비판적 시민의 확대라는 거시적 환경의 변화로 인한 시대적 요구인지는 좀 더 연구해볼 필요가 있다.

'박근혜 촛불', 운동권의 조직 동원이었나

"촛불집회 때 깃발 보니까 민노총, 전교조가 다 동원됐고 시민들은 몇 명 없었다." 고영주 방송문화진흥회 이사장이 대규모 촛불집회를 두고 한 말이다(기자협회보, 2016. 11. 19). "좌파종북 세력이 분대 단위로, 지역별로 책임자를 다 정해서 시위에 나온다." 새누리당의 김종태 전 의원이 2016년 11월 26일 광화문 촛불집회를 겨냥해 의원총회에서 한 발언이다(중앙일보, 2016. 11. 30). 심지어 유명한 보수 논객 조갑제는 촛불집회의 반대편에 있는 태극기 집회까지 언급하면서 "촛불시위가 조직적 동원인 데 반하여 태극기 집회는 비조직적이고 자발적 참여가 많은 것이 특징이다"(뉴데일리, 2017. 1. 28)라고 강변했다. 이들 보수 인사들에게 비친 연인원 1,000만 명 이상의 촛불집회는 '시민'이 아닌 '운동권', '좌파종북 세력'이 조직적으로 준비하고 동원한 결과라는 주장이다.

그러나 내일신문과 서강대 현대정치연구소가 2016년 11월 26일 광화문 촛불집회 참가자 2,058명을 대상으로 설문조사한 결과, 보수 인사들의 이러한 주장은 근거가 희박한 것으로 확인되었다. 집회 참가자들은 보수 인사들의 주장처럼 '동원된 전문시위꾼'도, '운동권'이나 '좌파종북 세력'과도 거리가 멀었다. 자발적으로 가족 또는 친구, 직장 동료들과 함께 한두 번 참석한 평범한 시민이었다.

'어떤 계기로 촛불집회에 참여했는가'라는 질문에 참여자의 80%가 '뉴스를 접하고 스스로 판단했다'고 응답했다. 반면에 '친구의 권유'(9%), '가족의 권유'(5%), '인터넷 카페나 동호회, 페이스북 친구의 권유'(2%) 등 다른 사람의 권유에 의한 참여는 소수였다. 어느 답변에서도 '동원됐다'는 주장을 입증할 근거는 찾기 힘들었다.

2016년 말에 일어난 대규모 촛불집회가 조직 동원되지 않았다는 근거는 '누구와 함께 참여했는가'라는 질문에 대한 답변에서도 확인되었다. 현장에서 조사된 참여자의 50%는 친구나 직장 동료와 함께 참여했고, 32%는 가족과 함께 참여했다고 답했다. 당시 촛불집회에는 삼삼오오 친구들과 같이 나온 중년들, 유모차를 끌고 온 주부들, 초·중등생 자녀와 함께 나온 부모들이 유난히 눈에 띄었으며, 이러한 참여 양상이 조사에 그대로 반영된 것이다. 혼자 집회에 참여한 사람들도 적지 않았다. 전체 참여자의 13%를 차지한 이들은 '혼참러'로 불리기도 했는데, 자신들이 스스로 만든 깃발 아래에 모여 집회에 참여하기도 했다. 한편, 정당이나 노조, 그리고 인터넷 동호회 등 조직적 참여는 3%에 불과했다. 이러한 증거들로 볼 때, 2016년 '박근혜 촛불' 집회에서는 자발적 참여가 대세였음을 알 수 있다.

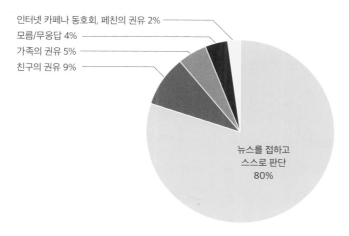

그림 3-3 **2016년 '박근혜 촛불', 어떤 계기로 참여했나**

인터넷 카페나 동호회, 페친의 권유 2%
모름/무응답 4%
가족의 권유 5%
친구의 권유 9%

뉴스를 접하고
스스로 판단
80%

출처: 내일신문—현대정치연구소 조사(2016. 11. 26)

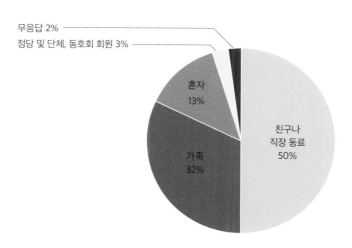

그림 3-4 **2016년 '박근혜 촛불', 누구와 참여했나**

무응답 2%
정당 및 단체, 동호회 회원 3%

혼자
13%

친구나
직장 동료
50%

가족
32%

출처: 내일신문—현대정치연구소 조사(2016. 11. 26)

2016년 '박근혜 촛불'의 참여자들은 2008년 미국산 쇠고기 수입 반대 촛불집회의 참여 양상과도 많이 달랐다. 이를 확인하기 위해서 2008년도 쇠고기 촛불집회 당시의 현장조사 자료와 2016년 박근혜 촛불집회의 현장조사 자료를 활용했다. 〈그림 3-5〉에서 알 수 있듯이, 2008년 촛불시위 참가자들보다 2016년 촛불시위 참가자들의 정치행동 참여 경험이 훨씬 적은 것으로 나타났다. 2008년 문자나 댓글로 집회 참여를 권유해본 경험이 있다는 응답자는 47.4%였으나 2016년에 이런 경험이 있는 참가자는 33.1%였다. 그동안 SNS 등의 활용이 늘어난 것을 감안한다면, 박근혜 촛불집회 참가자 사이에서 문자나 댓글로 집회 참여를 권유한 경험이 있는 참가자의 비율은 2008년

그림 3-5 **정치행동의 참여 경험: 2008년과 2016년 참여자 비교**

(단위: %)

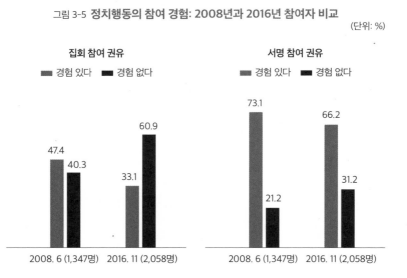

출처: 이현우—조기숙 조사(2008. 6. 6), 내일신문—현대정치연구소 조사(2016. 11. 26)

쇠고기 촛불집회에 비해 매우 적다. 그리고 집회 참여를 권유한 경험이 없다는 참가자는 2008년 촛불집회에서 경험이 있다는 참가자보다 적은 40.3%였으나, 2016년 촛불집회에서는 60.9%로 훨씬 많이 늘어났다. 또한 2008년 촛불집회 참여자 중 거리 서명이나 인터넷 서명에 참여한 경험이 있다는 응답자는 73.1%에 달했지만, 2016년 박근혜 촛불집회 참가자 사이에서는 66.2%로 낮아졌다. 이러한 발견은 정치 참여에 소극적이었던 시민들이 2008년 쇠고기 촛불집회보다 2016년 박근혜 촛불집회 때 훨씬 더 많이 거리로 쏟아져 나왔다는 것을 보여준다.

2008년 쇠고기 촛불집회와 2016년 박근혜 촛불집회 참여자는 정치성향에서도 많은 차이를 보인다. 〈표 3-9〉는 정치적 태도를 나타내는 의견에 대한 동의 정도를 집회 참여자들에게 7점 척도로 물은 설문의 결과다. 평균점수의 수치가 작을수록 질문에 대해 긍정적이고, 클수록 부정적이다. '공동체를 위해 자신을 양보한다'는 의견에 대해 2008년 촛불집회 참여자의 평균점수는 3.40인 데 비해, 2016년 촛불

표 3-9 **촛불집회 참여자의 정치적 태도: 2008년과 2016년 비교**

의견	2008년 촛불집회		2016년 촛불집회	
	인원	평균점수	인원	평균점수
집단을 위해 자기 이익을 양보(7점 척도)	1,005명	3.40	1,952명	4.14
테러 방지를 위해 개인정보 침해 불가피(7점 척도)	995명	5.59	1,965명	5.51
양극화 해결보다 성장이 우선(5점 척도)	1,010명	4.18	1,959명	3.92
북한은 화해와 협력의 대상(5점 척도)	1,011명	1.73	1,955명	2.21

출처: 이현우—조기숙 조사(2008. 6. 6), 내일신문—현대정치연구소 조사(2016. 11. 26)

집회 참여자의 평균점수는 4.14였다. 두 집회의 참여자들 모두 공동체의 이익을 존중하는 태도가 강하지만, 2016년 참여자들이 2008년 참여자들보다 좀 더 개인주의적임을 알 수 있다. '테러를 막기 위해서는 개인정보에 대한 침해가 불가피하다'는 의견에 대해서 2008년 참여자의 평균점수는 5.59이고, 2016년 참여자의 평균점수는 5.51이었다. 두 집회 참가자들의 안보의식은 비슷했다.

'양극화 해결보다 성장이 더 중요하다'는 의견에 대해서도 2008년 참여자의 평균점수는 4.18인 데 비해, 2016년 참여자의 평균점수는 3.92였다. 두 집회 참가자들 모두 성장보다 양극화 해결에 더 무게를 두고 있지만, 2016년 참여자들이 좀 더 성장지향적임을 알 수 있다. '북한은 협력 대상이지 적대 대상이 아니다'라는 의견에 대해 2008년 참여자의 평균점수는 1.73이고 2016년 참여자의 평균점수는 2.21이었다. 두 집회 참여자들 모두 북한에 대해 온건한 태도를 보였지만, 2016년 참여자가 2008년 참가자보다 좀 덜 온정적이었다.

이처럼 2016년 박근혜 촛불집회의 참여자들이 2008년 쇠고기 촛불집회 참여자들보다 더 개인주의적이고, 복지와 대북 태도에 있어서 덜 진보적이었다. 2008년 쇠고기 촛불집회는 한미 FTA에 따른 쇠고기 수입에 대한 반미 정서가 작용하고 있었지만, 2016년 박근혜 촛불집회는 민주주의 가치를 지켜야 한다는 도덕적 저항의 성격이 강했다. 따라서 박근혜 촛불집회 참가자들이 이념적으로 덜 편향적이었다. 다시 말해서 2008년 '쇠고기 촛불'의 참여자들에 비해 2016년 '박근혜 촛불'의 참여자들이 정치행동의 참여 경험이 덜했을 뿐만 아니라 정치적 태도에서도 덜 진보적이었다. 이로써 2016년의 겨울에는 평소에 정치 참여에 소극적이었고 정치적 태도에서도 진보적이지 않았던 사람까지 광장으로 나왔음을 알 수 있다.

지금까지 '박근혜 촛불'이 좌파 집단들에 의해 조직 동원된 집회였다는 일부 보수진영의 주장이 사실에 부합하지 않음을 확인했다. 2016년 '박근혜 촛불' 참가자의 압도적 다수는 조직에 의해서 동원되지 않은 자발적 참가자였다. 그들은 아이를 무등 태우거나 유모차를 끌고 집회에 참여했으며, 오랜만에 연락한 친구들과 연말 송년회를 광화문 집회 후에 갖기도 했다. 한국갤럽 조사(2017. 2. 9)에 따르면 19세 이상 국민의 약 80%가 박근혜 대통령의 탄핵에 찬성했다. 유권자의 약 24%가 촛불집회에 참여했다는 내일신문과 현대정치연구소의 조사 결과에 의하면, 탄핵에 찬성하는 국민의 약 30%가 촛불집회에 참여한 셈이다. 집회의 규모와 열기, 비폭력적 진행에 세계가 놀랐다. 어떻게 이러한 집단행동이 가능했을까?

올슨(Olson 1971)의 《집단행동의 논리Logic of Collective Action》에 의하면, 참여하지 않아도 행동의 성과가 모든 사람에게 똑같이 주어지는 조건에서 합리적인 인간은 참여로 인해 소망스러운 결과가 나타날 확률이 참여로 인해 발생할 비용보다 훨씬 적기 때문에 행동에 참여하지 않는다. 이기심으로 인해 발동되는 무임승차free-riding의 동기가 집단행동에의 참여를 가로막는다는 것이다. 그리고 무임승차의 행태를 제어하기 위해 처벌이나 인센티브와 같은 제도적 장치를 두어야 한다고 제안한다. 투표 불참을 막기 위해 선거관리위원회가 시민의 의무를 홍보하고 박물관 이용권을 제공하는 것 등이 그러하다.

그러나 사람들은 처벌이나 인센티브가 주어지지 않아도 집단행동에 참여한다. 여기에는 두 가지 설명이 가능하다. 하나는 참여에 대한 효능감이 커졌기 때문이며, 다른 하나는 이기심을 누를 만큼 시민의식이 고양되었기 때문이다. 박근혜—최순실 국정농단 사건의 실체는 '대통령을 뽑아놨더니 다른 사람이 국가를 운영하고 있었다'는 격앙된 목소리에서 잘 드러나듯이, 민주주의 국가의 헌정질서에 관한 문제였다. 시민들은 이러한 사태를 방치한 정치권을 질타하는 모습도 보였지만, 다른 한편에서는 개개인의 정치 무관심에 대해 크게 반성하는 태도도 동시에 가졌다. 민주화 이후 사라질 것이라고만 생각했던 권위주의적 통치행태가 여전히 나타나고 있었다는 사실에 놀랐고, 시민의 권리의식과 함께 참여에 대한 의무감이 고양되었던 것이다.

국정농단의 의혹이 언론을 통해 폭로되자 분노한 시민들이 광장에 모이기 시작했지만, 정치권은 대선 일정을 둘러싼 정치적 계산으로 탄핵 결정을 망설였다. 시민들은 국정농단 사태를 방치한 정치권을 믿지 않았고, 그럴수록 개개인의 참여가 대통령의 거취를 결정할 수 있다는 믿음을 갖게 되었다. '촛불의 함성'이 여당인 새누리당을 분당시키고 다수 의원들을 대통령 탄핵으로 결집시키는 등 정치권을 변화시키자 참여의 효능감은 더욱 커졌다. '나 한 사람의 참여가 정치를 바꾸고 나라를 바꾼다'는 생각이 팽배해진 것이다.

촛불집회는
진보 성향 시민들의 모임이었나

누가 항의집회에 참여하는가에 대한 연구 결과는 정치학이나 사회학에서 크게 3개의 분류 틀로 구분된다. 그것은 개인적 조건, 정치적 성향, 구조적 특성이다. 개인적 특성을 보면 젊은 층의 참여 가능성이 높다. 젊은 세대는 학생, 미혼, 경력 관리 등에 대한 부담이 적기 때문에 혹시라도 집회 참여로부터 발생할 수 있는 불이익의 위험으로부터 비교적 자유로울 수 있다. 외국의 연구에서도 결혼을 한 경우에 배우자가 집회에 참여하지 않거나 자녀가 있는 경우에는 집회에 참가할 가능성이 낮은 것으로 보고되고 있다. 직장이 있는 경우에도 집회에서 체포되거나 불법적 행동에 가담하게 되는 위험 부담으로 인해 참여가 위축되는 것으로 나타났다.

한국 정치의 역사를 보아도 정치 변동, 특히 민주화의 변곡점을 보면 예외 없이 젊은 층이 앞장서는 것을 볼 수 있다. 대표적인 예로 이승만 정권의 붕괴를 가져온 1960년 4·19혁명은 마산에서 김주열 학생의 죽음과 4월 18일 고려대학교 학생들의 시위에서 촉발되었다. 1987년 6월 민주화 항쟁 역시 학생들이 주축이 되고 소위 '넥타이 부대'라고 불리는 직장인들이 가세하여 6·29 민주화선언을 이끌어냈다. 이처럼 한국 역사의 분기점에서 대학생을 비롯한 젊은 층이 앞장서서 정치 민주화의 동력이 되었다.

촛불집회에 대한 대표적인 비판적 견해는 집회에 참석한 시민들이 원래 박근혜 정부에 반대하는 사람들이며 정치적 이유로 집회에 참가하고 있다는 것이었다. 2012년 대선 때 서울에서 박근혜 후보가 48.2%를 득표하고 문재인 후보가 51.4%를 획득했다. 당선자인 박근혜 후보를 택하지 않은 유권자들이 다수이고, 이들이 이번 비리 사건을 빌미로 박 대통령을 사퇴시키려고 촛불집회에 참가했다는 주장을 펴는 것이다. 이러한 주장이 완전히 터무니없다고 할 수는 없다. 서베이몹의 조사에 따르면 '촛불집회에 참가한 사람은 대부분 진보적인 사람들이다'라는 주장에 동의하는 응답자가 11월과 12월 조사에서 각각 44.4%, 48.5%였다. 세분하여 참가자와 불참자로 나누어보아도 두 집단 사이에 큰 차이가 없다. 절반에 약간 못 미치는 국민만이 촛불집회가 진보 성향 시민들의 모임이라고 생각한다는 의미다. 절반 이상은 촛불집회가 진보라는 특정 이념집단의 전유물이 아니라고 생각했다.

응답자의 직접 인식 외에 좀 더 심도 있는 분석을 시도해보았다. 〈표 3-10〉은 전국 성인을 대상으로 촛불집회의 참가 경험 여부와 18대 대선 투표 결정을 교차분석한 것이다. 표에서 보는 바와 같이 2016

년 12월 말 기준으로 촛불집회 참여 경험이 있는 시민들은 23.9%이며 이들 중 18대 대선에서 문재인 후보를 지지했던 유권자의 비율이 60%가 넘는다. 그러나 집회 참여 경험이 없다는 응답자 중 34.3% 역시 지난 대선에서 문 후보를 지지했던 사람들이라는 점을 함께 생각해볼 필요가 있다. 또한 박 후보를 택했던 응답자들도 집회 참여자들 가운데 18.1%라는 사실도 확인된다. 문 후보를 지지했던 참가자들이 박 후보를 지지했던 참가자들보다 3배 이상 많지만 이들이 정치적 반대를 목적으로 집회를 개최했다면 촛불집회의 규모가 100만 명이 넘는 수준에 이르지는 못했을 것이다. 따라서 촛불집회가 박근혜 정부에 대한 정치적 반대자들만의 집회라는 것은 과장된 해석이라고 할 수 있다.

누가 집회에 참여하느냐에 관해 현재까지 연구에서 밝혀진 참여자들의 특성은 교육 수준이 높고 진보적이며 중산층이다. 집회라는 직접적인 정치 참여는 기존 질서에 대한 시민의 항의로 볼 수 있다. 따라서 상대적으로 자유와 참여에 더 많은 가치를 부여하고 참여를 통

표 3-10 **촛불집회 참가 경험과 대선 지지**   (단위: %)

참가 경험 \ 지지 후보	박근혜	문재인	기타 후보	기권	투표권 없음	무응답	인원
있다	18.1	61.7	5.6	4.9	8.4	1.4	287명(23.9%)
없다	44.1	34.3	5.7	8.9	3.9	3.1	912명(76.1%)
전체	37.9	40.9	5.7	7.9	5.0	2.7	1,199명

출처: 내일신문―현대정치연구소 조사(2016. 12)

해 변화가 가능하다는 자신감을 가진 시민의 참여가 더 활성화된다. 그리고 그러한 특성의 집단이 바로 이념적으로 진보적이며 교육 수준이 높은 것이다.

개인의 정치적 정향 역시 집회 참여에 영향을 주는 중요한 요인이다. 정치에 관심이 많고 정치 정보가 많은 시민은 집회에 참여할 가능성이 높다. 또한 정치적 효능감을 높게 느끼는 시민들, 즉 자신이 참여해서 목소리를 내면 정치에 변화가 생길 수 있다는 자신감이 높은 시민들의 참여 가능성이 높다. 또한 자유주의적 성향이나 진보적 성향의 시민들은 기성 정치에 대한 도전의식이 강하기 때문에 항의집회에 참여할 가능성이 높은 것으로 확인된다. 이러한 사실에 기반하여여기서 강조하고자 하는 것은 집회 참여자들이 그동안 박근혜 정부에 대해 비판적이었다는 사실을 부인하는 것이 아니라 박근혜 정부에 대한 비판 자체가 촛불집회 참가의 본질적 동인은 아니라는 점이다.

〈표 3-11〉은 집회 불참자들에게 불참 이유를 물은 결과표이다. 2012년 대선에서 박근혜 후보와 문재인 후보를 지지한 응답자별로구분해보았다. 문 후보를 지지했던 유권자들 중에서는 비록 불참했지만 88.5%가 집회에 참가할 의사가 있었다. 그런데 주목해야 할 사실은 박 후보 지지자들 중에서도 46.8%가 집회에 참가할 의사는 있지만 개인적인 여건 때문에 불참했다고 답변한 것이다. 박 후보 지지자들 가운데 24% 이상은 촛불집회에서 탄핵이나 즉시사퇴를 요구하는 것에 반대하고, 다른 약 15%는 이번 사태 자체에 대해 관심이 없다고 답변했다. 하지만 박 후보 지지자들 가운데 집회의 목적에 동의하지 않는 비율(24.3%)보다 참여 의사를 가진 응답자 비율(46.8%)이 2배

표 3-11 **촛불집회 불참 이유**

(단위: %)

이유 지지 후보	시간이나 여건이 안 돼서	관심이 없어서	집회의 목적에 찬성하지 않아서	기타	인원
박근혜	46.8	14.8	24.3	14.3	400명
문재인	88.5	1.6	1.6	8.3	313명

출처: 내일신문―현대정치연구소 조사(2016. 12)

에 이른다는 점은 이번 촛불집회에 대한 국민의 동의가 기존의 정치적 대립에 의한 것이 아니라는 것을 명백히 보여준다.

촛불집회가 정치적 목적의 집회인지 혹은 일반적인 시민의 항의집회인지를 판단하기 위해 집회에 참가한 시민들과 그렇지 않은 시민들의 이념 분포를 살펴보았다. 〈표 3-12〉를 보면, 자신의 정치이념을 진보라고 답한 시민들의 39.1%가 촛불집회에 참가한 경험이 있다고 답했다. 중도와 보수 성향의 시민들 중 참여 비율은 각각 19.4%와 17.3%로 나타났다. 진보적인 시민들의 참여 비율이 훨씬 높은 것이 확인된다. 그런데 이처럼 진보 성향의 시민들이 참여한 비율이 상대적으로 높은 것은 이번 촛불집회가 이들만의 집회라는 것은 아니다. 왜냐하면 항의집회에 참여하는 비율은 항상 진보적인 시민들 쪽에서 높게 나타나기 때문이다. 여기서 주목할 것은 중도 성향과 보수 성향 시민들의 참여 비율이 비슷하다는 점이다.

만일 이번 집회가 정치적 목적이 뚜렷해서 박근혜 정부에 대한 반대시위의 성격을 띤 것이라면 중도에 비해 보수 성향 시민들의 참여가 확연히 낮았을 것이다. 그러나 중도적 시민과 보수적 시민들의

표 3-12 **촛불집회 참가자 이념 비교: 2008년, 2016년** (단위: %)

구분		2008년 촛불집회			2016년 촛불집회		
정치 이념	참가 경험	있다	없다	인원	있다	없다	인원
진보		15.5	84.5	419명	39.1	60.9	338명
중도		10.7	89.3	196명	19.4	80.6	530명
보수		4.9	95.1	309명	17.3	82.7	278명
전체		10.6	55.3	1,000명	24.7	75.3	1,146명

출처: 내일신문—현대정치연구소 조사(2008. 8; 2016. 12)

참여 비율이 유사하게 나타났으며, 이는 박 대통령에 대한 정치적 반대 이상의 의미를 포함한다는 것을 보여준다. 따라서 이번 집회를 진보 세력의 보수정권에 대한 정치적 반대로 해석하는 것은 과장된 것이라는 해석이 타당하다.

이번 집회의 성격을 좀 더 심도 깊게 분석하기 위해 〈표 3-12〉에 2008년 미국산 쇠고기 수입 반대 촛불집회의 설문조사 결과를 비교 제시했다. 2008년 집회의 규모는 이번 촛불집회보다 규모가 훨씬 작았다. 따라서 집회에 참가했다는 응답 비율도 낮았다. 2016년에는 응답자의 24.7%가 참가했다고 답했지만 2008년에는 전체 응답자의 10.6%만이 참가한 것으로 나타났다. 여기서 중점적으로 보아야 할 것은 진보와 보수 간 참가율의 차이다. 2008년에는 진보와 보수의 차이가 3배 이상이었는데, 2016년에는 그 차이가 2배 정도이다. 특히 중도와 보수 이념집단의 참가율을 비교해보면, 2008년에는 중도 성향 시민의 참가 비율이 10.7%로 보수 성향 참가자의 4.9%에 비해 2배 차이가 났지만, 2016년에는 그 차이가 2%p 정도이다. 표본오차를 감안하면 사실상 차이가 없는 셈이다.

두 촛불집회에 참가한 시민들의 이념 성향에 따른 참가 분포를 비교분석한 결과, 두 번의 촛불집회는 유사한 부분도 있지만 동시에 차별적인 특성도 있다는 것을 알 수 있다. 이명박 정부 시절의 촛불집회는 광우병이라는 공포도 있었지만 미국산 쇠고기 수입에 관한 문제로 반미 정서도 작용했다. 따라서 참가자들의 이념적 편향성이 나타났다. 반면에 2016년 촛불집회는 보수 정부의 특정 정책에 대한 반대가 아니라 최순실이라는 민간인에 의한 국정농단이 문제였다. 집회 참가자들의 분노가 민주적 가치에 뿌리를 둔 도덕적 항의의 성격이 강하다. 따라서 이번 촛불집회에서는 진보 성향 시민의 참여가 상대적으로 많기는 하지만 중도나 보수 성향의 시민들도 광화문에 집결한 것으로 볼 수 있다.

이와 같이 집회 참가 수준으로 집회의 성격을 분석하는 것 외에 이번 비리 사태에 대한 국민 인식을 통해 집회의 성격을 파악하는 것도 가능하다. 〈표 3-13〉은 18대 대선에서 지지한 후보별로, 그리고 집회에 참가했는지 여부로 나누어서 비리 사태의 원인에 대한 의견 분포를 보여준다. 먼저 전체 평균을 비교해보면 18대 대선에서 박 후보를 지지했던 투표자들 중 40%가량이 이번 사태의 원인을 대통령의 비정상적인 통치행위가 주된 것으로 보고 있다. 한편 제도적인 측면에서 권력이 대통령에게 집중되어 있는 것이 문제라는 원인 지적은 33.3%이다. 박 대통령 개인에서 출발된 문제라는 인식보다 비율이 낮

표 3-13 **비리 사태의 원인에 대한 의견 분포**

(단위: %)

구분	박근혜 후보 지지자			문재인 후보 지지자		
집회 참가 경험 　　사태 원인	대통령의 비정상적 통치행위	대통령에게 쏠린 과도한 권력	재벌, 관료, 검찰의 비리 유착 관계	대통령의 비정상적 통치행위	대통령에게 쏠린 과도한 권력	재벌, 관료, 검찰의 비리 유착 관계
있다	43.1	31.4	25.5	51.2	19.8	29.1
없다	39.3	33.5	27.2	50.3	18.3	31.4
전체	39.8	33.3	27.0	50.6	18.8	30.6

출처: 내일신문—현대정치연구소 조사(2016. 12)

다. 이처럼 제도적 원인보다 개인적 원인을 지적하는 비율은 이전 대선에서 문재인 후보를 선택한 투표자들에게서 더 편중적으로 나타난다. 문 후보 지지자들 중 절반이 박 대통령의 잘못을 언급한 데 비해서 제도적으로 대통령에게 편중된 권력의 문제점을 지적한 비율은 18.8%에 그치고 있다. 이처럼 18대 대선에서 지지한 후보에 따라 비리 사태의 원인 인식에 차이가 있다는 사실은 박 대통령에 대한 평상시 호불호가 비리의 원인 인식에도 일부 영향을 미치고 있다는 것을 보여준다.

그러나 이러한 차이보다 더 중요한 것은 18대 대선에서 박 후보를 지지했던 투표자들 중에서도 비리의 책임을 다른 원인보다 박 대통령의 탓으로 보는 견해가 더 많다는 점이다. 뿐만 아니라 촛불집회의 참가 여부와 관계없이 모두 박 대통령의 부적절한 권한 사용이 이번 사태를 야기했다고 생각하는 비율이 더 높다는 점에 주목할 필요가 있다. 박 후보에 투표한 사람들 가운데 집회에 참가한 시민들 중

43.1%가 사태의 책임을 박 대통령에게 돌렸으며, 참가하지 않은 시민들 가운데에서도 39.3%가 박 대통령의 비정상적인 통치행위에 문제가 있다고 응답했다.

　18대 대선에서 누구를 지지했는지, 그리고 촛불집회에 참가했는지와 관계없이 이번 비리 사태에 대한 책임 소재를 권력 편중이라는 제도적 원인보다는 대통령의 개인적 잘못에 있다고 보는 비율이 높다. 박 대통령에 대한 비난 가능성이 가장 낮은 집단은 2012년 대선에서 박 대통령을 선택했고 촛불집회에도 참석하지 않은 사람들이다. 그런데 그 집단에서도 39.3%가 이번 사태에 대한 책임이 박 대통령에게 있다고 보고 있어 권력 편중이나 재벌과 국가 권력기관의 비리 유착이 문제라는 인식보다 많은 것으로 나타났다.

　촛불집회를 보수 정부에 대한 비판이라는 정치적 성격의 집회라고 단정적으로 규정해서는 안 된다. 참가자들을 분석해보면 촛불집회에 진보 성향의 시민들이 많이 참여한 것이 확인되었다. 하지만 참가자들 중 18대 대선에서 박 후보를 지지했던 시민들이 18%를 차지했다. 또한 박 후보를 지지했던 촛불집회 불참자 가운데 40% 이상이 개인적 여건이 허락지 않아 집회에 참석하지 못했다고 답변했다. 즉 박 후보 지지자들 중 상당수가 촛불집회의 목적에 동의하고 있었다. 또한 보수와 중도 성향의 응답자들 간에 집회 참여율의 차이가 별로 없었다. 이러한 결과는 이번 촛불집회가 박근혜 정부에 대한 정치적 비판의 성격을 넘어 도덕적 문제를 지적하는 것임을 보여준다.

남성의 참여가 여성보다 많았다?

정치가 남성의 영역이라는 전통적인 사고는 더 이상 유효성을 지닌다고 볼 수 없다. 비록 국회의원 등 직업 정치인의 구성을 보면 아직도 남성의 수가 월등하지만 유권자의 입장에서 보면 여성과 남성이라는 성차가 의미 없는 경우가 많다. 예를 들어 투표율을 보면 남성과 여성 사이의 유의한 차이가 없다. 〈그림 3-6〉에서 보는 바와 같이 최근 10년간 각종 선거에서 남녀 간 투표율은 주목해야 할 정도의 차이가 보이지 않는다.

2012년 18대 대선 투표율이 흥미롭다. 처음으로 여성의 투표율이 76.4%로 남성보다 높게 나타난 것이다. 그 이전이나 이후의 선거에서 여성의 투표율이 더 높았던 사례가 없었다는 점에서 여성 후보인 박근혜 후보에 대한 여성 투표자의 투표가 쏠린 것이 아닌가 하는 추측을 하게 된다.

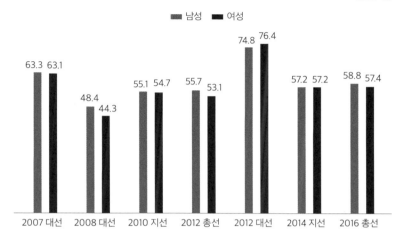

그림 3-6 **남녀 유권자의 투표율**

(단위: %)

■ 남성　■ 여성

- 2007 대선: 63.3 / 63.1
- 2008 대선: 48.4 / 44.3
- 2010 지선: 55.1 / 54.7
- 2012 총선: 55.7 / 53.1
- 2012 대선: 74.8 / 76.4
- 2014 지선: 57.2 / 57.2
- 2016 총선: 58.8 / 57.4

출처: 중앙선거관리위원회 《제20대 국회의원 선거 투표율 분석》(2016. 7)

　　선거 후 설문조사 자료를 통해 17대 대선과 18대 대선에서 유권자의 성별에 따른 지지율 분포를 확인해보았다. 〈표 3-14〉에서 보는 바와 같이 17대 대선에서 보수진영의 이명박 후보의 득표를 보면 여성 투표자로부터 0.4%p 더 많이 득표했다. 반면에 진보진영의 정동영 후보를 지지한 유권자들 가운데에는 남성이 53.4%로 여성 46.6%보다 더 많았다. 18대 대선에서 진보진영의 문재인 후보의 득표 중 남성 투표 비율은 52.7%로 정동영 후보와 비교해보면 0.7%p 차이가 날 뿐이다. 주목해야 할 것은 보수진영의 박근혜 후보의 득표 중 여성 투표 비율이 52.8%라는 사실이다. 여성 지지의 비율이 이명박 후보와 비교하면 2.6%p 올라간 셈이다. 18대 대선에서 여성 유권자의 투표율

표 3-14 **성별에 따른 후보 선택**

(단위: %)

구분	17대 대선		18대 대선	
	이명박	정동영	박근혜	문재인
남성	49.8	53.4	47.2	52.7
여성	50.2	46.6	52.8	47.3

출처: 한국정치학회 17대, 18대 사후 여론조사

이 이전에 비해 훨씬 증가했고, 후보별 득표에 있어 여성 후보인 박 후보에 대한 여성 투표자 비율이 높아졌다는 발견은 여성 유권자의 투표율이 상승한 것이 대부분 여성 후보인 박근혜 후보에게 쏠린 것이라고 해석할 수 있다.

여성들의 박 대통령에 대한 상대적으로 높은 지지는 여론조사에서 나타난 국정지지도에서도 그대로 유지되었다. 2016년 탄핵 이전 11월까지 성별에 따른 국정지지도 그래프를 보자. 〈그림 3-7〉에서 명확히 드러난 것처럼 박 대통령의 국정운영에 대한 여성들의 긍정적 평가가 3월을 제외하고는 항상 남성들보다 높은 것으로 나타났다. 한국갤럽 조사에서 표본오차가 ±3.1%p인 것을 감안하여 보았을 때에도 열한 번 중 여덟 번이 오차범위를 넘어서서 여성이 남성보다 박 대통령의 직무에 대해 긍정적으로 평가했다.

앞의 발견들을 다시 정리해보자. 여성들은 여성 대선 후보에 대한 높은 지지를 보였고, 대통령 국정평가에 대해서도 긍정적으로 평가한 비율이 남성보다 많았다. 따라서 탄핵 정국에서도 박근혜 대통령에 대한 여성의 편향적 지지가 그대로 나타났는지를 확인해보는 것

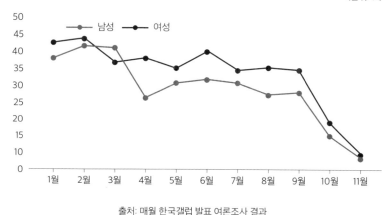

그림 3-7 **박근혜 대통령의 2016년 국정평가(긍정)**

(단위: %)

출처: 매월 한국갤럽 발표 여론조사 결과

은 흥미로운 일이다.

탄핵 관련 촛불집회에 참여한 비율을 남녀로 나누어보면 남성은 27.9%, 여성은 20.0%로 확인된다. 남성이 여성보다 약 8%p 참여 비율이 더 높다. 그런데 이 통계자료만으로 이번 집회에서 여성의 참여가 소극적이었다고 단정할 수 없다. 〈표 3-15〉에 제시된 내용을 보면 2008년 광우병 관련 촛불집회에서도 여성의 참여 비율은 남성보다 8.3%p 더 낮다. 결국 두 번의 대규모 시민집회의 참가 경험을 비교해볼 때 여성이 남성보다 집회 참가율이 낮은데 그 차이의 정도는 두 집회에서 유사하게 나타난다. 그렇다면 2012년 대선이나 국정평가에서 나타났던 여성들의 박 대통령에 대한 상대적 호의는 없었던 것으로 볼 수 있다.

이러한 주장이 타당한지를 확인하기 위해 대통령의 거취에 대

표 3-15 **남성과 여성의 집회 참여 및 대통령 거취에 대한 의견**   (단위: %)

구분	2016년 집회 참가 경험		2008년 집회 참가 경험		대통령 거취에 대한 의견				
	있다	없다	있다	없다	스스로 하야	국회 탄핵	2선 후퇴	조기사임 선언	정상적 지위 유지
남성	27.9	72.1	14.8	85.2	57.1	22.9	6.9	8.6	4.5
여성	20.0	80.0	6.5	93.5	56.8	20.9	5.1	10.5	6.6

출처: 내일신문―현대정치연구소 조사(2008. 8; 2016. 12)

한 남녀 응답자별 의견 분포를 보자. '대통령이 스스로 하야해야 한
다'는 의견은 남녀별로 각각 57.1%와 56.8%로 거의 차이가 없다. 이
와 가장 배치되는 의견인 '대통령의 정상적인 지위와 임기를 보장해
야 한다'는 견해에 대해서 여성 응답자는 6.6%, 남성 응답자는 4.5%
로 2.1%p 차이를 보이는데 이는 오차범위 이내로 유의한 차이라고
할 수 없다. 이외에도 '국회에서 탄핵 절차를 밟아야 한다'는 의견 비
율도 20% 초반으로 차이는 2%p에 그친다. 이번 비리 사건과 관련하
여 대통령의 거취에 대한 의견은 남녀 간에 차이가 없다고 결론지을
수 있다.

　집회 참가라는 행동에 있어서 여성이 남성보다는 참여율이 낮지
만 이는 이번 촛불집회에서만 나타난 현상이 아니라 이전 집회에서도
유사한 정도의 차이가 나타났다. 또한 대통령의 거취에 대한 의견도 5
가지 범주를 제시했을 때 응답자들의 의견은 남녀별로 별 차이를 보
이지 않았다. 따라서 집회 참가에서 남녀의 차이는 태도의 문제가 아
니라 참가 비용(육아를 다른 사람에게 맡겨야 한다거나, 여성 노인 참여의 육체적인

어려움) 등 기타 다른 요인에 의한 것이며, 대통령 탄핵을 바라보는 시각에서는 남녀 사이에 차이가 거의 없다. 이전에 여성들이 보여준 여성 대통령에 대한 우호적 편견이 사라진 것이라고 할 수 있다.

이 주장을 좀 더 확인하기 위해 남성과 여성 사이에 탄핵 정국과 관련된 인식의 차이가 있는지 분석해보았다. 여기에 적절한 설문항은 두 개로, 비리 사건의 근본 원인에 대한 질문과 촛불집회와 정치 안정에 관한 것이다. '이번 국정농단 사건의 가장 중요한 원인은 무엇이라고 생각하십니까?'라는 질문항과 '시민들이 촛불집회를 통해 정치에 관여하는 것은 정치 불안을 가져올 수 있다'라는 의견에 대한 동의 여부를 성별로 분석했다.

〈표 3-16〉이 보여주듯이, 국정농단의 원인으로 가장 많이 언급된 것은 '대통령의 비정상적 통치행위'로, 남성 응답자의 44.1%, 여성 응답자의 43.7%가 답했다. 남녀 간 차이는 0.4%p에 불과하여 성차는 없는 것으로 나타났다. '대통령에게 쏠린 권력'이라는 답변도 남녀 응답자들 사이에 25%와 24%로 유의한 차이가 없었다. 따라서 국정농단의 원인을 진단하는 데 남녀 간에 아무런 차이가 없다고 결론지을 수 있다. 특히 '대통령의 책임'이라는 의식이 남녀 모두에게서 유사한 정도로 가장 높은 빈도수를 보였다.

다음으로 촛불집회가 정치 불안을 야기하는지에 대한 의견을 분석해보았다. 촛불집회가 광장민주주의라는 이름으로 직접민주주의를 강화한다는 평가를 받으면서 시민들이 직접 정치에 참여하는 것은 혼란을 야기할 수 있다는 견해도 있다. 이러한 주장의 바탕에는 촛불집회의 목적에 동의하지 않는 정서가 깔려 있다. 여론조사 결과를 보면

표 3-16 **남자와 여자의 비리 정국 인식 비교**

(단위: %)

구분	국정농단의 원인			촛불집회가 정치 불안을 야기			
	대통령의 비정상적 통치행위	대통령에게 쏠린 과도한 권력	재벌, 관료, 검찰의 비리 유착 관계	매우 찬성	찬성 하는 편	반대 하는 편	매우 반대
남성	44.1	25.0	30.8	12.3	19.2	27.1	41.5
여성	43.7	24.0	32.3	11.5	21.3	30.3	36.8

출처: 내일신문―현대정치연구소 조사(2016. 12)

촛불집회로 인해 정치 불안이 야기된다는 주장에 동의하는(매우 찬성 +찬성하는 편) 비율은 남성은 31.5%, 여성은 32.8%이다. 남녀 사이에 찬성 비율의 차이는 1.3%p에 지나지 않으며, 따라서 유의한 차이가 없다고 보아야 한다. 이는 촛불집회의 성격과 의미에 대한 인식이 남녀 간에 차이가 없다는 것이며, 앞에서 제시된 촛불집회의 참여 비율에서 남녀 간 차이는 집회에 대한 인식 차이에서 기인하는 것이 아니라 다른 조건, 예를 들어 여성 직업군 중 주부들의 야간집회 참석이 어려운 조건 등이 영향을 미친 것으로 볼 수 있다.

결론적으로 박근혜 후보의 대통령 선거와 국정평가에 있어서 여성 정치인에 대한 여성들의 지지가 상대적으로 높았지만, 비리 사건에 대해서는 그러한 정치적 호의가 사라졌다는 것을 확인했다. 성공한 여성 정치인에 대한 여성들의 호감이 지지로 연결되었지만 국정농단사건으로 인해 박근혜 대통령에게 실망하면서 여성이라는 동질성에 따른 지지가 사라진 것이다. 여기에는 이번 비리 사건의 내용적 특성인 정유라의 입시 및 성적 특혜, 그리고 최순실이라는 민간인 여성이 비리의 중심이 된 사실이 여성들을 더욱 불편하게 했고, 그것이 여성 대통령에 대한 호의를 철회하는 데 상당한 영향을 미쳤을 것이라 추측해본다.

'박근혜 촛불'의 키맨은 50대?

지금까지의 분석을 통해서 감지된 흥미로운 사실 중 하나는 50대가 2016년 '박근혜 촛불'을 지탱한 핵심적 집단이었다는 점이다. 50대는 2012년 대선에서 박근혜 대통령 집권의 견인차 역할을 한 세대다. 그러한 50대가 2016년 박근혜 퇴진 촛불집회에 적극 참가한 것이다. 50대의 눈에 띄는 참여에서 우리는 또 한 번 '박근혜 촛불'이 기존의 정치적 반대자들에 의한 정권 반대 투쟁이 아니라는 점을 확인할 수 있다. '박근혜 촛불'이 민주주의 질서 수호를 위한 국민적 저항의 성격을 띠게 된 데에는 50대의 참여가 있었던 것이다. 그렇다면 여기서는 박근혜―최순실 게이트를 전후한 50대의 변화에 대해 보다 자세히 살펴보도록 한다.

우선 알아보고자 하는 것은 50대의 변화가 촛불 국면에서 결정적으로 일어났는가 하는 점이다. 〈그림 3-8〉은 2015년 9월부터 한국

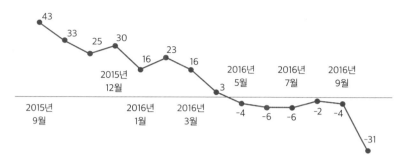

그림 3-8 **50대의 박근혜 대통령 국정지지도 추이**   (단위: %p)

출처: 한국갤럽 〈데일리 오피니언〉 제공 월별 국정지지도 자료

갤럽에서 조사한 박근혜 대통령의 국정지지도에서 50대의 변화를 보여준다. 수치는 '국정운영 잘함'에서 '국정운영 못함'의 비율을 뺀 값이다. 따라서 양의 수치이면 잘함의 비율이 못함의 비율보다 더 많은 것이고, 음의 수치이면 그 반대를 의미한다. 또한 여기서 나타난 수치는 매주 조사한 결과를 한 달 평균 낸 수치이다.

박근혜 대통령의 국정운영에 대한 50대의 지지도는 집권 초기부터 줄곧 잘함이 못함보다 월등히 높았다. 한국갤럽의 조사에 따르면, 2014년 세월호 참사 직후에도 50대의 대통령 국정지지도는 잘함이 못함에 앞섰다. 2016년 20대 총선 이전까지 못함이 잘함의 비율보다 더 많았던 시기는 두 번 있었는데, 정윤회 문건 유출 사건이 언론에 드러났던 2014년 말과 '메르스 사태'가 한창이었던 2015년 6월이었다. 그러나 이후 박근혜 대통령에 대한 50대의 국정지지도는 잘함이 못함을 월등히 앞섰다.

〈그림 3-8〉에서처럼, 2015년 9월에도 50대에서 박근혜 대통령이 국정운영을 잘한다는 여론은 못한다는 여론보다 43%p 앞섰고, 그해 말 12월에도 30%p 앞섰다. 그러나 2016년 4월에 실시된 20대 총선을 기점으로 못함이 잘함을 따라잡기 시작했다. 5월 평균 못함이 잘함보다 4%p 앞선 이후 9월까지 줄곧 못함이 잘함보다 약간 앞서는 추세가 계속되었다. 그러다가 최순실 국정농단 사건이 언론에 폭로된 10월부터 박근혜 대통령의 국정지지도는 급락했고, 탄핵―촛불 국면에서는 국정지지도를 확인하는 것조차 무의미해졌다. 20대 총선의 공천 파동 등 박근혜 대통령의 불통과 독선적인 국정운영으로 강고하던 50대의 지지가 흔들리기 시작하다가 최순실 게이트를 통해 결정적인 파국을 맞게 된 것이다. 이렇게 보면, 50대가 박근혜 대통령에 대한 지지를 철회한 것은 20대 총선 과정에서 이미 그 조짐을 보였다가 국정농단 사건으로 본격화되었다고 볼 수 있다.

〈표 3-17〉은 50대의 변화를 보다 더 구체적으로 살펴보기 위해 5급간 연령대별 정치성향 태도를 비교한 것이다. 5급간 자료를 사용한 이유는 50대의 변화에 세대효과가 작용하고 있는지를 살펴보기 위해서다. 50대 전반은 30년 전인 20대 전반에 1987년 6월 항쟁의 격변기를 경험한 세대이다. 이들은 이전 세대에 비해 민주주의와 자유, 인권 등에 대한 가치에 우선적인 선호를 보이는 특징이 있다. 나이가 들면서 변화보다 안전을 추구하는 등 보수화되었지만 이전 세대와는 정치적 태도에서 뚜렷한 차이를 보일 것으로 추정된다.

〈표 3-17〉에서 보이는 것처럼, 50대 전반은 2016년 12월 '박근혜 촛불'의 참여와 참여 의향에 있어서 40대 후반과 비슷했고, 50대 후

표 3-17 **연령대별 촛불집회에 대한 태도 및 민주주의 의식** (단위: %)

구분	촛불집회 참여자	향후 집회 참여 의향자	민주주의가 다른 제도보다 낫다	촛불집회는 불안을 야기하지 않는다
20대	30.3	79.5	74.4	76.2
30대	29.3	81.9	83.6	83.3
40~44세	31.4	80.2	87.5	80.0
45~49세	28.5	77.7	78.5	78.3
50~54세	27.6	75.8	75.8	69.7
55~59세	20.7	52.9	69.3	50.7
60세 이상	10.5	34.3	66.6	44.8
전체	23.9	65.6	75.5	67.1

출처: 내일신문—현대정치연구소 조사(2016. 12. 26)

반과는 확연히 달랐다. 50대 전반의 촛불집회 참가자는 27.6%로 40대 후반과 비슷했고, 50대 후반보다는 6.9%p 더 많았다. 50대 전반의 향후 집회 참여 의향 또한 75.8%로 50대 후반의 52.9%보다 22.9%p 만큼이나 더 많았다. 박근혜—최순실 국정농단과 촛불집회에서 보인 50대 전반과 50대 후반의 태도는 확연히 달랐다. 청년 시기에 민주화를 경험한 50대 전반의 유권자는 50대 후반보다 민주주의의 후퇴에 더 분노하고 민주주의 헌정질서를 지켜야 한다는 움직임에 더 적극적이었음을 알 수 있다.

민주주의 의식과 촛불집회에 대한 태도에 있어서도 50대 전반은 50대 후반과 많이 달랐다. 민주주의가 다른 제도보다 낫다는 의견에 동의하는 비율이 50대 전반은 75.8%로 40대 후반의 78.5%에 가까웠고, 50대 후반보다는 6.5%p 더 많았다. 촛불집회가 정치 불안을 가져온다는 의견에 동의하지 않는 비율도 50대 전반은 69.7%로 50대 후반보다 19.0%p나 더 많았다. 50대 전반의 정치적 태도는 청년기에 유신체제의 몰락과 광주 민주화운동, 그리고 이어지는 전두환 군부정권을 경험한 50대 후반(광주항쟁세대)보다는 민주화 이후 정치 사회나 학술, 문화 영역에서 진보적 가치가 대중화되었던 40대 후반(진보대중화세대)에 더 가까운 것이다.

〈표 3-18〉에 나타난 것처럼, 이념 성향에서도 50대 전반은 50대 후반보다 40대 후반에 더 가까웠다. 50대 전반의 진보 성향 유권자는 40대 후반보다 약 3%p 적었지만 50대 후반보다는 약 10%p 많았다. 보수 성향 유권자의 비율은 50대 전반이 40대 후반과 거의 같았고, 50대 후반보다는 10%p만큼 더 적었다. 이념 성향에 나타난 50대 전반의 특징 중 하나는 중도 성향이 50.5%로 모든 세대 중 가장 많다는 것이다.

대선 후보 지지에 있어서도 50대 전반과 50대 후반의 차이는 확연했다. 반기문 전 유엔사무총장이 포함된 이 조사에서 50대 전반의 문재인 후보 지지는 23.5%로 50대 후반의 문 후보 지지보다 약 10%p 많았다. 50대 후반의 반기문 지지가 21.4%였던 데 반해 50대 전반의 반기문 지지는 16.3%로 약 5%p 적었다. 50대 전반의 대선 후보 지지에서 주목할 것은 안철수 후보에 대한 지지가 10.2%로 가장 높았다는 것이다. 이는 50대 전반이 정치적으로 중도 성향이 강함을 보여주는 또 다른 증거이다.

여론조사상에 나타나는 유권자의 이념 성향은 여러 정치적, 정책적 사안에 대한 태도의 평균이라고 볼 수 있다. 50대 전반의 유권

표 3-18 **연령대별 이념 성향과 대선 후보 지지** (단위: %)

구분	이념 성향			대선 후보 지지		
	진보	중도	보수	문재인	반기문	안철수
20대	42.7	40.3	14.7	35.1	3.8	3.3
30대	33.2	47.7	17.3	29.3	6.0	6.0
40~44세	41.3	40.5	16.5	33.9	7.4	4.1
45~49세	30.0	44.6	22.3	30.2	12.4	3.9
50~54세	27.3	50.5	22.2	23.5	16.3	10.2
55~59세	17.9	46.6	32.1	13.6	21.4	3.6
60세 이상	12.5	42.5	33.4	9.4	27.9	2.8
전체	28.2	44.2	23.3	23.8	14.3	4.5

출처: 내일신문―현대정치연구소 조사(2016. 12. 26)

자들은 사회경제적인 정책 태도에 있어서 젊은 세대보다 훨씬 더 보수적인 성향을 띨 수 있다. 그러나 세대적인 경험으로 인해 민주주의 문제에 있어서는 젊은 세대와 비슷한 태도를 취할 수도 있다. 이들은 국정농단 사건에서 드러난 것처럼 민주주의의 퇴행을 가져온 듯한 박근혜 대통령의 불통과 독단의 권위주의적 통치행태에 커다란 반감을 가졌을 것이다. 50대가 박근혜 대통령의 집권 과정과 집권 기간 내내 두터운 지지를 보냈지만, 촛불―탄핵 국면에서 빠르게 등을 돌린 것으로 나타난 기저에는 50대 전반의 세대효과가 작용한 것으로 보인다.

사회경제적으로는 보수적이지만 민주주의 문제에는 전향적인 50대 전반 유권자들의 정치성향이 박근혜―최순실 게이트 국면에서 여권의 분열을 가져온 동력이 되었다고도 볼 수 있다. 이는 이후 정국에서 50대 유권자의 민심 향배가 매우 중요함을 알려주는 것이기도 하다. 박근혜 대통령의 국회 탄핵소추 이후 태극기 집회가 거듭되면서 60대 이상의 노령층을 중심으로 많은 사람들이 참여했다. 태극기 집회 참가자가 늘어났지만 박근혜 대통령의 탄핵에 대한 여론이 2017년 3월 첫째 주 기준으로 찬성 77%, 반대 18%로 이전과 큰 차이를 보이고 있지 않는 것으로 보아(한국갤럽 〈데일리 오피니언〉, 2017년 3월 1주), 같은 의견 집단 내에서 참여 강도가 강해지고 있는 것으로 판단할 수 있다. 그러나 적폐 청산으로 표현되듯이 급진적 사회개혁을 우려하는 사람들의 자발적 참여가 늘어나고 있다는 평가도 있었다. 이러한 동향의 핵심에는 50대가 있었다.

촛불은 정치적 반대의 표출이었나

박근혜 대통령은 설 직전 인터뷰에서 자신을 음해하는 정치적 반대 세력에 의해 최순실 국정농단 사건이 기획되었다고 강변했다. 헌법재판소의 탄핵심판 최종변론에서 박근혜 대통령 측 법률대리인 이동흡 변호사도 "촛불민심에는 순수한 시민적 공분도 있었겠지만 특정 정치 세력의 불순한 정략이 뒤엉켜 있다"고 주장했다. 한마디로 박근혜―최순실 게이트가 박근혜 정부의 음해 세력에 의해 왜곡된 사건이라는 것이 박근혜 대통령 측의 현실 인식이었다. 박근혜 대통령의 주장이 맞으려면 촛불집회도 박근혜 정부에 대한 단순한 정치적 반대의 표출이어야 한다. 여기서는 집회 참여 여부 혹은 향후 집회 참여 의사를 지역과 세대라는 기존의 정치 균열 라인을 따라 살펴보고 2008년 쇠고기 촛불과도 비교해봄으로써 2016년 12월에 정점을 이루었던 '박근혜 촛불'이 야당 등 정치적 반대자들의 단순한 정권 반대

그림 3-9 **연령/이념별 촛불집회 참여율**　　　(단위: %)

연령대별

■ 20대　■ 30대　■ 40대
■ 50대　■ 60세 이상

2016 (1,200명)　　　10.5

| 30.3 | 29.3 | 29.7 | 23.4 | |

2008 (1,000명)　　　2.2

| 13.7 | 14.8 | 12.8 | 6.5 | |

이념별

■ 진보　■ 중도　■ 보수

2016 (1,200명)

| 39.1 | 19.4 | 17.3 |

2008 (1,000명)

| 15.5 | 10.7 | 4.9 |

출처: 내일신문―현대정치연구소 조사(2016. 12. 26)

투쟁의 성격을 지니고 있었는지를 밝히고자 한다.

〈그림 3-9〉가 보여주는 것처럼 촛불집회에 참여한 경험이 있는 사람의 연령대별 비율은 2008년 쇠고기 촛불집회와 2016년 박근혜 촛불집회에서 많이 달랐다. 2008년 쇠고기 촛불집회의 참여율은 40대까지는 비슷했고, 50대에서 6.5%로 줄었으며, 60세 이상에서는 2.2%로 크게 낮아졌다. 그러나 2016년 박근혜 촛불집회에서는 20대에서 30.3%, 30대에서 29.3%, 40대에서 29.7%, 그리고 50대에서 23.4%였다. 50대에서 참여율이 줄긴 했지만 그 차이는 크지 않았다. 2016년 촛불집회에서도 60세 이상의 집회 참여율은 다른 연령대에 비해 절반 이상으로 낮았다. 박근혜 촛불집회에서 50대의 참여율이 쇠고기 촛불집회보다 높은 것은 세대효과일 가능성이 높다. 즉 앞에서도 언급했듯이 50대는 8년 전 40대이고, 6월 항쟁 당시 청년기를 보

낸 세대로서 진보적 성향이 강하기 때문에 이전의 50대에 비해 시위 행동의 참여에 더 적극적이라고 해석할 수 있다. 그러나 사람이 나이가 들수록 보수화된다는 점을 감안하면 50대의 집회 참여율은 눈여겨볼 만하다. 특히 50대의 박근혜 대통령에 대한 지지가 촛불 정국 이전에는 40대에 비해 훨씬 더 높았던 점을 고려하면 그들의 촛불집회 참여는 충분히 주목할 만하다.

이념별로 보면 2008년에는 촛불집회의 참여율이 진보(15.5%), 중도(10.7%), 보수(4.9%) 순으로 약 5%p씩 순차적으로 낮아졌다. 그러나 2016년에는 진보층의 참여가 39.1%로 가장 많았고, 중도층(19.4%)과 보수층(17.3%)의 집회 참여율이 비슷했다. 보수층의 집회 참여가 다른 이념집단에 비해 가장 낮았지만, 자신이 스스로 보수라고 인식하는 사람들 중 17.3%가 집회에 나왔다는 것은 박근혜 촛불이 향한 대통령 퇴진은 기존의 진보 대 보수의 구분선을 뛰어넘고 있음을 말해준다.

결론적으로 〈그림 3-9〉가 보여주는 바는 2008년 쇠고기 촛불집회에 비해 2016년 박근혜 촛불집회에서 연령과 이념 성향이 집회 참여에 미치는 영향이 작아졌다는 것이다. 이는 2016년 촛불집회 참여에서 정치적 대립을 형성했던 전통적인 정치 균열이 약해졌다는 것을 의미한다. 2016년 박근혜 촛불집회에서 젊은 층과 진보층의 참여가 두드러지지 않았다는 것은 이 집회의 성격이 단순히 현 정권에 대한 정치적 반대의 표출로 볼 수 없음을 의미한다.

〈그림 3-10〉은 연령에 따른 향후 집회 참여 의사를 보여주고 있다. 20~40대에서는 79% 이상으로 평균보다 훨씬 많았다. 50대 유권

그림 3-10 **연령별 향후 집회 참여 의사**

(단위: %)

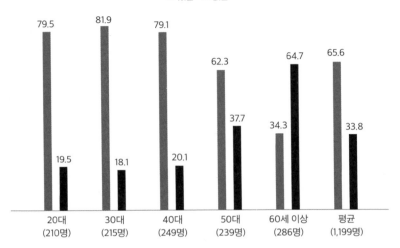

■ 있음　■ 없음

	20대 (210명)	30대 (215명)	40대 (249명)	50대 (239명)	60세 이상 (286명)	평균 (1,199명)
있음	79.5	81.9	79.1	62.3	34.3	65.6
없음	19.5	18.1	20.1	37.7	64.7	33.8

출처: 내일신문―현대정치연구소 조사(2016. 12. 26)

자는 62.3%로 전체 평균과 비슷하게 집회 참여 의사를 밝혔다. 그러나 60세 이상의 유권자들은 34.3%가 집회 참여 의사를 밝혔고, 평균보다 약 2배 많은 64.7%가 참여하지 않겠다고 했다.

기존의 정치적 태도는 40대를 기점으로 나뉘는 경향이 일반적이었지만 촛불 정국에서는 50대를 기점으로 달라졌다. 실제로 국민의 65.6%가 집회에 참여하지는 않겠지만 '박근혜 대통령의 거취에 변화가 없다면 향후 집회에 참여하겠다'고 한 것은 박근혜 대통령의 퇴진이나 탄핵에 찬성하는 태도라고 볼 수 있다. 50대의 62.3%가 대통령이 퇴진하거나 탄핵되지 않으면 집회에 참여하겠다는 의사를 밝힌 것은 50대의 박근혜 대통령에 대한 지지 철회가 얼마나 큰 규모로 일어났는지를 알 수 있는 대목이다. 박근혜—최순실 게이트 이후 촛불집회가 국회의 대통령 탄핵소추안 가결을 이끌어내고 결국 헌법재판소의 탄핵 인용을 관철시키게 된 동력은 변화된 50대의 태도와 행동에 있었다고 해도 지나친 말이 아니다. 50대의 달라진 모습 또한 박근혜 촛불집회로 나타난 시민들의 항거가 기존의 정치적 균열 라인을 따라 나타난 것이 아님을 의미한다.

〈그림 3-11〉은 거주지역별로 나타난 향후 집회 참여 의사를 보여준다. 경북을 제외한 모든 지역에서 대통령의 거취에 변화가 없다면

그림 3-11 **거주지역별 향후 집회 참여 의사**

(단위: %)

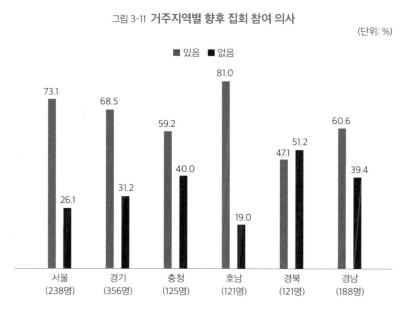

출처: 내일신문—현대정치연구소 조사(2016. 12. 26)

집회에 참여하겠다는 의사가 참여하지 않겠다는 의사보다 훨씬 많았다. 그 차이는 호남이 62%p로 가장 컸고, 다음으로 서울, 경기 지역이었다. 충청에서는 향후 참여 의사가 불참 의사보다 19.2%p 더 많았고 경남에서도 21.2%p나 더 많았다. 경북 지역만 유일하게 집회 참여 의사가 47.1%로 불참 의사 51.2%보다 4.1%p 적었다. 이전에도 경북 유권자와 경남 유권자 사이에 정치적 태도의 차이가 존재했다(이현우 외 2016, 《표심의 역습》). 그러나 대별되는 태도가 두 지역 사이에 상반되게 나타나는 경우는 흔치 않은데, 촛불 정국에서 그렇게 나타난 것이다.

박근혜 촛불집회의 성격이 정치적 반대의 표출이라고 볼 수 없는 근거는 박근혜 대통령의 집권 과정과 집권 4년 동안 줄곧 박근혜 대통령을 지지해왔던 50대 유권자들이 국민 평균만큼 촛불집회에 참여했으며 보수층의 참여도 중도층과 크게 다르지 않았다는 사실이다. 향후 집회 참여 의사도 연령대별로는 50대와 60세 이상의 유권자 사이에서 확연히 갈라졌고, 박근혜 정권에 대한 지지가 반대보다 통상 많았던 경남에서도 참여 의사가 불참 의사보다 다수를 차지한다는 사실에서도 2016년의 '박근혜 촛불'이 단순히 정치적 반대자들의 모임이 아니었음을 알 수 있다.

민주주의 가치를 위한 저항이었나

역설적으로 박근혜—최순실 게이트는 민주주의의 중요성에 대한 국민의식을 환기시키는 계기가 되었다. "최순실은 우리나라 민주주의를 위해 공헌한 바가 크니 상을 줘야 하지 않을까?"라는 농담이 회자될 정도였다. 촛불집회의 현장에서 자주 볼 수 있었듯이, 토론장에서는 헌법 조문을 낭독하며 박근혜 대통령의 통치행위가 민주주의 헌정질서를 얼마나 유린했는지를 비판하는 모습도 눈에 띄었다. 과연 '박근혜 촛불'의 과정에서 국민의 민주주의 의식은 얼마나 달라졌을까? 이를 알기 위해 박근혜—최순실 게이트가 발생하기 4개월 전 조사와 촛불집회가 한창이었던 2016년 12월 조사에 포함된 민주주의 제도에 대한 국민의 태도를 비교했다.

〈그림 3-12〉가 보여주는 것처럼, '민주주의는 다른 어떤 제도보다 낫다'는 견해는 박근혜 촛불집회 전인 2016년 6월 조사에서는

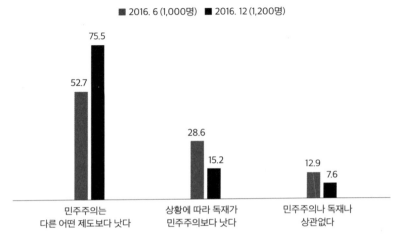

그림 3-12 **촛불집회 이전과 당시의 민주주의 의식 비교**

(단위: %)

■ 2016. 6 (1,000명) ■ 2016. 12 (1,200명)

- 민주주의는 다른 어떤 제도보다 낫다: 52.7 / 75.5
- 상황에 따라 독재가 민주주의보다 낫다: 28.6 / 15.2
- 민주주의나 독재나 상관없다: 12.9 / 7.6

출처: 내일신문—현대정치연구소 조사(2016. 6. 1; 2016. 12. 26)

52.7%로 나타났으나, 촛불집회가 한창 진행 중이었던 2016년 12월에는 75.5%로 늘어났다. 반면, '상황에 따라 독재가 민주주의보다 낫다'는 견해에 동의하는 사람들은 촛불집회 전에는 28.6%였으나 촛불집회 당시에는 15.2%로 줄었다. 마찬가지로 '민주주의나 독재나 상관없다'는 태도도 12.9%에서 7.6%로 줄었다. 전반적으로 민주주의 제도를 지지하는 태도가 박근혜 퇴진 촛불집회를 통해서 훨씬 많이 늘어났음을 알 수 있다. 정당과 국회와는 대화를 소홀히 하고 비선 측근과 소통했던 대통령의 불통 정치, 세월호 7시간을 포함해 무엇 하나 투명해 보이지 않는 국정운영, 문화계 블랙리스트 등에서 확인되었듯이 유신시대를 연상케 하는 공작정치가 드러나면서 국민은 민주주의의

후퇴를 인식했고 이를 정상화해야 한다는 의지로 충만했다.

〈표 3-19〉에 따르면, 2016년 12월 시점에서 30대와 40대가 '민주주의는 다른 어떤 제도보다 낫다'는 의견에 동의하는 비율이 가장 높았다(83.7%와 82.9%). 이 세대가 민주주의 제도를 가장 많이 지지하는 것으로 나타난 것이다.

그러나 촛불 이전과 비교해보면 민주주의 의식이 급속히 높아진 정도는 50대와 40대가 28.7%p와 28.0%p로 가장 컸다. 200만 명에 육박하는 인원이 참가하는 등 촛불집회가 정점에 이르렀던 2016년 12월 시점에 50대와 40대의 민주주의 제도에 대한 지지가 매우 높았

표 3-19 **연령/성별 민주주의 의식의 변화** (단위: %, %p)

연령대	성별	2016년 6월	2016년 12월	격차
20대	남	52.2	70.9	18.7
	여	63.9	78.0	14.1
	전체	57.5	74.4	16.9
30대	남	58.1	80.0	21.9
	여	61.4	87.6	26.2
	전체	59.5	83.7	24.2
40대	남	58.5	81.7	23.2
	여	51.5	83.9	32.4
	전체	54.9	82.9	28.0
50대	남	52.0	74.4	22.4
	여	34.3	69.5	35.2
	전체	43.2	71.9	28.7
60세 이상	남	54.4	74.0	19.6
	여	46.6	60.6	14.0
	전체	50.0	66.5	16.5

출처: 내일신문—현대정치연구소 조사(2016. 6. 1; 2016. 12. 26)

던 것이다. '박근혜 촛불'이 민주주의 가치를 지키기 위한 저항으로 발전한 데에는 40대와 50대가 견인차 역할을 한 것으로 보인다.

성별로 보면 20대와 60대에서 남성이 여성보다 민주주의 제도에 대한 지지가 더 크게 증가한 것으로 나타났다. 그러나 30대에서 50대까지는 여성이 남성보다 민주주의 의식이 더 크게 고양되었다. 특히 50대 여성의 민주주의에 대한 지지는 2016년 12월에 69.5%로 6개월 전에 비해 35.2%p나 높아졌고, 40대 여성은 83.9%로 32.4%p 증가했다. 반면에 40대 남성과 50대 남성의 증가 폭은 각각 23.2%p와 22.4%p였다. 이로써 촛불 국면에서 50대와 40대의 민주주의 의식의 고양은 여성이 이끌었음을 알 수 있다. 18대 대선에서부터 박근혜 대통령에 대한 지지가 높았던 40대와 50대 여성 사이에서 민주주의에 대한 반성적 성찰이 일어났음을 알 수 있다.

〈표 3-20〉에서 알 수 있는 것처럼, 2016년 촛불집회 이전에는 민주주의 제도에 대한 지지가 정당선호별로 확연히 갈라졌다. 보수정당인 새누리당 지지층의 '민주주의가 다른 어떤 제도보다 낫다'는 의식은 38.9%에 불과했고, 다음으로 중도정당인 국민의당 지지층의 민주주의 지지 태도는 52.5%였다. 중도진보 성향의 민주당 지지층의 민주주의 제도에 대한 선호 태도는 65.3%였으며, 가장 진보적 성향의 정의당 지지층의 선호 태도는 81.4%였다.

그러나 박근혜 탄핵과 촛불집회의 국면에 접어들면서 각 정당 지지층의 민주주의 의식은 전체적으로 높아졌다. 지지하는 정당이 없다는 무당층의 경우에도 민주주의 제도에 대한 지지가 촛불집회 이전의 50%에서 72.7%로 껑충 뛰었다. 민주주의 제도를 지지하는 태

표 3-20 **정당선호별 민주주의 의식의 변화** (단위: %, %p)

정당명	2016년 6월	2016년 12월	격차
자유한국당	38.9	57.9	19.0
민주당	65.3	87.1	21.8
국민의당	52.5	82.3	29.8
바른정당	-	66.7	-
정의당	81.4	88.6	7.2
무당파	50.0	72.7	22.7

출처: 내일신문―현대정치연구소 조사(2016. 6. 1; 2016. 12. 26)

도는 자유한국당 지지층에서도 57.9%로 늘어났다. 6개월 전 조사와 무려 19.0%p의 차이를 보인 것이다.

서구 사회에서는 진보층이든 보수층이든 민주주의의 법과 제도를 지지하는 데 큰 차이가 없다. 예컨대, 직접민주주의에 관한 이슈에 대해서는 진보진영이 적극적이지만, 인권이나 개인의 자유와 관련해서는 보수진영이 더 적극적이다. 그러나 권위주의 체제를 경험한 우리 사회는 서구 사회와 많이 달랐다. 보수는 민주주의 문제에 대해 소극적이다. 이는 권위주의 성향의 극우보수가 보수를 주도해왔던 탓이기도 하다. 그러나 박근혜―최순실 게이트는 국민에게 권위주의로의 퇴행 혹은 민주주의 가치의 훼손으로 다가왔고, 촛불 국면에서 보수정당의 지지층까지 민주주의에 대한 선호 인식이 크게 고양된 것이다.

그러나 각 정당 지지층에서 유권자의 민주주의 의식의 차이는 일정하게 유지되었다. 민주주의가 위협받는다는 인식이 확산되면서 모든 정당 지지자들 사이에서 민주주의 제도에 대한 전폭적 수용은 늘어났지만, 정당 지지층 간 차이는 유지된 것이다. 민주주의 제도에 대한 지지는 2016년 12월에 정의당 지지층에서 88.6%, 더불어민주당 지지층에서 87.1%, 국민의당 지지층에서 82.3%로 나타났다. 신생 정당이라 6개월 전과 비교할 수 없었지만, 바른정당 지지층에서는 66.7%였다.

촛불 국면 가운데에서도 보수 성향이 강한 정당 지지자일수록 민주주의에 대한 전폭적 수용의 태도가 줄어들었고, 진보 성향의 정당 선호층일수록 그러한 태도는 늘어났다. 이는 정치권이 수구 세력의 정치적 영향력을 허용한다면 진영 간 경쟁에 '민주 대 반민주'의 구도가 여전히 유효할 수 있음을 의미한다. 예컨대 바른정당은 '진짜 보수'를 기치로 내걸면서 새누리당과 결별해 온건보수 성향 유권자의 지지를 얻으려 노력했다. 그러나 유권자와 지지 연합을 형성하지 못하고 새누리당과 다시 합쳐 수구 세력의 정치적 영향력을 유지한다면, 민주주의 문제를 놓고 벌어지는 진영 간 싸움은 앞으로도 지속될 수 있다.

촛불시민이 원한 것은
탄핵인가, 사퇴인가

박근혜 대통령과 최순실의 국정농단으로 분노한 시민들은 촛불집회에 모여 시종일관 박 대통령의 하야를 외쳤다. 참가자들은 박 대통령이 대통령직에서 물러나야 한다는 것에는 모두 동의했지만 절차에 있어서는 이견이 있었다. 그 절차로는 '즉각사퇴'와 '탄핵 절차에 따른 탄핵심판'이라는 두 가지 방식이 있었다. 물론 탄핵을 요구하는 촛불집회 참가자들이 대통령의 즉각사퇴를 반대하는 것은 아니었다. 대통령의 탄핵 사유를 명백히 밝힐 수 있다는 점에서 제도적인 탄핵 절차를 따를 필요가 있다고 생각했다. 일부 시민들은 언론에 보도된 내용의 진실을 검찰이나 특검에서 규명할 필요가 있고 헌법재판소의 최종 결정을 기다리는 신중함이 필요하다는 입장이기도 했다.

국회에서 탄핵이 결정되기 전까지 여론은 어떠했으며 국회의 탄핵 결정 이후에는 여론이 어떻게 바뀌었는지 추적해볼 필요가 있다.

국회 탄핵을 선호하던 시민들은 헌법재판소의 판결까지 기다려야 한다고 일관성 있는 태도를 유지했을까? 아니면 즉각사퇴로 입장을 바꾸었을까? 촛불집회는 대통령의 즉각사퇴를 외쳤지만 과연 그러한 요구가 국민 전체의 정서를 대변하는 것인지에 대해서도 확인해볼 필요가 있다.[54]

2016년 11월 22일 리얼미터 조사는 대통령의 탄핵에 찬성하는 응답자의 비율이 79.5%라고 발표했다. 2017년 2월 7일 한국갤럽 조사에서도 79%가 탄핵에 찬성하는 것으로 나타났다. 탄핵 이전에 여론은 탄핵을 압도적으로 지지했고 국회 탄핵안이 통과된 이후에도 비슷한 비율로 국회의 결정을 지지했던 것이다. 그런데 한국갤럽과 리얼미터의 조사는 모두 탄핵에 대한 찬성 여부를 물었을 뿐 즉각사퇴와 탄핵이라는 두 가지 방식에 대한 선호 조사는 하지 않았다.

〈표 3-21〉은 대통령의 거취에 대한 자세한 분석 결과이다. 우선 자료의 신뢰성을 판단하기 위해 같은 시기에 조사한 두 자료를 비교했다. 휴대전화를 이용한 서베이몹 조사와 광화문광장의 참가자들을 대상으로 한 면접조사의 결과가 매우 유사하다. 서베이몹 조사에서 촛불집회에 참가한 경험이 있다는 응답자들 중 75%, 그리고 광장 참가자들 중 74.8%가 박 대통령의 즉시사퇴를 원했다. '탄핵 절차에 따라야 한다'는 답변이나 2선 후퇴 등에 대한 의견도 오차범위를 벗어나지 않았다.

〈표 3-21〉에서 보는 바와 같이 촛불집회 참가자들이 대통령의 사임을 요구했지만 모두가 대통령의 즉시사퇴를 요구한 것은 아니었다. 4명 중 3명꼴로 즉시사퇴를 주장했고 참가자들 중 20% 이상은 국

표 3-21 **대통령 거취에 대한 의견**

(단위: %)

조사 유형	집회 참가 경험	즉시 사퇴	국회 탄핵 절차에 따라	2선 후퇴	임기 유지	인원
서베이몹 (2016. 11. 25~29)	있다	75.0	20.5	4.4	–	429명
	없다	61.0	22.9	7.2	9.0	643명
	전체	66.6	21.9	6.1	5.4	1,072명
광장 참가자 면접조사 (2016. 11. 26)	–	74.8	23.1	1.9	0.2	2,047명

출처: 서베이몹 조사, 현대정치연구소 광화문 면접조사

회 탄핵 절차에 따라 탄핵이 결정되어야 한다는 입장이었다. 집회 참가 경험이 없다는 응답자들 중 즉시사퇴에 동의하는 비율은 61%로 참가자들의 75%보다 14%p 낮았는데 그 이유는 집회 불참자들 중에는 촛불집회의 목적에 동의하지 않는 시민들이 있었기 때문이다. 이와 같은 이유로 불참자들 중에서는 대통령이 정상적으로 임기를 마쳐야 한다는 의견이 9%에 이르렀다.

이번에는 2012년 대선에서 지지한 후보별로 구분하여 대통령 거취에 관한 의견 분포를 살펴보았다. 〈표 3-22〉에서 박 후보를 지지했던 응답자들과 문 후보를 택했던 응답자들 사이에서 대통령 사퇴에 대한 의견이 확연히 갈리는 것을 볼 수 있다. 문 후보를 지지했던 응답자들 가운데 74.2%가 즉시사퇴를 원했지만, 박 후보 투표자들 중에서는 그보다 18.2p%가 적은 56%가 즉시사퇴가 타당하다는 입장이었다. 박 대통령이 임기를 그대로 유지해야 한다는 입장이 박 대통령 투표자들 가운데에서 11.7%에 그친 것은 이번 비리 사태의 심각성을 보여준다. 마찬가지로 주목해야 할 것은 이전 대선에서 박 후보

표 3-22 **2012년 대선 투표 후보와 대통령 거취에 대한 입장** (단위: %)

후보	사퇴 (조기사임)	국회 탄핵 절차에 따라	2선 후퇴	임기 유지	인원
박근혜	56.0	24.1	8.2	11.7	316명
문재인	74.2	20.4	4.4	1.0	388명
전체	66.6	22.0	6.1	5.5	704명

출처: 서베이몹 조사(2016. 11. 24)

를 선택했던 투표자들 가운데에서도 대통령의 즉시사퇴를 요구하는 비율이 절반을 훨씬 넘고 있다는 점이다.

　여기서 한 가지 생각해보아야 할 것은 '국회에서 탄핵 절차를 밟아야 한다'는 답변 항목에 대한 해석이 박 후보와 문 후보의 투표자들 사이에 달랐을 가능성이다. 문 후보 투표자들 중 20.4%는 법의 규정대로 탄핵 절차를 거쳐 대통령을 탄핵하자는 주장을 했다. 그런데 2012년 대선에서 박 후보를 택했던 응답자들 가운데에서도 24.1%가 국회에서 탄핵 절차를 밟아야 한다는 데 찬성했다. 이처럼 두 집단의 국회 탄핵 절차에 대한 동의 비율이 비슷했는데 선택한 이유 역시 같았을까?

　박 후보 지지자들 중 일부는 언론에 보도되는 비리 관련 뉴스와 국민 대다수가 즉시사퇴를 외치는 위축된 분위기 속에서 적극적으로 사퇴 반대를 주장하기보다 국회의 탄핵 절차를 통해서 대통령이 사퇴하지 않을 수 있는 명분을 찾고자 하는 의도를 가졌을 가능성이 있다. 국회 탄핵안의 통과 여부와 헌법재판소의 결정을 통해 사퇴가 결정되는 방식을 택한다면 현재의 압도적인 대통령 사퇴 압력을 피할 수 있다는 희망적 해석이 가능하기 때문이다. 같은 의견의 다른 의도라는 이러한 문제제기는 아쉽게도 검증할 수 있는 추가 설문이 없어서 추론에 그칠 수밖에 없다.

2016년 12월 9일 국회에서 탄핵안이 통과되면서 국민의 선택은 즉시사퇴를 주장하는 것과 헌법재판소의 탄핵심판 결과를 지켜보겠다는 두 가지 방향으로 좁혀졌다. 국회 탄핵 이전에 있은 11월 조사에서 나타난 응답 분포가 12월 대통령 거취에 대한 선택지가 달라지면서 여론이 어떻게 변했는지 추적해보았다.

〈표 3-23〉을 보면 11월 조사에서 즉시사퇴를 주장했던 응답자의 대부분이 같은 입장을 유지했다(85.9%). 국회의 탄핵 절차를 밟아 결정해야 한다는 응답자들 가운데 즉시사퇴로 입장을 바꾼 시민이 65.1%로 높아졌다는 것이 흥미롭다. 11월 조사에서 국회의 탄핵 절차를 따라야 한다는 의견이 액면 그대로라면 여기에 속한 대부분의 응답자들은 헌법재판소의 탄핵 결정 여부를 따라야 한다는 입장을 택하는 것이 일관적인 태도이기 때문이다. 이처럼 패널자료 분석 결과, 탄핵의 법적 절차를 따라야 한다는 입장에서 대통령의 즉시사퇴로

표 3-23 **대통령 거취에 관한 의견 변화**

(단위: %)

12월 조사 11월 조사	즉시사퇴	헌재의 탄핵 판결	인원
사퇴(조기사임)	85.9	14.1	540명
국회 탄핵 절차	65.1	34.9	169명
2선 후퇴	49.0	51.0	51명
임기 유지	4.1	95.9	49명

출처: 서베이몹 조사(2016. 11. 25; 2016. 12. 16)

태도를 바꾼 것은 조사 기간 동안 계속해서 대통령 관련 비리가 밝혀지면서 분노가 커진 것이 주된 원인으로 생각된다.

한편 대통령의 2선 후퇴가 타당하다는 응답자들은 그 의미상 대통령의 사퇴에는 반대한다고 보아야 한다. 그럼에도 불구하고 12월 조사에서 이들 중 절반 가까이가 즉시사퇴로 태도를 바꾼 것은 조사 기간 사이에 추가로 밝혀진 비리 관련 정보 때문이다. 마지막으로 11월 하순에 대통령 비리의 윤곽이 드러났음에도 불구하고 대통령이 임기를 유지해야 한다는 주장을 한 응답자는 49명으로 전체의 5.5%였다. 이들 중 2명을 제외한 95.9%가 헌법재판소의 탄핵 판결을 기다려야 한다고 답했다. 설문 당시 선택 가능한 답변이 '즉시사퇴', '헌재의 판결을 기다려야 한다'는 두 가지뿐이었으므로 11월 조사에서 대통령의 임기가 지켜져야 한다고 생각하는 응답자들 대다수는 헌법재판소의 절차를 택할 수밖에 없었다. 그럼에도 불구하고 이러한 결과에서 확인할 수 있는 것은 대통령을 강하게 옹호하는 집단은 새로운 정보가 제공되더라도 그 내용이 자신의 신념과 배치될 때에는 좀처럼 수용하지 않는다는 사실이다.[55]

요약해보면 애초부터 대통령이 즉각사퇴를 해야 한다는 입장의 시민들은 국회에서 탄핵안이 통과되었어도 그 의사를 변경하지 않았다. 또한 대통령이 정상적으로 임기를 채워야 한다고 생각하는 시민들 역시 새로 밝혀지는 대통령 관련 비리 내용에도 불구하고 일관적 태도를 보였다. 그러나 국회의 탄핵 절차를 기다려야 한다고 생각하거나 대통령이 2선으로 물러나야 한다고 생각했던 시민들 중에는 국회 탄핵 이후에 절반가량이 대통령의 즉시사퇴로 의견을 바꾸었다.

이번 대통령 탄핵 사건과 관련하여 즉시사퇴나 임기 유지와 같이 강한 소신을 가진 집단은 자신의 의지를 일관적으로 유지하기 위해 인식의 틀을 변경하는 현상을 발견할 수 있다. 대표적으로 수사기관에 대한 신뢰성이 시간이 지남에 따라 상당한 변화가 나타나는 것을 알 수 있다. 한 달 사이에 이루어진 두 번의 조사 결과를 비교해보면 즉시사퇴를 원하는 시민들의 검찰 공정성에 대한 평가가 긍정적으로 변한 것을 알 수 있다.

〈표 3-24〉가 보여주는 것처럼, 검찰이 공정한 편이라는 응답 비율이 15%에서 거의 2배에 달하는 28.7%로 늘어났다. 반면에 대통령의 임기 유지를 주장하는 시민들의 검찰 공정성에 대한 평가는 부정적으로 변했는데, 매우 공정하다는 응답이 12.1%에서 무려 10%p 이상 줄어들었다. 뿐만 아니라 공정한 편이라는 응답 비율도 20%p 이상 감소하여 65.5%에서 44.9%로 줄어들었다.

11월 중순 당시는 검찰 수사가 본격적으로 진행되지 않은 시점이다. 따라서 대통령의 임기 유지를 원한 응답자들의 속성상 보수적이며 국가기관에 대한 신뢰가 상대적으로 높은 성향을 보인다. 그러나 검찰의 수사 결과가 대통령에게 불리하게 발표되자 이에 대한 반발로

표 3-24 **대통령 거취와 검찰 수사 평가**

(단위: %)

구분	11월 14일 조사		12월 16일 조사	
	매우 공정	공정한 편	매우 공정	공정한 편
즉시사퇴	5.3	15.0	4.3	28.7
임기 유지	12.1	65.5	2.0	44.9

출처: 서베이몹 조사

검찰의 공정성에 불만을 제기한 것이다. 반대로 대통령의 즉시사퇴를 요구한 집단은 상대적으로 정부에 대한 신뢰가 높지 않은 정치성향을 가지고 있는데, 검찰 조사 결과가 제한적이나마 대통령의 비리를 밝혀내자 그 결과에 만족하여 검찰 공정성에 후한 평가를 내린 것으로 해석할 수 있다.

집회 참여는
사회경제적 불만 때문인가

몇몇 학자와 비평가들은 '박근혜 촛불'에는 정치적 분노뿐만 아니라 사회경제적 불만이 깊숙이 깔려 있다고 주장한다. "성장을 가져온 신자유주의의 부작용을 실존의 차원에서 겪은 이들의 누적된 분노가 촛불의 동력이었다"(최장집, 동아일보, 2017. 2. 13)는 것이다. 2011년 '반反월가 점령 시위' 이후 사회적 불평등과 심화된 빈부격차에 대한 불만으로 일어난 세계 각국의 크고 작은 폭력 혹은 비폭력 시위처럼, 2016년 촛불집회의 본질도 소위 '헬조선'이라고 불리는 불평등하고 불공정한 사회에 불만을 품은 청년들의 분노 표출이라는 것이다.

그러나 실제로 촛불집회에 참여한 사람들의 직업 및 계층 구성을 볼 때, 이러한 해석은 과도하다는 비판이 있을 수 있다. 과연 2016년 촛불집회는 사회경제적 모순에 대한 표출일까? 이 의문에 답하기 위해 여기서는 '박근혜 촛불'의 참여와 국민의 사회경제적 불만의 관계를 규명해보았다. 사회경제적 격차 인식과 분배 인식이 촛불집회 참여와 향후 촛불집회에 대한 참여 의사에 얼마나 영향을 주었는지를 살펴보았다.

우선 국민의 사회경제적 인식과 촛불집회 참여 여부의 연관성을 보자. 내일신문과 현대정치연구소가 실시한 2016년 12월 조사는 응답자에게 사회경제적 인식과 관련해서 부의 공정한 분배와 빈부격차의 심각성, 사회적 대우의 높고 낮음, 그리고 계층 이동의 가능성 여부를 질문했다.

〈그림 3-13〉은 각 질문에 대한 긍정적, 부정적 인식에 따른 촛불집회 참여율의 변화를 보여준다. 조사 결과 모든 질문에서 부정적 인식을 하는 사람이 긍정적 인식을 하는 사람보다 촛불집회 참여율이 높은 것으로 나타났다. 특히 빈부격차에 대한 인식이 촛불집회 참여

그림 3-13 **사회경제적 인식에 따른 촛불집회 참여율**

(단위: %)

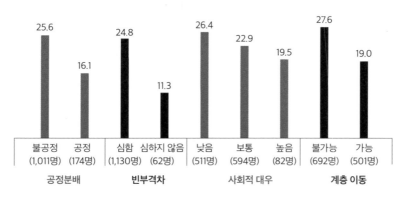

출처: 내일신문—현대정치연구소 조사(2016. 12. 26)

율의 가장 큰 차이를 보여주었다. 빈부격차의 심각성에 대한 긍정적인 응답자가 부정적인 응답자보다 집회 참여율이 13.5%p만큼 더 높았다. 다음으로 부의 공정분배에 대한 질문에 부정적으로 답한 사람이 긍정적으로 답한 사람보다 집회 참여율이 9.5%p 더 높았고, 계층이동 가능성에 대해 부정적인 응답자가 긍정적인 응답자보다 8.6%p만큼 집회에 더 많이 참여했다. 사회적 대우도 높은 편인 사람보다 낮은 편인 사람이 촛불집회에 6.9%p만큼 더 많이 참여했다.

박근혜 촛불집회가 사회경제적 모순의 표출임을 확인하려면 계층이나 직업과 같은 사회경제적 변수가 촛불집회의 참여에 영향을 미쳐야 한다. 즉 사회적 불평등과 빈부격차를 생활에서 가장 크게 느낄 경제적 하층의 집회 참여가 눈에 띄어야 한다. 그러나 앞서 〈표 3-5〉에서 본 바와 같이, 계층에 따른 촛불집회 참여율의 차이는 드러나지 않았다. 소득에 따른 참여율을 보면, 저소득층의 집회 참여가 가장 적고 중간 소득층의 참여가 조금 많은 정도였다. 직업 면에서도 사무/관리/전문직 종사자들이 가장 높은 참여율을 보였다. 정치적 성격을 띠는 대규모 시위에 생활의 여유가 없는 경제적 하층의 참여는 어려울 것이다. 그들의 집회 참여가 적었다고 하더라도 전체 국민의 70% 이상이 박근혜 대통령 탄핵에 찬성한 여론 속에 그들의 사회경제적 불만도 들어 있을 수 있다.

경제적 하층의 집회 참여가 어렵다는 점에서 이번에는 향후 촛불집회의 참여 의사와 사회경제적 불만 인식의 관계를 살펴보았다. 〈그림 3-14〉에서 알 수 있는 것처럼, 사회경제적 인식 지표와 촛불집회 참여 의사는 연관성이 매우 높은 것으로 나타났다. 분배가 공정하다고 인식하는 사람들보다 불공정하다고 느끼는 사람들의 향후 집회 참여 의사는 2배 이상, 즉 37.1%p만큼 더 많았고, 빈부격차가 심각하다고 인식하는 사람들도 심각하게 인식하지 않는 사람들보다 37.3%p 더 많이 집회에 참가할 것이라고 응답했다. 사회적 대우에 관한 인식과 계층 이동 가능성에 대한 인식에서도 긍정적 인식과 부정적 인식 간 참여 의사 비율의 차이가 적지 않았다. 실제로 촛불집회 참여율은 사회경제적 인식과 연관성이 적었지만, 여건 때문에 실제 참여가 어려운 점이 배제된 향후 집회 참여 의사는 사회경제적 인식과 높은 연관성을 보인 것이다.

그러나 사회경제적 인식이 촛불집회 참여 혹은 참여 의향과 연관성이 있다고 해서 계층적 불만이 촛불집회라는 행동으로 연결되었

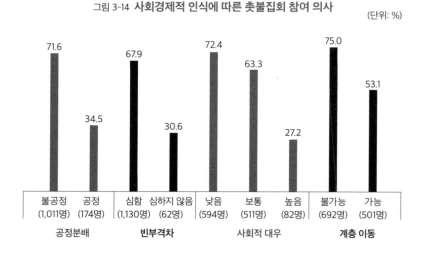

그림 3-14 **사회경제적 인식에 따른 촛불집회 참여 의사**

(단위: %)

출처: 내일신문―현대정치연구소 조사(2016. 12. 26)

다고 볼 수 없다. 일반적으로 계층적 불만이 행동으로 연결된다는 것은 계층적 처지가 사회경제적 인식에 영향을 미치고 이것이 행동에 영향을 미치는 경로이다. 따라서 계층적 불만이 촛불집회 참여를 이끌었다는 것을 확인하기 위해서는 계층과 사회경제적 불만의식의 관계를 살펴볼 필요가 있다.

〈표 3-25〉는 소득과 직업에 따른 공정분배와 빈부격차에 대한 인식의 차이를 보여준다. 얼핏 보아도 가구소득에 따른 공정분배의 인식 차이는 드러나지 않는다. 부가 공정하게 분배되고 있지 않다는

표 3-25 **소득과 직업에 따른 사회경제적 인식**

(단위: %)

구분	변수	공정분배		빈부격차		인원
		부정	긍정	부정	긍정	
소득	120만 원 미만	76.6	16.0	90.4	9.6	94명
	120만~250만 원 미만	84.2	15.8	96.2	3.8	183명
	250만~350만 원 미만	84.9	13.3	92.7	6.0	218명
	350만~450만 원 미만	92.0	7.5	97.7	2.3	174명
	450만~700만 원 미만	81.4	17.8	94.6	4.7	258명
	700만 원 이상	84.1	15.9	94.0	6.0	182명
	소득 없음	72.7	18.2	72.7	18.2	11명
직업	농업/임업/어업	73.8	23.8	83.8	16.7	42명
	자영업	83.1	16.0	94.5	5.0	219명
	판매/영업/서비스직	85.9	12.0	95.7	3.3	92명
	생산/기능/노무직	84.9	13.2	96.2	3.8	53명
	사무/관리/전문직	87.0	12.7	96.6	3.1	355명
	주부	84.4	13.8	94.6	4.9	244명
	학생	86.5	12.5	91.4	7.6	104명

출처: 내일신문—현대정치연구소 조사 (2016. 12. 26)

부정적 인식은 350만 원에서 450만 원 미만의 가구소득을 가지는 중산층에서 가장 많았다. 직업에서도 공정분배 인식의 의미 있는 차이는 나타나지 않았다. 특히 판매/영업/서비스직, 생산/기능/노무직, 사무/관리/전문직 종사자들 사이에 공정분배에 대한 인식 차이는 거의 드러나지 않았다. 이들 중 사무/관리/전문직 종사자들의 부정적 분배 인식이 오히려 조금 더 많은 편이었다. 빈부격차에 대한 인식에서도 마찬가지였다. 가구소득에 따른 빈부격차의 인식 차이는 드러나지 않았다. 차이는 미미하지만 여기서도 부정적 인식이 가장 많은 소득층은 350만 원에서 450만 원 미만의 중산층이었다. 직업에 따른 격차 인식의 차이도 의미 있게 나타나지 않았다. 이처럼 객관적인 계층과 계급을 나타내는 소득과 직업에서 눈에 띄는 사회경제적 인식의 차이는 나타나지 않았다. 이는 경제적 어려움으로부터 사회경제적 불만의식이 형성되고 있지 않음을 의미한다.

그렇다면 사회경제적 불만의식은 정치적인 정향으로부터 형성되는 것은 아닐까? 이를 알아보기 위해 이념 성향과 정당 선호에 따른 사회경제적 인식을 살펴보기로 한다. 〈표 3-26〉이 보여주는 것처럼, 이념과 정당 선호에 따른 국민의 사회경제적 인식 차이는 뚜렷하다. 전체적으로 부의 분배가 불공정하다는 인식과 빈부격차가 심각하다는 부정적 인식이 절대적으로 많은 가운데에서도 이념과 정당 선호에 따른 차이가 확연히 나타났다. 보수층의 공정분배에 대한 부정적 인식은 70.3%였으나 진보층은 92.3%로 더 많았다. 자유한국당 지지층의 공정분배에 대한 부정적 인식은 65.8%였으나 더불어민주당과 정의당 선호층의 부정적 인식은 각각 91.3%와 94.9%였다.

표 3-26 **이념과 정당 선호에 따른 사회경제적 인식**

(단위: %)

구분	변수	공정분배		빈부격차		인원
		부정	긍정	부정	긍정	
이념	진보	92.3	7.4	98.5	1.5	338명
	중도	87.2	11.9	94.9	4.5	530명
	보수	70.3	27.2	88.1	11.2	278명
정당 선호	더불어민주당	91.3	8.4	97.6	2.4	332명
	자유한국당	65.8	30.8	88.3	9.2	120명
	국민의당	82.1	17.0	92.0	8.0	113명
	정의당	94.9	5.1	98.7	1.3	79명

출처: 내일신문―현대정치연구소 조사(2016. 12. 26)

지금까지의 분석 결과를 보면, 분배의 불공정, 격차 인식과 같은 사회경제적 인식이 2016년 박근혜 촛불집회의 참여와 어느 정도 연관성이 있는 것으로 나타났다. 그러나 집회 참가자들이 미참가자들보다 사회경제적 불만의식을 좀 더 많이 갖는 것은 경제적인 처지로부터 나온 것이 아니라 이념 성향이나 정당 선호와 같은 정치적 정향에 기인하는 것으로 볼 수 있다. 불만의식은 인지적 동원을 통해서 형성된 것이지 계층적 불만으로부터 나온 것이 아니라는 것이다. 이로써 '신자유주의의 부작용'을 몸으로 겪은 사람들의 분노가 촛불집회를 이끌었다는 주장은 현실과 맞지 않는다고 볼 수 있다. 촛불집회 현장에서 참가자들은 사회의 불공정성을 비판하고 경제적 불평등의 해소를 주장하는 목소리에 공감을 표출했지만, 그러한 모습을 계층적 처지로부터 나온 분노로 해석하는 것은 지나치다는 것이다.

4부

광장의 외면 外面

국민의 정치의식, 얼마나 높아졌나

역설적이게도 박근혜—최순실 국정농단과 대통령 탄핵으로 이어진 초유의 국정위기 사태가 국민의 정치의식을 높였다고 한다. 내일신문과 현대정치연구소는 2016년 12월 국민 정치의식 조사에서 국민 정치의식의 일단을 파악하기 위해 '정치가 내 삶에 중요한 영향을 미친다'는 의견에 대한 동의 여부를 물었다. 정치의 중요성에 대한 의식은 정치에 대한 관심이나 정치효능감과 깊은 연관이 있기 때문에 일반적인 정치의식의 고양 여부를 판단하는 데 중요한 지표가 된다. 여기서는 2015년 12월에 실시한 조사 자료를 활용함으로써 박근혜—최순실 게이트가 정치 중요성에 대한 국민의식에 얼마나 영향을 미쳤는지를 파악하고자 한다.

〈그림 4-1〉에서 알 수 있는 것처럼, 2015년 12월과 촛불집회가 한창이었던 2016년 12월 시점 사이에 국민의 정치 중요성에 대한 인

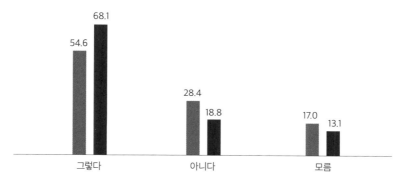

그림 4-1 **정치 중요성에 대한 인식 변화**

(단위: %)

정치가 내 삶에 중요한 영향을 미친다

■ 2015 (1,200명) ■ 2016 (1,200명)

출처: 내일신문─현대정치연구소 조사(2015. 12. 17; 2016. 12. 26)

식이 크게 변했다. '정치가 내 삶에 중요한 영향을 미친다'는 질문에 긍정적인 답변은 2015년 12월 조사에서 54.6%로 나타났으나 2016년 12월 조사에서는 13.5%p 늘어난 68.1%였다. 부정적인 답변 또한 2015년 12월 조사에서 28.4%였으나 2016년 12월 조사에서 18.8%로 줄었다. 이는 박근혜─최순실 게이트를 통해 시민들 사이에서 정치 중요성에 대한 인식이 증대되고 있었음을 보여준다.

〈표 4-1〉은 정치에 대한 중요도 인식과 촛불집회 참여 여부의 관계를 보여주고 있다. 정치가 삶에 중요한 영향을 미친다고 인식하는 사람들의 촛불집회 참여는 28.3%로, 정치가 삶에 중요하지 않다고 여기는 사람들의 집회 참여보다 12.3%p 더 많았다. 정치에 대한 중요도 인식이 정치행동에 어느 정도 영향을 미치고 있음을 알 수 있다.

표 4-1 **정치 중요도와 촛불집회 참여의 관계**
(단위: %)

질의응답		촛불집회 참가 경험		전체
		없다(912명)	있다(286명)	
정치가 내 삶에 중요한 영향을 미친다	그렇다(817명)	71.6	28.3	100.0
		64.1	80.8	68.1
	아니다(225명)	84.0	16.0	100.0
		20.7	12.6	18.8
전체		76.1	23.9	100.0
		100.0	100.0	100.0

출처: 내일신문—현대정치연구소 조사(2016. 12. 26)
*두 질문에 대한 무응답은 표에서 생략함.

집회 참여 여부에 따른 정치 중요도의 인식을 살펴보면, 집회 미참가자 중 정치가 중요하다고 인식하는 사람들은 64.1%였고, 집회 참가자 중 정치를 중요하게 여기는 사람들은 80.8%였다. 박근혜 촛불집회의 참여가 정치 중요도에 영향을 미치고 있음을 알 수 있다.

여기서 또 하나 주목할 만한 것은 각종 언론 매체를 통해 국정농단 의혹과 관련된 정치 정보가 매일같이 쏟아져 나오는 가운데, 집회 미참가자의 정치 중요성에 대한 인식(64.1%)이 1년 전 국민 전체의 정치 중요도 인식 54.6%보다 약 10%p 더 높아졌다는 것이다. 이로써 박근혜—최순실 국정농단 사건은 행동에 참여하지 않은 시민들의 정치의식도 과거보다 훨씬 고양시켰음을 알 수 있다.

〈표 4-2〉는 연령대별로 정치가 삶에 중요한 영향을 미친다는 의견에 공감하는 비율을 2015년 12월과 2016년 12월 두 시점 간에 비교한 것이다. 2015년 12월 조사에서는 연령대별로 정치 중요성에 대

표 4-2 **연령과 선호정당에 따른 정치 중요성 인식** (단위: %, %p)

구분		2015년	2016년	격차
연령대	20대	51.4	69.1	17.7
	30대	55.3	71.0	15.7
	40대	57.3	72.7	15.4
	50대	53.2	67.5	14.3
	60세 이상	55.3	61.7	6.4
선호정당	자유한국당	52.3	50.8	-1.5
	민주당	53.7	78.6	24.9
	국민의당	(53.7)	65.2	(12.5)
	바른정당	(52.3)	70.7	(18.4)
	정의당	86.7	91.1	4.4
	무당파	50.7	60.3	9.6
평균		54.6	68.1	13.5

출처: 내일신문─현대정치연구소 조사(2015. 12. 17; 2016. 12. 26)
*기타 정당 지지층과 선호정당 모름/무응답은 표에서 생략함.

한 인식의 차이가 크게 나타나지 않았다(51.4~57.3%). 2016년 12월 조사에서도 50대 이하 연령대의 정치 중요성에 대한 인식은 뚜렷한 차이를 보이지 않았다(69.1~72.7%). 다만 60세 이상 노령층의 정치 중요성 인식이 61.7%로 평균(68.1%)보다 6.4%p만큼 낮았다. 이처럼 각각의 조사에서 대체로 연령대 간 정치 중요성에 대한 인식의 차이는 크게 나타나지 않았다.

그러나 2015년과 2016년 당시를 비교하면 흥미로운 점이 발견된다. 1년 사이에 50세 이하 연령대에서 정치가 중요하다는 인식이 20대 17.7%p에서 60세 이상 6.4%까지 연령대별로 순차적으로 줄어들었다. 그러나 여기서 눈에 띄는 것은 두 조사 시점 사이에 50대의 정치 중요성 인식의 격차가 14.3%p로 40대의 격차와 크게 다르지 않았고, 60세 이상과 현격하게 차이가 난다는 점이다. 노령층은 박근혜—최순실 게이트로 정치 중요성에 대한 인식 변화를 크게 겪지 않은 데 비해 50대는 30대와 40대만큼 겪었다는 것이다. 이는 정치 중요성에 대한 인식이 박근혜 대통령에 대한 지지 태도와 연관되어 있음을 시사한다. 박근혜 대통령에 대한 지지 철회가 고령층에서는 적었지만 50대에서는 크게 일어났음을 알 수 있다.

또한 〈표 4-2〉는 정치 중요성에 대한 인식이 정당 선호에 따라 큰 차이를 나타내고 있음을 보여준다. 촛불집회가 정점에 달했던 2016년 12월에도 자유한국당 지지층의 정치 중요성에 대한 인식은 50.8%로 1년 전 새누리당 지지층의 52.3%보다 오히려 줄었다. 그러나 민주당 지지층의 정치 중요성에 대한 인식은 1년 전에 비해 24.9%p만큼 높아졌다. 국민의당 지지층의 경우 정치 중요성에 대한 인식이 2015년 12월 분당 이전 민주당 지지층의 인식(53.7%)을 기준으로 보았을 때 촛불 정국을 거치면서 12.5%p 증가했다. 바른정당 지지층 또한 2015년 12월 분당 이전 새누리당 지지층의 인식에 비해 18.4%p 더 늘었다. 바른정당 지지층의 정치 중요성 인식이 크게 늘어난 것은 이 집단에서 박근혜—최순실 게이트로 인한 경각심과 비판의식이 그만큼 컸음을 알 수 있다. 정의당 지지층의 정치 중요성에 대한 인식은 2015년 12월에도 워낙 높았기 때문에 촛불 정국에서도 크게 높아지지 않았다. 정치 무관심이 높을 것으로 추정되는 무당층에서도 정치 중요성에 대한 인식은 2016년 12월 60.3%로 1년 전에 비해 9.6%p 올랐다. 결론적으로 박근혜 대통령을 옹호하는 경향이 강한 자유한국당 지지층을 제외하고, 대부분의 정당 지지층과 무당층에서 통치 권력에 대한 경각심으로 인해 정치 중요성에 대한 인식이 과거에 비해 훨씬 높아졌다.

왜 국민의 정치 중요성에 대한 인식이 박근혜—최순실 국정농단 사건으로 인해 높아졌을까? 2016년 '박근혜 촛불'이라는 저항행위에는 평소 정치 무관심에 대한 국민 개개인의 반성이 깔려 있었기 때문이다. 대통령 주변의 비리 게이트가 발생하면 국민들은 현직 대통령과 그 측근들에게 분노한다. 그러나 박근혜—최순실 국정농단 사건에 대한 국민의 반응에는 정권에 대한 분노와 함께, 대통령직을 수행할 만한 인물이 못 되는 사람을 대통령으로 뽑은 데 대한 자기반성이 크게 자리하고 있었다.[56] 또한 이러한 반성에는 30년 전 많은 사람들의 희생으로 어렵게 획득한 민주주의가 정치 무관심 속에서 퇴행하고 있었다는 깨달음도 함께하고 있었다. 정치지도자를 잘못 뽑으면 국민이 고생한다는 말의 의미를 현실로 깨닫게 되었으며, 그만큼 정치가 국민 개개인의 삶에 중요한 영향을 미친다는 의식이 널리 확산된 것이다.

높아진 정치효능감,
그러나 세대별로 달랐다

앞에서는 2016년 '박근혜 촛불'에 그토록 많은 인원이 참여하게 된 이유 중 하나로 국민의 높은 정치효능감을 꼽았다. 2016년 12월 말까지 10차에 걸친 박근혜 퇴진 촛불집회는 국민들의 정치효능감을 높였을 것으로 추정된다. 정치권은 촛불민심에 즉각 반응했고 국회의 탄핵소추를 이끈 것도 촛불이었다. 따라서 촛불집회 참가자는 미참가자보다 정치효능감이 더 높았을 것이고, 촛불 정국을 거치면서 국민 전체적으로도 정치효능감이 높아졌을 것이다. 이러한 가설을 확인하기 위해 여기서는 먼저 2016년 '박근혜 촛불'에 참가한 사람과 참가하지 않은 사람의 정치효능감을 비교하고, 전체 국민의 2016년 12월의 정치효능감과 6개월 전인 2016년 6월의 정치효능감을 비교해보았다.

　일반적으로 정치의식 조사에서 정치효능감은 '나 같은 사람이 정부가 하는 일에 대해 뭐라고 얘기해봤자 아무 소용이 없다'는 항목에 대한 답변으로 측정된다. 긍정적인 답변은 정치효능감이 낮고, 부정적인 답변은 정치효능감이 높음을 의미한다. 〈그림 4-2〉에서 알 수 있듯이, 촛불행동은 국민들의 정치효능감을 높였다. 정치효능감을 느끼지 않는 사람들이 박근혜 촛불집회 5년 전인 2011년 12월에는 전체 국민의 62.2%였고, 6개월 전인 2016년 6월에도 66.5%로 많았다. 그러나 촛불집회가 한창인 2016년 12월 조사에서는 그 비율이 45.3%로 급속히 줄어들었다. 반면 정치효능감이 높은 사람들의 비율은 2011년 12월에 37.7%였고, 2016년 6월에는 29.0%였으나, 2016년 12월 조사에서는 53.3%로 6개월 사이에 무려 24.3%p나 늘어났다. 박근혜—최순실 게이트 이전 조사에서 정치효능감이 높은 사람의 비

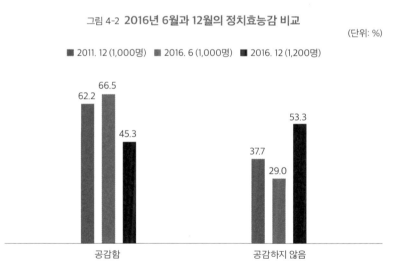

그림 4-2 **2016년 6월과 12월의 정치효능감 비교**

(단위: %)

■ 2011. 12 (1,000명)　■ 2016. 6 (1,000명)　■ 2016. 12 (1,200명)

출처: 내일신문—현대정치연구소 조사(2011. 12. 20; 2016. 6. 1; 2016. 12. 26)
*질문항: "나 같은 사람이 정부가 하는 일에 대해 뭐라고 얘기해봤자 아무 소용이 없다."

율은 정치효능감이 낮은 사람의 비율보다 훨씬 적었다. 그러나 2016년 12월 촛불집회 당시의 조사에서는 그 양상이 역전된 것이다. 그만큼 대통령 탄핵을 관철시킨 광장의 정치가 국민의 정치효능감을 높인 것이다.

〈표 4-3〉은 연령대별로 촛불행동에 따른 정치효능감의 변화에 큰 차이가 있음을 보여주고 있다. 2016년 6월 조사 당시 국민의 정치효능감은 연령대별로 큰 차이를 보이지 않았다. 20대에서 50대까지 정치효능감을 느끼는 사람의 비율은 평균보다 크게 다르지 않았다. 60세 이상에서 정치효능감을 갖는 사람이 24.8%로 평균보다 4.2%p 낮았을 뿐이다. 그러나 촛불집회가 정점에 있었던 12월에는 연령대별로 정치효능감의 차이가 확연히 나타났다. 정치효능감을 느끼는 사람이 20대에서 69.7%에 달했고, 연령대가 높아짐에 따라 순차적으로 줄어 60세 이상에서는 38.5%에 불과했다. 6개월 전과 비교해서 20대에서 37.9%p 더 늘었고 30대에서 28.0%p, 40대에서도 27.0%p

표 4-3 **연령대별 정치효능감 추이**

(단위: %, %p)

연령대	2016년 6월	2016년 12월	격차
20대	31.8	69.7	37.9
30대	31.1	59.1	28.0
40대	31.4	58.4	27.0
50대	27.1	46.4	19.3
60세 이상	24.8	38.5	13.7
평균	29.0	53.3	24.3

출처: 내일신문—현대정치연구소 조사(2016. 6. 1; 2016. 12. 26)

더 늘었다. 그러나 50대에서는 차이가 19.3%p였고, 60세 이상에서는 13.7%p로 그 차이가 줄었다.

젊은 유권자일수록 성년 이후 거의 처음으로 '박근혜 촛불'과 같은 정치적 격변을 경험하기 때문에 과거에 다른 정치적 변화들을 경험한 나이 든 유권자보다 정치효능감이 더욱 높게 나타났다. 뿐만 아니라 60세 이상에서는 촛불집회 참여율도 현저히 낮았고 박근혜 대통령의 탄핵에 반대하는 사람들도 상당수 존재해, 정치효능감이 다른 연령대에 비해 크게 변하지 않은 것이다.

촛불행동은 국민들의 정치효능감을 높였다. 〈그림 4-3〉을 보면 촛불집회의 참가자와 미참가자 사이에 정치효능감의 차이가 나타났

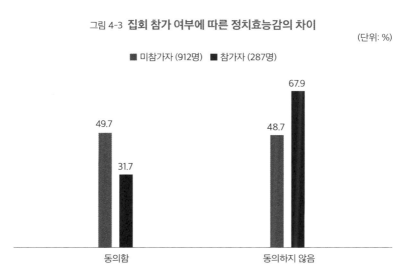

그림 4-3 **집회 참가 여부에 따른 정치효능감의 차이**

(단위: %)

출처: 내일신문─현대정치연구소 조사(2016. 12. 26)
*질문항: "나 같은 사람이 정부가 하는 일에 대해 뭐라고 얘기해봤자 아무 소용이 없다."

다. 촛불집회 미참가자들 사이에서는 정치효능감을 가진 사람(48.7%)과 그렇지 않은 사람(49.7%)의 비율이 비슷했다. 그러나 참가자들 사이에서는 정치효능감을 가진 사람들이 그렇지 않은 사람보다 훨씬 많았다(67.9% 대 31.7%). 정치행동이 정치효능감을 높이고 있음을 알 수 있다. 매주 토요일마다 울려 퍼진 촛불의 함성은 집권 여당을 분열시켰으며, 초기에 우왕좌왕하던 정치권을 대통령 탄핵으로 결집시켰다. 정치권의 촛불민심에 대한 대응이 즉각적으로 이루어지는 모습을 보면서 참가자들은 자신들의 참여가 정치를 바꾼다는 확신을 더욱 더 크게 갖게 되었음을 알 수 있다.

정보가 많을수록
집회 참여가 활성화될까

소셜 미디어를 통한 정보 교류의 일상화가 이루어지면서 온라인 정보 소통이 정치 참여에 미치는 영향에 관해서는 두 가지 상반된 시각이 존재한다. 낙관론적 시각에서 보면 소셜 미디어의 등장 덕분에 정보 유통이 활성화되고 시민들의 정치 정보량이 늘어나면서 거의 비용을 들이지 않고 공적 이슈에 대한 토론과 상호 이해의 폭이 넓어지기 시작했다는 것이다. 이러한 정보 환경의 변화 속에서 일반 시민들은 공공적 시민으로서 의식이 향상되고 타인에 대한 신뢰가 높아지게 된다. 이처럼 사회자본이 형성된다는 것은 정치 참여를 위한 기틀이 만들어지는 것이며 최종적으로는 정치 참여가 늘어난다(이재신·이민영 2011; 민희·윤성이 2016). 학문적 연구에서도 트위터를 대상으로 분석해보면 자신의 정치성향과 비슷한 트윗을 많이 받을수록 투표 참여가 늘어난다는 결과가 있다(문우진 2009; 송효진·고경민 2013).

그러나 반대의 시각도 설득력을 갖는다. 소위 고립주의 이론으로 불리는 시각에 따르면 다양한 정치적 견해에 대한 노출과 이질적 네트워크에 대한 접촉이 늘어나지만 온라인 시민들은 본인과 상충되는 견해를 회피하는 경향이 있기 때문에 동질적 의견을 가진 집단에 대한 접근 편향성을 갖게 된다는 것이다. 이 같은 정보에 대한 선택적 노출은 공동체의 동질성을 높이는 것이 아니라 집단의 파편화 현상, 즉 동질적 집단 내의 소통을 통해 자신의 견해를 강화하고 동시에 다른 의견을 가진 집단을 배타시하는 경향이 강해지게 된다는 것이다.

이상의 두 가지 시각을 토대로 촛불집회 참가 여부와 관련한 가설을 설정할 수 있다. 첫째, 가설은 소셜 미디어와 모바일 메신저 등에 친구나 팔로어의 수가 많다면 최근 가장 큰 이슈였던 탄핵 정국에 대한 논의가 많았을 것이다. 이는 탄핵 정국에 대한 정보가 많았던 것을 의미하며, 탄핵 찬성이 압도적이었던 여론 분포를 감안할 때 SNS상의 친구나 팔로어가 많다면 촛불집회 참여를 촉진하는 자극을 받았을 것으로 추측할 수 있다. 둘째, 가설은 좀 더 구체적으로 탄핵과 관련된 정보 수집과 배포 등의 적극성이다. 교류된 정보는 대통령이나 최순실 비리 사건과 관련되어 촛불집회에 대한 참여 욕구를 높여 주었을 것으로 생각된다.

촛불집회에 대한 충성도를 측정하는 가장 쉬운 방법은 그동안 몇 번이나 집회에 참가했는지를 측정하는 것이다. 집회에 참가한 횟수가 많을수록 집회에 대한 열정이 높다고 볼 수 있기 때문이다. 또한 촛불집회와 관련된 정보가 많을수록 집회 참가에 대한 자극이 많기 때문에 참가 가능성이 높을 것으로 추론할 수 있다. 이러한 논리는 신앙심 수준을 측정하기 위해 종교집회에 얼마나 자주 참석하는지를 측정하는 방식과 유사하다.

〈표 4-4〉는 친구나 팔로어의 수에 따라 집회 참여 여부 및 참여 횟수에 관한 교차분석 결과이다. 친구나 팔로어가 600명 수준에 이를 때까지는 SNS상 관계자 수와 촛불집회 참가 여부가 상당히 높은 연관성이 있는 것을 볼 수 있다. 친구나 팔로어 숫자가 200명 이하인 응답자들의 촛불집회 참가 경험이 있다는 비율은 32.1%인 데 반하여 친구나 팔로어가 400~600명 정도 되면 참가 경험이 있다는 응답자가 66%에 이르러 2배가 넘는다. 이처럼 참가했다는 응답자의 비율이 늘어날 뿐만 아니라 참가 횟수에 있어서도 뚜렷한 차이를 보인다.

SNS 관계자가 200명 이하인 집회 참여자들의 참가 횟수는 평균 2.03회인 데 비해 400~600명의 SNS 접촉자를 가지고 있는 응답자들의 참가 횟수는 3.28회로 늘어난다. 이러한 결과를 통해 앞에서 예측한 대로 팔로어가 많을수록 정보 소통이 많고 그로 인하여 참여 동인이 커진다는 것을 알 수 있다. 이러한 예측이 가능한 것은 2016년 10

표 4-4 **정보와 촛불집회 참여**

(단위: %)

친구 혹은 팔로어 수	참가 경험 비율	참가 횟수
200명 이하	32.1	2.03회
201~400명	48.1	2.60회
401~600명	66.0	3.28회
601~800명	46.7	3.13회
801명 이상	46.4	2.93회

출처: 서베이몹 조사(2016. 12. 16)

월 이후 한국 사회를 지배한 이슈가 대통령 탄핵과 관련된 것이며 대다수의 국민이 탄핵에 찬성하고 촛불집회를 긍정적으로 바라보는 상황적 이유가 있었기 때문이다.

이 분석이 응답자의 SNS 활동 수준과 집회 참여 수준의 관계를 살핀 것이라면, 좀 더 구체적으로 SNS상에서 응답자들이 얼마나 적극적으로 탄핵 이슈에 대한 정보를 수용하고 전달했는지를 통해 정보량과 참여의 관계를 더 직접적으로 분석해보고자 한다. 해당 설문 항은 '소셜 미디어나 모바일 메신저 등으로 촛불집회의 정보를 얼마나 전달했습니까?'이다.

촛불집회와 관련된 정보 전달에 적극적일수록 참가 경험도 많고 참가 횟수도 늘어나는 것을 경험적으로 확인할 수 있다. 촛불 관련 정보를 전달한 횟수는 이 사안에 대한 관심의 정도를 보여주는 지표라고 할 수 있다. 〈표 4-5〉에 의하면 25회 이하로 정보를 전달한 응답자들에 비해 그 2배 이상인 51~75회 정도의 전달 행위를 했던 응답자들의 촛불집회 참가 경험이 25%p 이상 높다. 뿐만 아니라 촛불집회에

표 4-5 **정보 전달 횟수와 촛불집회 참여**

(단위: %)

정보 전달 횟수	참가 경험 비율	참가 횟수
25회 이하	33.2	1.988회
26~50회	57.1	3.186회
51~75회	59.6	3.532회
76~100회	50.0	3.429회
100회 이상	43.2	3.135회

출처: 서베이몹 조사(2016. 12. 16)

참가한 평균 횟수를 보아도 전자가 2회에 못 미치는 데 반해 후자의 경우에는 2배에 가까운 3.5회에 이른다.

이러한 경험적 결과는 촛불집회에 대한 관심이 높을수록 정보 전달 행위에 적극적이고, 결과적으로 촛불집회에 참여하는 의사 및 빈도수가 높아졌다는 것을 보여준다. 아울러 앞에서 SNS 접촉자가 많을수록 촛불집회에 적극적으로 참여하는 현상을 설명하면서 정보와 의견 소통의 내용 중 한국 사회의 가장 큰 이슈인 탄핵과 촛불집회에 관한 내용이 상당 부분 포함되어 있어 촛불집회 참가 욕구가 커졌을 것이라는 추정이 타당하다는 것을 보여준다.

〈표 4-4〉와 〈표 4-5〉에서 SNS 접촉자 수가 늘어날수록 혹은 정보 전달 횟수가 늘어날수록 참여가 증가하지만 선형적 관계가 나타나지는 않았다. SNS 접촉자는 600명까지, 그리고 정보 전달은 75회에 이를 때까지만 참가 경험이나 참가 횟수의 증가가 나타나고 그보다 늘어나는 경우에는 오히려 집회 참가 경험의 비율이나 참가 횟수가 줄어드는 현상이 나타난다. 이러한 현상이 두 개의 표에서 일관적이라는 점에서 조사 과정에서 발생한 오류라고 치부할 수는 없다.

불행히도 현재 제공되는 자료를 통해서는 그 이유를 밝혀낼 수가 없다. 다만 이론적으로 검토해볼 만한 이유는, 충분히 많은 SNS 접촉자와 의사소통을 하는 것은 응답자와 다른 의견을 가진 접촉자가 있을 가능성이 높다는 것이다. 다양한 연결망을 가진 개인은 이견에 노출되는 상황을 경험할 기회가 많아진다. 이 경우에는 교차 압력에 놓이게 되어 심리적 갈등을 느끼게 되며 촛불집회 참여에 위축될 가능성이 있다. 비록 이견에 설득되지는 않더라도 참여를 자제할 가능성을 배제할 수는 없다. 이론적으로 가능한 논의이지만 현실적으로 탄핵 찬성과 촛불집회에 대한 긍정적 시각이 압도적이었다는 맥락을 고려한다면 그 가능성이 높다고 하기는 어렵다.

온라인뿐만 아니라 오프라인에서 정치 참여의 능력과 의사는 이번 촛불집회의 참여 가능성과 관계가 있다. 개인의 정치 참여 의사는 통상 4가지 범주의 참여 여부에 대한 답변을 합한 지표를 만들어 사용한다. 여기에 포함되는 질문 항목은 1) 정당 및 정치인과의 접촉 경험, 2) 길거리나 인터넷 서명을 포함한 서명 경험, 3) 문자, 댓글 등을 통한 집회 참여 권유 및 독려, 4) 언론이나 기업에 대한 항의 전화 혹은 인터넷상의 항의 댓글 등이다. 4가지 범주의 활동에 대한 참여 여부를 묻고 합산 점수로 산출된 점수는 모든 영역에서 참여해본 경험이 있는 최고 점수 4점부터 아무런 참여를 경험하지 못한 0점까지로 구성된다. 다음의 결과는 촛불집회가 5회까지 이루어진 상태에서 집회 참가자들을 대상으로 조사한 것이다.

〈표 4-6〉을 보면 평상시 정치 참여의 경험이 촛불집회 참여 정도에 영향을 미치는 것을 확인할 수 있다. 4개 영역 모두에서 참여 경험이 있는 응답자들이 이번 촛불집회에 참여한 평균 횟수는 2.88회다. 다섯 번의 촛불집회에 참여한 시민들을 대상으로 했다는 점을 고려할 때 매우 높은 참여 빈도라고 평가된다. 앞에서 제시한 4개 영역에서 한 번도 참여한 경험이 없는 응답자들은 촛불집회에 참여한 횟수가 1.6회 정도에 그친다. 그러나 그동안 어떠한 형태의 정치 참여 경험도 없던 시민들이 촛불집회에 한 번 이상 참가했다는 것은 이번 촛불집회가 평범한 일반 시민의 지지를 받았음을 다시 한 번 확인시켜준다.

표 4-6 **촛불집회의 참여 정도와 참여 횟수**

참여 정도	모두 참여	3개 영역 참여	2개 영역 참여	1개 영역 참여	전혀 참여 안 함
참여 횟수	2.88회	2.36회	1.93회	1.79회	1.62회

출처: 내일신문―현대정치연구소 조사(2016. 12)

　　앞에서 사안에 대한 관심과 정보량이 중요하다고 주장했지만 참가자들의 특성 중 평상시의 정치 참여 수준과 깊은 관련이 있다는 것을 간과해서는 안 된다. 즉 정치 참여에 적극적인 성향을 가진 시민들이 이번 촛불집회에서도 적극적인 참가 행동을 보였을 가능성이다. 이러한 주장은 촛불집회가 특정 집단에 의해 동원된 것이 아니라 적극적인 정치 의사와 표현 의사를 가진 시민들이 모든 국민의 관심이 쏠린 사건 때문에 촛불집회에 참가했다는 사실을 의미한다.

촛불집회 참가자들은
직접민주주의를 원할까

촛불집회의 의미를 광장민주주의의 시작이며 대의민주주의의 한계라고 파악하는 의견이 있다. 대표자를 통한 간접민주주의가 국민의 뜻을 제대로 반영한 정치를 펼치는 데 한계에 도달했다는 것이다. 시민들이 직접 정치에 참여하는 직접민주주의 혹은 참여민주주의가 요구되는 시대가 되었다는 주장은 오래전부터 제기되었다. 서구 유럽 국가들에서도 시민들의 민주주의에 대한 만족도가 점차 낮아지고 있는 추세에 있다. 제도적 측면에서 민주주의 절차가 지켜지고 정치가 안정화되었음에도 불구하고 시민들의 정치 만족도가 상승하기는커녕 낮아지는 현상은 분명히 대의민주주의의 한계를 보여주는 것이고, 이를 해결하기 위한 대안이 모색되어야 할 것이다.

그런데 대의민주주의의 문제를 해결하기 위해 참여민주주의를 대체재로 볼 것인가 혹은 보완재로 볼 것인가에 대해서는 상반된 의견이 있다. 이러한 맥락에서 이번 촛불집회를 한국 민주화 과정에서 어떻게 해석해야 할 것인지 고민하게 된다. 진보적 학자들은 촛불집회가 시민들에 의한 참여민주주의라는 형식과 심의민주주의 혹은 숙의민주주의라는 민주주의 운영 방식이 도입되는 계기가 될 것이라고 예측한다. 이러한 주장에 따르면 정치 불신이 심각한 현재의 정치 상황은 정치 엘리트에 의한 국가 운영이 한계에 도달했으며 그 결과가 촛불집회라는 것이다. 이번 촛불집회를 통해서 국민의 정치에 대한 불신은 더욱 심해질 것이고 시민이 직접 정치에 참여할 수 있는 방안을 적극적으로 모색해야 한다는 것이다.

이와 다른 견해를 보면 시민들의 정치 불신과 냉소적 정서에는 동의하지만 촛불집회는 기존 정치를 대체하는 새로운 정치 구조 도입의 계기는 아니라는 것이다. 촛불집회에 참여하거나 그 취지에 동감하는 경험을 통해 정치에 대한 관심, 특히 민주주의 가치를 습득할 수 있는 계기를 갖게 되었다는 것이다. 따라서 민주주의에 대한 신뢰가 높아지고 개인이 정치에 영향을 미칠 수 있다는 자신감을 갖게 됨으로써 정치에 대한 냉소적 정서가 오히려 줄어들었다는 것이다. 이러한 주장은 선거 등 정치 참여를 통해 민주시민의 소양이 강해질 수 있다는 견해와 유사하다.

이러한 상반된 두 가지 견해를 경험적으로 검토하기 위해서 다음과 같은 질문의 답을 구하며 접근해보았다. 첫째, 촛불집회 참여자들은 불참자들에 비해 민주주의에 대한 불신감이 높은가? 둘째, 촛불집회가 향후 정치에 미치는 영향을 낙관적으로 보는가 혹은 비관적으로 보는가? 셋째, 정치를 얼마나 중요하다고 여기는가?

표 4-7 **촛불집회 참여 여부와 민주주의 가치**

(단위: %)

참가 경험 \ 가치관	민주주의가 항상 낫다	상황에 따라 독재가 낫다	민주주의나 독재나 상관없다	인원
있다	83.8	8.5	7.7	284명
없다	74.5	17.7	7.8	894명
전체	76.7	15.4	7.8	1,178명

출처: 내일신문—현대정치연구소 조사(2016. 12)

〈표 4-7〉은 촛불집회 참가 경험 여부를 기준으로 민주주의 가치에 대한 의식 분포를 제시한 것이다. 참가 경험이 있는 시민들의 83.8%와 불참자들의 74.5%가 민주주의에 절대적 가치를 부여하고 있다. 집회 불참자의 민주주의에 대한 신뢰가 집회 참가자들보다는 상대적으로 낮지만 4명 중 3명이 민주주의에 대한 높은 신뢰를 보인다는 것은 절대적 수치로 보면 매우 높은 수준이다. 한편 '상황에 따라 독재가 낫다'는 답변은 참가자들 중 8.5%, 불참자 중에는 17.7%로 나타났다. 그리고 '민주주의나 독재나 상관없다'는 답은 두 집단 모두에서 8%에 미치지 못했다.

이러한 결과는 촛불집회에 참가한 경험이 있는 시민들이 민주주의에 대한 신뢰가 더 크다는 것을 보여준다. 상황에 따라 독재가 낫다고 생각하는 비율이 집회 참가자들 중에서 상대적으로 낮은 것이 차이를 가져왔다. 따라서 집회 참여자들이 민주주의에 대해 비판적인 태도를 가진 것이 민주주의 가치를 낮게 평가하는 것은 아니라는 사실을 알 수 있다.

민주주의 가치를 존중한다 해도 간접민주주의와 직접민주주의에 대한 선호 차이가 존재할 수 있다. 즉 광장민주주의로 불리는 촛불집회에 참가한 시민들은 직접민주주의에 대한 선호가 클 가능성을 점쳐볼 수 있다. 만일 집회 참가자들이 현재의 간접민주주의에 대한 불만이 팽배하여 촛불광장으로 나온 것이라면 향후 정치에서 직접민주주의적 요소가 더 많아야 한다고 생각할 것이다.

〈표 4-8〉은 '국가의 중요한 정책을 결정할 때에는 국민의 의사를 직접 묻는 국민투표를 실시해야 한다'라는 질문에 대한 응답 분포이다. 전체적으로 찬성 태도의 응답이 86.6%에 이른다. 이번 비리 사건이 터지기 전에 이와 같은 질문을 한 자료가 없기 때문에 직접민주주의 절차에 대한 선호가 이전보다 높아졌는지는 확인할 수 없다. 하지만 촛불집회 참가 경험에 따른 차이를 비교함으로써 참가자의 특성 혹은 집회 참가로 인해 직접민주주의에 대한 선호가 강해졌는지는 확인해볼 수 있다.

국민투표의 적극적 활용이라는 직접민주주의에 대한 찬성 강도에 있어서는 집회 참가자들이 더 높다. 집회 참가자들 중 49.1%가 '매우 찬성'이라는 답변을 택한 데 비해 불참자들 중에는 41%가 강한 찬

표 4-8 **촛불집회 참여 여부와 직접민주주의 선호도**

(단위: %)

참가 경험 \ 직접민주주의 선호도	매우 찬성	찬성하는 편	반대하는 편	매우 반대	인원
있다	49.1	38.6	10.5	1.8	285명
없다	41.0	45.2	11.3	2.2	892명
전체	43.0	43.6	11.1	2.3	1,177명

출처: 내일신문—현대정치연구소 조사(2016. 12)

성 태도를 보였다. 그런데 찬성 반대라는 태도 방향성의 관점에서 보면 해석이 달라진다. 응답 항목 중 '매우 찬성'과 '찬성하는 편' 응답을 합한 찬성의 태도는 집회 참여자들 중 87.7%, 집회 불참자들 중 86.2%로 통계적으로 유의한 차이가 없다. 또한 직접민주주의의 강화를 반대하는 비율을 보면 방향성뿐만 아니라 반대 강도를 비교해보아도 차이가 없는 것을 알 수 있다.

이 같은 결과와 해석이 보여주는 것은 집회 참가자들이 간접민주주의에 대한 비판이 강하고, 따라서 국민투표와 같은 직접민주주의적 절차를 강화해야 한다는 입장을 취하는 것은 아니라는 사실이다. 좀 더 정확하게 기술하면 촛불집회에 참가한 사람들과 참가하지 않은 사람들 사이에 직접민주주의에 대한 선호 태도에 유의미한 차이가 있다고 볼 수 없다.

만일 촛불집회가 직접민주주의에 대한 가능성으로 대두되었다면 집회가 진행되면서 기성 정치에 대한 비판이 강해졌을 것이다. 〈표 4-9〉는 서베이몹이 조사한 패널조사 결과이다. 2016년 11월 25일과 12월 15일에 동일한 설문을 반복하여 질문했으며 두 차례의 조사에 모두 응답한 인원은 809명이다. '현재 시국에서 야당들이 국민보다 자신들의 정치적 이익을 먼저 생각하고 있다'라는 질문에 대한 동의 여부를 물었다. 동의한다는 응답은 정치에 대한 냉소적 태도로 볼 수 있다.

표를 해석해보면 11월과 12월 조사 모두에서 강한 긍정적 입장 (정치인들은 자기 이익을 우선 챙긴다)의 응답이 22.6%이다. 두 차례 조사 모두에서 긍정 답변으로 정치인에 대한 불신의 태도를 보인 응답자가 74.5%로 네 명 중 세 명꼴이다. 반면에 두 번의 조사 모두에서 부정

표 4-9 **정치인 불신 패널조사 결과**

(단위: %)

11월＼12월	매우 동의	동의하는 편	동의하지 않는 편	전혀 동의 안 함
매우 동의	22.6	13.1	2.2	0.4
동의하는 편	6.3	32.5	5.9	0.7
동의하지 않는 편	1.0	4.9	5.6	1.1
전혀 동의 안 함	0.7	0.7	0.9	1.2

출처: 서베이몹 조사(2016. 11. 25; 2016. 12. 15)
*질문항: "현재 시국에서 야당들이 국민보다 자신들의 정치적 이익을 먼저 생각하고 있다."

답변으로 정치인에 대한 신뢰를 보인 응답 비율은 겨우 8.8%에 그친다. 이러한 결과를 평면적으로 보면 국민은 탄핵의 대상이 된 여당뿐만 아니라 야당에 대해서도 강하게 불신하고 있다고 해석할 수 있다.

패널조사의 장점을 바탕으로 11월과 12월 조사 사이에 응답자의 태도 변화를 다른 각도에서 세부적으로 파악해볼 수 있다. 상단의 음영 부분은 11월 조사보다 12월 조사에서 야당에 대해 조금이라도 우호적인 태도로 변한 시민의 비율을 보여준다. 반면에 하단의 음영 부분은 12월 조사에서 야당에 대해 비판적으로 태도가 바뀐 시민의 비율을 보여준다. 전체적으로 61.9%의 응답자들은 11월과 12월의 동일한 반복 조사에서 동일한 응답을 했다. 상단 음영의 기존 정치권에 대한 긍정적 태도 변화 비율은 전체의 23.4%이며, 하단 음영의 부정적 태도 변화 비율은 14.5%이다.[57]

이러한 변화는 촛불집회가 진행되면서 야당이 촛불집회를 정치적으로 이용한다고 보는 시각이 오히려 감소했다는 것을 보여준다. 또한 촛불집회가 기존 정치권에 대한 비난이나 불신을 확대시킨 것은 아니라는 것을 보여준다. 이러한 결과는 집회 참여자들에 대한 두 번의 조사에서 야당 의원들의 집회 참여를 수용한다는 응답 비율이 각각 91.6%와 89.2%라는 조사 결과와 더불어 기존 정치권에 대한 집회 참여자들의 거부감이 크지 않다는 것을 보여준다. 따라서 촛불집회로 인해 기존 정치에 대한 비판과 아울러 직접민주주의에 대한 요구가 강해진 것은 아니라는 것을 확인할 수 있다.

　이로써 한국에서 대의제 민주주의가 제대로 작동하지 못해 국정농단 사태가 발생하고 국민은 분노하여 촛불집회에 참가했지만, 참가자들이 더 강하게 직접민주주의를 요구하지는 않는다는 것을 확인했다. 촛불집회가 본격적으로 확대된 11월 이후 12월 조사에서 기존 정치에 대한 불신이 더 커진 사실을 발견할 수 없었다. 결론적으로 한국에서 정치 불신은 높은 수준이지만 촛불집회를 통해 더 심각해졌다는 증거는 찾을 수 없었다. 촛불집회 경험 여부나 시간 추이를 통해서도 직접민주주의에 대한 요구가 더 커진 것을 발견할 수 없었다.

만일 평화집회가 아니었다면

한국 정치에서는 정권에 대한 국민의 저항이 민주화에 크게 기여했다. 1987년 6월 민주화 항쟁을 보면 초기에는 경찰이 법 집행을 근거로 시위를 억제하거나 시위대를 강제로 해산하기도 했지만 공권력으로 통제할 수 있는 범위에서 벗어나면서 시민들의 참여가 폭발적으로 늘어나고 결국 정권이 대통령 직선제를 수용하는 성과를 가져왔다. 권위주의 정권에서 시민의 저항과 공권력의 무력적 방법에 의한 통제의 악순환은 2008년 5월과 6월에 광우병 관련 촛불집회가 평화로운 대규모 시민집회로 열리면서 그 고리를 끊는 시발점이 되었다. 정부가 평화로운 시민집회를 불법집회로 규정하고 공권력을 투입하는 억압적 행위가 중지된 것이다.

이번 촛불집회는 규모 면에서 2008년 촛불집회보다 훨씬 컸고 주말마다 지속적으로 전개되었다. 전 세계는 토요일마다 100만 명이 넘는 대규모 시위가 폭력이나 무질서 없이 치러지는 모습을 경이로운 눈으로 바라보았다. 집회 참가자들 역시도 평화시위에 큰 자부심을 갖고 질서를 해치려는 행동에 대해 스스로 자제하는 모습을 보여주었다. 사안에 대한 국민적인 공감대를 감안할 때 정부로서도 경찰력을 동원할 명분이 없었고 엄두도 낼 수 없는 상황이었다. 그동안 집회가 폭력적으로 변질된 주요 계기가 경찰의 강압적 무력 진압이었다는 점에서 볼 때 이번 촛불집회가 평화롭게 진행된 것은 집회의 행진 범위와 관련한 법원의 전향적인 태도뿐만 아니라 경찰의 자제가 한몫을 했다는 평가가 있다. 폭력집회의 촉발 계기를 제공하지 않았다는 점에서는 표면적으로 맞는 주장이지만 본질적으로 경찰이 공권력을 사용할 명분을 제공하지 않았다는 점에서 평화집회의 성과는 전적으로 참가한 시민들의 노력 덕분이다.

만일 이번 집회에 경찰의 강제 진압이 동원되었다면 어떠했을까를 상상해본다. 강제 진압과 폭력집회로 전개되었다면 정치권의 여야 간 강경 대립 및 국민 정서의 급격한 변화 등 정치 위기가 상상하기 어려운 지경에 이르렀을 것이며 헌법재판소의 국회 탄핵 인용 여부까지 기다릴 수 없는 급박한 상황에 직면했을지도 모른다. 여기서 비평화 집회가 가져왔을 총체적인 결과를 예측하고자 하는 것은 아니다. 촛불집회 참가자들의 집회에 대한 충성도 및 집회의 의미를 새로운 각도에서 살펴보고자 한다.

우선 '시민들이 촛불집회를 통해 정치에 관여하는 것은 정치 불안을 가져올 수 있다'라는 질문에 대한 시민들의 의견을 보면 그렇다는 의견이 다수를 차지하지 않았다. 〈표 4-10〉에서 응답자 전체의 의

표 4-10 **촛불집회와 정치 불안**

(단위: %)

구분		동의	반대	인원
촛불집회 참가 경험	있다	19.7	80.3	284명
	없다	36.0	64.0	901명
정치이념	진보	18.5	81.5	336명
	중도	30.0	70.0	524명
	보수	48.2	51.8	274명
전체		32.1	67.9	

출처: 내일신문—현대정치연구소 조사(2016. 12)
*질문항: "시민들이 촛불집회를 통해 정치에 관여하는 것은 정치 불안을 가져올 수 있다."

견을 보면 3분의 2 이상이 촛불집회가 정치 불안을 가져온다는 의견에 동의하지 않고 있다. 집단의 특성에 따라 의견의 차이가 있어서 불참자들이 참가자들보다 정치 불안을 우려하는 비율이 높다. 진보 성향의 응답자들 중에서는 18.5%만이 촛불집회가 정치 불안의 원인이 될 수 있다고 보는 데 비해 보수 성향의 응답자들 가운데에서는 절반에 가까운 48.2%가 촛불집회가 정치 불안을 가져올 수 있다는 우려를 하고 있다.

이 질문은 촛불집회에 대한 평가적 내용이므로 좀 더 직접적인 질문에 대한 응답을 살펴보도록 하겠다. 설문항 중에 '만일 촛불집회가 경찰과 충돌한다면 어떠한 입장을 취하겠습니까?'라는 내용이 있었다. 이 설문항은 서베이몹 조사(2016. 11. 26)와 광화문 촛불집회에 직접 참석한 사람들과의 대면 설문조사, 그리고 이들에 대한 추후 조사에 포함되었다. 이를 분석해보면 경찰과 충돌하더라도 참가하겠다는 비율이 참가를 철회하겠다는 응답보다 훨씬 높은 것으로 나타났다.

표 4-11 **경찰의 무력 통제 시 집회 참가 여부** (단위: %)

조사 시기	태도	계속 참가할 것	상황에 따라 결정할 것	참가하지 않을 것	인원
서베이몹 조사 집회 참가 경험자 대상(2016. 11. 25)		62.4	32.8	4.8	314명
광화문 참가자 면접 조사	1차(2016. 11. 26)	58.6	37.4	4.0	2,051명
	2차(2016. 12. 15)	70.4	27.0	2.6	530명

출처: 서베이몹 조사, 현대정치연구소 광화문 조사/2차 패널조사

〈표 4-11〉에 따르면, 평화집회가 경찰의 진압에 직면했을 경우에 참가하지 않겠다는 비율이 극히 낮다. 약 30%가량의 참가자들은 '그러한 상황이 생기면 상황에 따라 계속 참가할 것인지를 결정하겠다'고 유보적 입장을 취했다. 가장 높은 응답 비율을 보인 '계속 참가할 것'이라는 응답 항목은 세 번의 조사에서 모두 50%가 훨씬 넘었다. 특히 12월 조사에서는 상황에 따라 결정하겠다는 답변 비율이 줄고, 경찰과의 충돌에도 불구하고 계속 참가하겠다는 의지를 보인 응답자 비율이 늘어난 것을 확인할 수 있다.

촛불집회가 평화적으로 진행됨으로써 집회의 목적이 제대로 전달될 수 있었으며 지속적인 대규모 집회가 가능했다. 집회가 경찰과 충돌해도 계속 참가하겠다는 의사가 과반이 훨씬 넘을 뿐만 아니라 탄핵 이후 조사인 12월 조사에서 그러한 의지가 더 높아졌다는 것은 대통령의 즉시사퇴라는 요구가 성과를 거두지 못한 까닭이며 국회의 탄핵이라는 절차만으로는 시민의 분노가 가라앉지 않았기 때문이다. 또 다른 한편으로는 촛불집회를 통한 여론의 압력이 국회의 탄핵안

통과라는 정치적 결과를 가져왔다고 생각해 촛불집회를 높이 평가하고 있기 때문이기도 하다.[58]

〈표 4-12〉는 광화문 촛불집회 참가자들을 대상으로 두 번에 걸쳐 반복 조사한 결과이다. '촛불집회가 언제까지 지속되어야 하는가'라는 질문에 대한 1, 2차 답변을 교차분석한 것이다. 1차 조사 당시 '국회에서 탄핵안이 통과될 때까지'라고 응답했던 촛불집회 참가자들의 69%가 '대통령이 완전히 물러날 때까지'로 입장을 바꾸었다. 1차 당시 '헌재의 탄핵 결정 때까지'라고 했던 응답자들의 50%도 '대통령이 완전히 물러날 때까지'로 생각이 변했다.

이러한 변화는 탄핵 전후 박 대통령이 취한 태도를 보면서 집회 참가자들의 생각도 강경하게 바뀐 것으로 이해할 수 있다. 그렇게 생각할 수 있는 이유는 탄핵 이후 국민들의 분노가 사실상 줄어들지 않았다는 것이 확인되었으며, 특히 40대 이상의 연령층에서 국회의 탄핵안 통과 이후 분노의 감소와 증대가 비슷한 비율로 나타났기 때문이다. 저연령층에 비해 상대적으로 박 대통령에게 관대했던 고연령층

표 4-12 **국회 탄핵안 통과 전후 대통령 거취에 대한 의견 변화**

(단위: %)

11월 조사 \ 12월 조사	특검 조사가 끝날 때까지	헌재의 탄핵 결정 때까지	대통령이 완전히 물러날 때까지	이젠 그만 멈추어야
국회에서 탄핵안이 통과될 때까지	18.0	13.0	69.0	0.0
특검 조사가 끝날 때까지	41.0	0.0	59.0	0.0
헌재의 탄핵 결정 때까지	9.0	38.0	50.0	3.0

출처: 서베이몹 조사

이 오히려 분노를 삭이지 못하고 있는 상황이었다.

그렇다면 왜 국회 탄핵안 통과 이후에도 촛불집회 참가자들을 비롯한 시민들의 분노는 좀처럼 가라앉지 않은 것일까? 그 이유는 촛불집회에서 주장한 것이 대통령의 사퇴였기 때문이다. 탄핵안 통과가 대통령 사퇴를 위한 법적 절차이지만 다수의 시민들은 대통령의 즉시사퇴를 원했기 때문에 즉시사퇴 내용이 포함되지 않은 대통령의 세 번에 걸친 대국민담화에 분노가 줄어들지 않고 촛불집회도 지속되었던 것이다. 매주 계속된 집회에서 시민들의 요구에도 불구하고 대통령의 거취는 물론 비리와 관련된 대통령의 사과도 제대로 이루어지지 않으면서 집회의 영향력에 대한 기대가 낮아지게 되었고, 이러한 일련의 과정이 참가자들의 분노를 감소시키지 못했다. 〈표 4-13〉은 이번 비리 사건에 대한 시민들의 정서를 들여다볼 수 있는 정보를 제공한다.

10월에 시작된 촛불집회는 겨울 내내 계속되었다. 추운 날씨에도 매번 수십만에서 100만에 이르는 시민들이 대통령의 사퇴를 외쳤지만 청와대는 냉담했다. 따라서 촛불집회가 대통령의 거취에 미치는 영향력이 기대한 것만큼 크지 않다는 의견이 증가했다. 〈표 4-13〉에서 보듯이 세 번의 조사에서 대통령 거취에 촛불집회가 미치는 영향이 매우 크다는 의견은 38%에서 31.2%로 떨어졌다. 하지만 여기에 대한 시민의 반응은 실망에 그치고 있지 않았다. 촛불집회를 통한 시민들의 요구를 대통령이 외면하는 것에 대해서 시민들의 참여 욕구가 오히려 더 높아진 것을 볼 수 있다.

'대통령의 거취에 변화가 없다면 앞으로 촛불집회에 참가할 의사가 있는가'를 묻는 질문에 대하여 '반드시 참가할 것'이라는 응답 비

표 4-13 **촛불집회의 영향력과 향후 참가 의사**

(단위: %)

구분	촛불집회의 영향력		향후 참가 의사	
	응답 문항	비율	응답 문항	비율
1차 조사 (2016. 11. 14)	매우 크다	38.0	반드시 참가	31.3
	어느 정도 크다	44.9	아마 참가	36.7
2차 조사 (2016. 11. 25)	매우 크다	37.3	반드시 참가	31.1
	어느 정도 크다	46.3	아마 참가	42.2
3차 조사 (2016. 12. 15)	매우 크다	31.2	반드시 참가	30.8
	어느 정도 크다	49.2	아마 참가	57.1

출처: 서베이몹 조사

율은 높아지지 않았다. 그러나 '아마 참가할 것'이라는 적극적인 촛불집회 응원 태도의 비율이 11월 중순의 1차 조사에서 36.7%였는데 한 달 후 3차 조사에서는 57.1%까지 높아졌다. 국민은 여론을 무시하는 대통령을 더 강하게 압박하겠다는 의지를 보인 것이다. 이 같은 의지의 발로는 비리 사건에 대한 국민의 분노가 지속되고 있었다는 것을 확인시켜준다. 이러한 정서를 바탕으로 볼 때 집회가 경찰과 충돌한다 해도 집회 참가를 멈추지 않겠다는 답변이 절반을 훨씬 넘는 결과는 충분히 이해할 수 있다.

촛불집회 불참자들의
탄핵에 대한 입장

촛불집회가 대규모 집회로 확대되면서 시민들의 전반적 정치 의사라는 주장과 박근혜 정부를 반대하는 집단의 정치집회라는 평가가 충돌했다. 전자의 주장은 대다수의 시민들이 박 대통령의 탄핵이나 사퇴에 동의하지만 촛불집회에 참가할 여건이 되지 못하기 때문에 직접 참가하지 않는다는 것이다. 이러한 주장은 여론조사에서 대통령 탄핵에 대한 찬성 비율이 항상 70%가 훨씬 넘는 것을 증거로 제시한다. 반면에 박근혜 대통령을 비판하는 정치적 동원이라는 시각에서 보면 집회 참가자들은 이번 비리 사건을 빌미로 보수정권에 대해 정치적 공세를 펴는 것에 지나지 않는다는 것이다.

이러한 상반된 주장을 평가하기 위해서는 참가자들의 특성에 대한 다각적인 분석이 필요하다. 단순히 참가 여부만으로 촛불집회의 취지에 동의하는지 여부를 섣불리 판단할 수 없다. 왜 참가하지 않았는지, 참가 의사는 있는지 등을 경험적으로 확인해보아야 한다. 설문에서는 불참자들을 대상으로 참가하지 않은 이유를 추가적으로 물었다. 〈표 4-14〉는 촛불집회에 참가하지 않은 이유를 분석한 것이다. 우선 눈에 띄는 점은 불참 이유 중 '시간이나 여건이 허락지 않아서' 참가하지 못했다는 답변이 대다수를 차지한다는 사실이다. 참가하지 않은 응답자 세 명 중 두 명꼴로 개인적 여건이 허락되지 않아서 참가하지 못했다고 답변했다. 한편 대통령의 사퇴를 요구하는 집회에 반대하기 때문에 참석하지 않았다는 비율은 13.1%로 나타났다.

불참 이유와 함께 향후 대통령의 거취에 변화가 없으면 촛불집회에 참여할 의사가 있는지를 추가로 질문했다. 이 추가 설문항을 통해 응답자의 의도를 좀 더 자세히 파악할 수 있다. 불참 이유가 '시간이나 여건이 되지 않아서'라고 답한 응답자들이 여건이 된다면 촛불집회에 참가할 것이라고 볼 수는 없다. 이들 중 22.6%가 앞으로도 집회에 참가할 의사를 갖고 있지 않다고 답했다. 그 이유는 앞으로도 여건이 허락지 않을 것이라 예측하기 때문일 수도 있지만 집회에 참가할 정도

표 4-14 **촛불집회 불참 이유와 향후 참가 의사**

(단위: %)

참가하지 않은 이유	비율	향후 참가 의사		인원
		있다	없다	
시간이나 여건이 되지 않아서	65.7	77.4	22.6	593명
별로 관심이 없어서	8.9	17.3	82.7	81명
집회 목적에 찬성하지 않아서	13.1	8.4	91.6	119명
기타	12.3	42.7	57.3	110명

출처: 내일신문─현대정치연구소 조사(2016. 12)

로 대통령의 탄핵을 강하게 원하지 않거나 혹은 정치 참여라는 자체에 대한 부담감이 크기 때문일 수도 있다.

한편 이번 사태에 별 관심이 없다고 답한 응답자의 속내는 대체로 탄핵을 마땅치 않게 여기고 있다는 것을 알 수 있다. 관심이 없다고 답한 응답자들 중 82.7%가 대통령의 거취에 변화가 없을 때에도 집회에 참여할 의사가 없다고 답했다. 당연히 촛불집회의 목적에 동의하지 않기 때문에 불참한다는 집단에서는 90%가 넘는 대부분이 향후에도 집회에 참가하지 않겠다고 답했다.

그런데 촛불집회에 참가하지 않은 시민들이 대통령 탄핵에 찬성하지 않는 집단이라고 해석하는 것은 타당하지 않다. 좀 더 구체적으로 설명하면 2016년 말 기준으로 촛불집회에 참가해본 국민은 24% 정도이며, 또 다른 44%는 촛불집회에 참여할 의사가 있을 정도로 강하게 지지하고 있다는 것을 확인할 수 있다. 따라서 촛불집회 참가자들은 대통령 사퇴 요구를 행동으로 나타낸 국민의 일부이며, 대통령의 사퇴가 이루어지지 않는다면 앞으로 참가자들이 계속 늘어날 것이라고 생각해볼 수 있다. 이러한 예측은 현실로 나타났다. 주최 측에 따르면 3월 10일 헌법재판소의 탄핵 결정을 앞두고 3월 9일 19차 촛불집회에 90만 명이 참여했고, 탄핵 후 마지막 열린 집회에도 70만 명 이상이 참가했다.

다른 조사 결과를 이용하여 좀 더 구체적으로 집회 불참자들의 대통령 거취에 대한 의견을 분석해보았다. 〈표 4-15〉는 서베이몹에서 11월과 12월에 조사한 결과를 불참 이유와 교차분석한 결과이다. 11월 조사 결과를 보면 전체적으로 불참자의 53.5%가 대통령의 즉시사

표 4-15 **불참 이유와 대통령 거취에 대한 의견**

(단위: %)

구분	11월 조사(국회 탄핵 이전)				12월 조사(국회 탄핵 이후)	
	즉시사퇴 (조기사임)	국회 탄핵 절차	2선 후퇴	임기 유지	즉시 사퇴	헌재 판결 기다려야
시간이나 여건이 되지 않아서	68.0	19.5	8.5	2.4	77.5	22.5
별로 관심이 없어서	46.6	20.0	0.0	13.3	33.3	66.7
집회 목적에 찬성하지 않아서	17.6	17.3	3.8	61.5	7.7	92.3
전체	53.5	19.3	7.7	9.6	68.8	31.2

출처: 서베이몹 조사(2016. 11. 25; 2016. 12. 16)

퇴를 원하고 있으며 19.3%가 국회에서 탄핵 절차를 밟아야 한다는 입장이다. 그런데 국회의 탄핵 절차에 따라야 한다는 의견은 법 절차에 따라 사퇴해야 한다는 뜻으로 해석할 수도 있고, 다른 한편으로는 최종적인 법적 판단이 나올 때까지 기다려야 한다는 유보적 뜻으로도 해석할 수 있다는 면에서 일방적 해석이 어렵다. 반면에 2선 후퇴나 임기 유지는 대통령의 사퇴에 반대함을 뜻한다. 따라서 즉시 사퇴와 2선 후퇴 및 임기 유지라는 두 가지 명백한 입장을 비교분석 해보았다.

　11월 조사에서 대통령 탄핵 정국에 별 관심이 없어서 집회에 참가하지 않았다는 응답자들 중 46.6%가 즉시사퇴를 원했지만 국회 탄핵안 통과 이후에는 오히려 그 비율이 33.3%로 줄어들었다. 앞의 분석에서 현재의 사태에 무관심하다는 응답자들 대부분이 앞으로도 집회 참여 의사가 없는 것으로 확인된 것과 일관된 의미를 보여준다. 탄핵 사태에 관심이 없다는 응답자의 실제 마음은 대체로 즉시사퇴는 반대하는 것으로 해석하는 것이 타당하다. 집회의 목적에 동의하지 않아서 참가하지 않는다는 응답자들의 탄핵에 대한 태도는 국회에서 탄핵안이 통과된 이후 더 명백해졌다. 탄핵 이전에는 17.6%가 대통령의 사퇴에 찬성했지만 12월 조사에서는 7.7%로 줄어들었고 헌재의 판결을 기다려야 한다는 입장이 늘어났다. 이처럼 촛불집회에 불참한 시민들 중 집회에 소극적이거나 반대하는 태도를 가진 시민들은 국회의 탄핵 이후 입장이 사퇴 반대로 더욱 강해진 것을 알 수 있다.

개인적인 시간이나 여건으로 인해 집회에 참가하지 못했다는 응답자들 중 68%가 탄핵 절차를 밟기 전에 대통령의 사퇴를 바라고 있으며, 사퇴를 반대하는 입장의 응답자는 2선 후퇴와 임기 유지의 의견을 합친 10.9%에 지나지 않는다. 국회의 탄핵 이후 즉각사퇴를 원하는 방향으로 입장이 변한 응답자는 9.5%p 증가했다. 11월에 즉시 사퇴를 요구하던 응답자가 12월 조사에서도 같은 입장을 견지했다고 단순하게 가정해보면 11월 조사에서 국회의 탄핵 절차를 밟아야 한다고 답한 응답자 중 9.5%가 12월 조사에서 사퇴 요구로 돌아선 셈이다. 그리고 나머지 12.1%는 헌재의 결정을 기다려야 한다는 입장을 택한 것으로 추정할 수 있다.

그렇다면 국회의 탄핵안 통과 이전인 11월 조사에서 국회의 탄핵 절차를 따라야 한다고 생각하는 응답자들 중 탄핵안 통과 이후에는 헌재의 판결을 기다려야 한다고 의견을 바꾼 사람들이 더 많거나 표본오차를 감안하면 별 차이가 없다고 판단하게 된다. 그러나 그러한 추정은 잘못된 것이다. 11월과 12월 조사에서 사퇴를 요구한 응답자들이 모두 의견을 바꾸지 않았으리라는 가정이 비현실적이기 때문이다. 두 번의 조사가 각각 다른 표본을 이용했다면 11월 조사 응답자들의 입장 변화를 확인할 수 없기 때문에 전체 의견의 변동만을 통해 추정이 가능할 뿐이다.

〈표 4-16〉은 11월과 12월 조사가 동일한 응답자들을 반복 조사한 패널조사이기 때문에 자료 특성상의 장점을 이용하여 국회의 탄핵안 통과 이후 응답자들의 의견이 어떻게 달라졌는지를 분석한 결과이다. 집회의 불참 이유가 '시간이나 여건이 되지 않아서'라고 답변한 응답자들만 선택하여 분석한 것으로 〈표 4-15〉에 나온 첫 번째 행의 값과 비교하여 볼 수 있다.

표를 보면 11월 조사에서 대통령의 사퇴를 요구했던 응답자 가운데 14.5%는 헌재의 판결을 기다리는 쪽으로 의견을 바꿨다. 탄핵안 통과 전인 11월 조사에서 국회의 탄핵 결정에 따라야 한다는 의견을 가진 사람들 중에서 탄핵안 통과 이후에 대통령의 사퇴로 의견을

표 4-16 **11월과 12월 패널조사 분석**

(단위: %)

12월 조사 11월 조사	즉시 사임해야	헌재 판결 기다려야	인원
즉시사퇴(조기사임)	85.5	14.5	296명
국회 탄핵 절차	69.9	30.1	83명
2선 후퇴	50.0	50.0	36명
임기 유지	10.0	90.0	10명
전체	77.6	22.4	425명

출처: 서베이몹 조사(2016. 11. 25; 2016. 12. 16)
*'시간이나 여건이 되지 않아서'라고 답한 응답자만 대상으로 분석한 결과임.

바꾼 경우가 69.9%로 국회의 탄핵안 통과와 헌재의 판결이라는 법적 절차의 원칙을 그대로 유지한 응답자 비율 30.1%보다 2배가 넘는다. 응답자의 수를 보아도 즉시사퇴에서 헌재의 판결을 기다려야 한다고 태도를 바꾼 응답자는 37명인 데 비해 국회의 탄핵 절차를 따라야 한다는 입장에서 즉시 사임해야 한다고 강경한 태도로 바꾼 응답자가 58명으로 훨씬 많다.

정리하면 촛불집회 불참자들의 대통령 거취에 관한 응답 중 '탄핵 절차에 따라야 한다'는 응답의 의미를 해석하기 위해서는 추가적인 정보가 필요했다. 일단 촛불집회에 참가하지 않았기 때문에 대통령 퇴진에 명백히 찬성하는 태도를 가졌다고 볼 수 없다. 또한 절차에 따라야 한다는 의견이 의미하는 것이 대통령의 사임을 원하지만 제도적 방식에 따라야 한다는 것인지 혹은 사퇴 반대의 완곡한 표현인지 확인할 수 없다. 패널자료를 활용해 분석하면 두 번의 조사 사이에 응답자들의 변화를 확인할 수 있다는 장점이 있다. 국회의 탄핵 절차 준수를 선호하던 응답자들이 탄핵안 통과 이후 헌재의 판결을 기다려야 한다는 의견으로 전환된 비율은 30%에 지나지 않으며 오히려 대통령의 사퇴를 요구하는 의견으로 변동된 비율이 다수였다.

그러나 국회의 탄핵 절차 준수를 옹호하던 응답자들 다수의 속내가 애초부터 사퇴 요구 의사가 강했다고 단정할 수는 없다. 초기에는 대통령 사퇴에 소극적이었던 국민들이 대통령의 대처나 새로 밝혀진 비리에 대해 분노하면서 강경한 입장으로 바뀌었을 가능성도 무시할 수 없기 때문이다. 앞의 두 번의 설문조사 기간 동안 2016년 11월 29일 대통령의 제3차 대국민담화가 있었는데 이에 대한 국민의 반응은 냉담했다.[59] 또한 12월 21일에 특검이 개시되면서 비리와 관련하여 밝혀진 사실들이 응답자들의 태도에 영향을 미쳤을 가능성이 있다. 따라서 국회의 탄핵 절차를 따라야 한다는 응답자 대부분이 탄핵에 찬성하는 입장인지 혹은 반대하는 입장이었는지 단정지을 수는 없다.

만일 대통령이 스스로 사퇴했다면 법적 처벌은?

비록 대통령은 국민 다수가 요구하는 사퇴를 하지 않고 헌법재판소의 탄핵 인용으로 탄핵되었지만, 만일 대통령이 스스로 사퇴했다면 국민들은 대통령에 대한 처벌을 어떻게 해야 한다고 생각했는지 확인해 볼 필요가 있다. 헌법재판소가 대통령 탄핵을 인용하고, 탄핵된 대통령을 사법 처리하는 과정에서 대통령의 구속 여부는 또 하나의 갈등 요인이 되었다. 탄핵 판결 이전과 그 직후에 탄핵을 반대하는 태극기 집회가 상당한 규모로 열렸다. 여기에 사법적 판단에 따라 유죄가 인정되면 차기 대통령은 정치적 사면 검토 등 상당한 부담을 갖게 된다. 이러한 논의들은 기본적으로 사법적 판단에만 따르지만 정치 영역에서 고려할 사항이 있다.[60]

〈표 4-17〉에 제시된 대통령의 탄핵 이후 사법 처리에 대한 의견 분포를 분석해보았다. 11월과 12월 조사 모두에서 '대통령이 스스로

표 4-17 **대통령의 사법 처벌에 대한 찬성과 반대**

(단위: %)

11월 조사　　　　12월 조사	처벌 반대	처벌 필요	인원
처벌 반대	65.8	34.2	149명
처벌 필요	6.4	93.6	660명
전체	17.3	82.7	809명

출처: 서베이몹 조사(2016. 11. 25; 2016. 12. 16)

사임한다면 법적 처리를 할 필요가 없다'는 의견에 찬성하는 비율은 20%에 미치지 못했다. 두 번의 조사 사이에 변화가 있었는지를 살펴보면 11월 조사에서 찬성한 응답자의 65.8%, 그리고 반대한 응답자의 93.6%가 의견을 바꾸지 않았다. 전체적으로 88.5%의 응답자들이 의견 변화가 없었다. 입장이 바뀐 경우를 보면 처벌에 반대하는 응답자들 중 처벌에 찬성하는 입장으로 돌아선 비율은 34.2%(51명)이고, 처벌에 찬성하는 응답자들 중 처벌에 반대하는 입장으로 돌아선 비율은 6.4%(42명)이다. '처벌 반대'에서 '처벌 필요'로 돌아선 비율이 그 반대로 변한 응답자 비율보다 많다.

　결과적으로 사퇴를 거부한 대통령에 대해 시간이 지날수록 사퇴 이후에도 처벌해야 한다는 여론이 강해졌다. 이러한 대통령 처벌에 대한 여론이 더 커지게 된 계기 중 하나는 국회의 탄핵안 통과이다. 탄핵안이 통과된 것은 대통령이 스스로 사퇴할 수 있는 시기를 놓친 것이며 대통령이 사퇴할 의사가 없다는 것을 확인하는 계기가 되었던 것이다.

　사퇴 이후에 처벌을 해야 한다거나 혹은 처벌할 필요가 없다는 이유는 무엇인지 확인해보았다. 〈표 4-18〉에 따르면, 법적 처벌에 반대한다는 의견에서 가장 빈도수가 높은 이유는 대통령이 사퇴한 것 자체만으로도 무거운 처벌을 받은 것이기 때문에 거기에 더하여 사법적 처벌까지 가하는 것은 과도하다는 것이다. 대통령의 사퇴는 큰 불명예이며 정치 생명이 끝난 것을 의미하는데 여기에 더하여 고통을 주는 것은 심하다는 감성적 판단이 포함된 것이다. 다음으로 대통령이 최순실에게 속았고 사익을 챙기지 않았다는 시각, 그리고 대통령의 추가적 처벌은 국가적 망신이라는 의견들은 각각 16.2%로 같은 비율이다. 대통령에 대한 측은한 마음에 따른 처벌 반대 이유는 극히 적다.

반면에 법적 처벌을 해야 한다는 의견으로는 대통령의 사퇴와 불법행위에 대한 처벌은 별개의 사안이라는 입장이 압도적이다(75.9%). 이러한 주장은 대통령의 비리와 관련된 문제를 감성적으로 처리해

표 4-18 **대통령 사법 처벌에 대한 태도와 이유**

(단위: %)

처벌 반대 이유	비율	처벌 찬성 이유	비율
스스로 사임한 것만으로도 처벌받은 것이므로	47.2 (67명)	사임 여부와 관계없이 불법행위는 처벌해야 하므로	75.9 (508)
대통령도 최순실의 국정농단에 속은 것이므로	16.2 (23명)	탄핵안이 이미 통과되어 사임이 의미가 없으므로	2.1 (14)
대통령이 자신의 사익을 챙긴 것이 아니므로	16.2 (23명)	다른 관계자는 처벌하고 대통령은 처벌하지 않으면 공평하지 않으므로	11.4 (76)
대통령을 법적으로 처벌하는 것은 국가 망신이므로	16.2 (23명)	대통령이 진심으로 반성하고 있지 않으므로	10.6 (71)
그냥 불쌍하거나 측은하므로	4.2 (6명)	-	-

출처: 서베이몹 조사(2016. 12. 16)

서는 안 된다는 논리에서 출발한다. 다음으로 불법적 비리 관련자들을 처벌하는 데 대통령만 예외가 되어서는 안 된다는 주장도 상당수에 이른다(11.4%). 뿐만 아니라 대통령이 사퇴해도 이는 여론에 밀려서 어쩔 수 없이 결정한 것이지 대통령이 진심으로 자신의 과오를 반성하지 않고 있다는 평가도 10%가 넘는다. 처벌에 찬성하는 응답자가 669명이며 이 중 508명이 사임이라는 정치적 결정과 불법행위에 대한 처벌이 별개의 문제라는 입장인데, 이는 전체의 75.9%에 달한다. 결국 국민의 절반 이상은 대통령이 사퇴해야 하며 그 이후에도 법적인 책임으로부터 자유로워서는 안 된다고 생각한다고 보아야 한다.

대통령의 거취 및 사법적 처벌에 대한 판단을 이해하기 위해서는 이번 비리 사건을 국민들이 어떻게 인식하고 있는지 파악해야 한다. 일반적으로 알려지기를, 대통령이 사퇴한 이후 사법적 처벌을 원치 않는 측에서는 최순실의 농간에 대통령이 이용당한 것이며, 재벌들이 최순실이 주도한 각종 재단에 기부를 한 것도 대통령에 의한 강제 기부가 아닌 것으로 생각한다는 것이다.

법적 처벌을 반대하는 측에서는 대통령의 잘못이 없다는 의견이 대다수인지 혹은 잘못은 있지만 탄핵에 이를 정도는 아니라고 생각하는 것이 주류인지 확인해볼 필요가 있다. 조사 결과를 통해 확인하고자 하는 바는 일반적으로 추측하는 것과 달리 대통령의 사법 처리를 원하는 집단과 원하지 않는 집단의 정치 정서에 상당한 차이가 있는지 여부이다. 〈표 4-19〉에 제시된 결과들은 대통령의 거취에 관해 '정상적으로 임기를 마쳐야 한다'고 답한 응답자들을 제외하고 분석한 것이다. 대통령이 조기사퇴한 이후의 법적 처벌 여부에 관한 질문

표 4-19 **사법 처벌과 촛불집회 참여 및 분노 수준**

(단위: %)

구분	촛불집회 참가 경험		탄핵 통과 후 분노 변화			인원
사법 처벌 필요성	있다	없다	줄어듦	비슷함	늘어남	
찬성	41.1	58.7	20.6	67.2	12.2	113명
반대	42.5	57.5	30.1	55.8	14.2	647명

출처: 서베이몹 조사(2016. 12. 16)

이므로 애초에 대통령 사퇴를 반대하는 응답자들에게는 해당되지 않기 때문이다.

사법 처리의 찬성 측과 반대 측을 구분하여 촛불집회 참가 경험을 비교해보면 두 집단 모두에서 참가 경험이 있다는 답변이 40%가 약간 넘는 정도로 오차범위 내에서 차이가 없다. 이처럼 집회 참가 비율이 별 차이를 보이지 않는다는 것은 대통령의 사법 처리에 대한 반대와 사퇴에 대한 반대는 별개의 문제이며, 사퇴에 찬성한 경우에도 법적 처벌은 반대하는 의견이 있을 수 있다는 것을 보여준다. 자료를 좀 더 분석해보면 대통령의 거취에 대하여 즉각사퇴를 원하는 응답자들 가운데에서도 12.6%는 법적 처벌에 반대하며, 국회의 탄핵 절차를 따라야 한다고 생각하는 응답자들 중에서는 18.9%가 처벌에 반대하는 것으로 나타났다.

사법 처벌을 원하는지 여부와 탄핵안 통과 이후 분노 변화의 관계를 논리적으로 생각해보자. 사법 처벌을 반대하는 입장에서는 탄핵만으로도 적절한 처벌이라고 생각하기 때문에 탄핵안 통과 이후에 분노가 줄어들었다는 비율이 처벌 찬성 집단보다 높을 것이라 예상하게 된다. 〈표 4-19〉에서 보는 바와 같이 경험적 결과 역시 예상과 일치했다. 처벌 찬성 집단에서 분노가 감소했다는 비율이 20.6%인 데 비해 처벌 반대 집단에서는 30.1%까지 높아졌다. 처벌 반대자들은 탄핵안 통과만으로도 대통령에 대한 처벌이라고 생각하는 비율이 높다.

그런데 흥미롭게도 예상과 다른 점은 분노가 증가했다는 응답비율이다. 처벌 찬성 집단에서 분노가 증가했다는 응답이 12.2%인데 처벌 반대 집단에서는 그보다 높은 14.2%로 나타났다. 오차범위 내이므로 두 집단 사이의 분노 상승 비율은 거의 차이가 없지만, 논리적 예상으로는 처벌 반대 집단에서 탄핵 이후 분노가 상승했다는 응답의 비율이 매우 적을 것으로 내다보았다. 이처럼 두 집단 사이에 분노가 상승했다는 응답의 비율이 비슷하다는 것은 대통령에 대한 사법 처리를 반대하기는 하지만 탄핵에 즈음하여 대통령의 처신이 적절하지 못한 것에 대한 시민 대부분의 분노가 반영된 것으로 추측할수 있다.[61]

결과적으로 대통령 사임 이후의 사법 처리에 대한 찬반을 구분해보았을 때 처벌 반대 측이 촛불집회 참여에 소극적이지 않았다는 것을 확인했다. 또한 탄핵안 통과 이후 분노가 가라앉았다는 비율이처벌 반대 측에서 좀 더 높게 나타났지만 분노가 더 커졌다는 비율은처벌 찬성 집단과 별로 다르지 않았다.

그렇다면 사법 처벌 필요성의 여부가 혹시 대통령 관련 비리 사건에 대한 인식의 차이에 그 원인이 있는 것은 아닐까 생각해볼 수있다. 즉 처벌 찬성 측에 비해 처벌 반대 측이 비리 사건에 대한 대통령의 책임이 적다고 생각하거나 이 문제가 상대적으로 덜 심각하다고 생각하기 때문에 탄핵이나 사퇴 이후의 처벌에 소극적일 수 있다. 〈표 4-20〉에 나타난 결과를 요약하면, 처벌 반대 측 역시 비리 사건과 관련하여 상당 부분 대통령에게 책임이 있다는 것은 인지하고 있다. 처벌 찬성 측과 비교하면 정도의 차이는 있지만, 인식의 분포를 보면 처벌 찬성과 반대의 양측 인식에 서로 배치되는 정도의 차이는 나타나지 않는다.

구체적으로 수치를 살펴보자. 탄핵 사유들 중 최순실의 비리에 대한 대통령의 인지 여부는 바로 대통령의 책임 여부와 직접적으로 관련된 사항이다. 처벌 찬성 측은 대통령이 '거의 다 알고 있었다'는 의견이 83.2%로, 처벌 반대 측의 59.3%와 비교하면 20%p 이상 높다. 그러나 어느 정도 이상 알고 있었다는 답변까지 합하면 처벌 찬성 측은 97.0%이고 처벌 반대 측은 91.2%이다. 수치적으로 보면 두 집단 사이에 5%p 이상 차이가 나기는 하지만 처벌 반대 측 역시도 거의 대부분 대통령이 최순실의 비리에 대해 일부 이상을 알고 있었다고 생

표 4-20 **사법 처벌과 사태 인식**

(단위: %)

구분	최순실이 저지른 비리를 그동안 대통령은 얼마나 알고 있었다고 생각하나?				이번 최순실 비리 사건으로 현재 국가가 얼마나 심각한 위기에 빠졌다고 생각하나?			
사법 처벌 필요성	거의 다 알고 있었다	일부만 알고 있었다	거의 모르고 있었다	전혀 모르고 있었다	전혀 위기가 아니다	별로 위기가 아니다	약간 위기이다	매우 위기이다
찬성	83.2	13.8	2.0	1.1	1.7	4.6	16.4	77.3
반대	59.3	31.9	5.3	3.5	8.0	10.6	28.3	53.1

출처: 서베이몹 조사 (2016. 11. 25)

각하는 셈이다. 대통령이 '전혀 혹은 거의 모르고 있었다'고 생각하는 처벌 반대론자들은 8.8%에 불과하다.

　대통령의 비리 여부와 함께 대통령에 대한 사법 처리의 찬반 태도에 영향을 미칠 수 있는 또 다른 요인은 이번 사건이 얼마나 중대하게 국가에 해를 끼친다고 생각하는지 여부이다. 이번 비리 사건이 얼마나 국가를 위기에 빠뜨렸는지에 관한 설문 결과를 분석해보면 처벌 찬성 측에서는 이 사건으로 인해 국가가 '매우 심각한 위기'라는 답변이 75%가 넘는다. 반면에 처벌 반대 측에서 '매우 심각한 위기'라고 보는 의견은 53.1%로 처벌 찬성 집단에 비해 훨씬 낮다. 하지만 '약간 위기'라는 답변까지 합하여 보면 처벌 찬성자들의 93.7%와 처벌 반대자들의 81.4%가 여기에 해당된다. 즉 이번 비리 사건이 국가에 상당한 정도의 폐해를 가져왔다는 의견이 양측 모두에서 대다수를 차지한다.

　경험적 분석 결과, 처벌 찬성 측과 처벌 반대 측이 생각하는 대통령의 책임 정도와 국가에 미친 폐해 등에 관한 의견 분포는 대체적으로 다르지 않았다. 그렇다면 처벌 찬성과 처벌 반대의 입장 차이는 사퇴의 의미에 대한 해석이 다르기 때문에 생긴 것이라 볼 수 있다. 처벌 반대를 주장하는 측은 사퇴가 대통령으로서 가장 불명예이며 정치적 생명의 끝이라는 뜻이 되므로 대통령에 대한 충분한 정도의 처벌이 된다고 생각하는 것이다. 실제로 앞에서 제시한 〈표 4-18〉에서도 처벌 반대 이유로 절반에 가까운 응답자들이 택한 것이 바로 '사임한 것만으로도 처벌받은 것이므로'라는 답변이었다.

　요약하면 비록 촛불집회가 요구한 대통령의 사퇴는 이루어지지 않았지만, 사퇴했다 하더라도 대다수의 국민들은 사퇴와 별개로 사법적인 판단에 의한 처벌이 이루어져야 한다고 생각했다. 처벌을 반대한 의견도 있었는데 그 이유는 비리 사태에 대한 대통령의 책임이 적다거나 또는 이번 사태가 국가를 위기에 빠뜨리지 않았다는 것이 아니었다. 단지 다수의 처벌 반대자들은 처벌 찬성자들에 비해 대통령 사퇴의 의미를 더 무겁게 받아들였을 뿐이다.

탄핵은 끝인가, 시작인가

사건이 일어나면 통상 사건이 일어난 배경이나 원인을 진단한다. 세상을 바라보는 시각이 사회 집단마다 다르기 때문에 사건의 해석과 원인 진단도 다양하다. 그러나 문제에 대한 원인 진단은 바로 문제를 해결하려는 방향과 직결되기 때문에 통상 치열한 논쟁이 야기된다. 박근혜─최순실 국정농단 사건에 대한 원인 진단도 다양하다. 지금까지의 논의를 정리해보면 크게 세 가지 수준에서 원인을 진단해왔다. 첫번째로는 박정희 식 유신 통치를 답습하려 한 듯한 박근혜 대통령의 권위주의적 통치행태이고, 두 번째로는 대통령에게로 권력 집중을 허용한 1987년의 헌정체제이다. 그리고 마지막으로 가장 심층에서 작용한다고 지적되는 원인은 IMF 위기 이후 양극화를 구조화해온 신자유주의 체제라는 것이다. 물론 이 세 가지 모두가 박근혜─최순실 국정농단 사건의 원인이자 촛불집회의 동력으로 작용했을 것이다. 사람들은 개인이나 정치 세력의 입장에 따라 어느 하나를 강조하고 향후 개혁 과제를 둘러싼 논쟁을 한다.

박근혜 대통령의 유신통치 코스프레와 대통령 측근들의 사익 추구가 국정농단 사태를 가져왔다는 것은 대다수 사람들이 공감하는 견해이다. 이 입장에서 해결 방안은 국정농단과 공작정치의 여러 사안들에 대해 철저한 조사를 실시하고 이러한 사태가 재발하지 않도록 개혁 조치를 하는 것이다. 특히 문화계 블랙리스트 사건에서 나타난 것처럼 공작정치에 연루되어온 안기부, 검찰 등 공안기관에 대해서는 인적쇄신 등 내부의 일대 혁신이 요청된다. 또한 지역주의를 통해 수구적인 정치 세력을 온존시켜온 기존 선거제도에 대한 개편 또한 추진될 것이다.

다음으로 대통령에게 권력이 과도하게 집중되어 정부마다 권력형 비리 사건이 발생했기 때문에 권력 구조를 제왕적 대통령제에서 분권형으로 바꾸어야 한다는 의견을 보자. 이러한 견해는 대통령 선거 전에 헌법을 개정해야 한다는 자유한국당과 국민의당 등 야권 일부의 주장으로 이어졌다. 대선 전 개헌은 문제의 초점을 흐리게 하려는 여권의 의도가 깔려 있어 여론의 지지를 받지 못했다. 그러나 개헌의 필요성에 대한 국민적 공감이 어느 때보다 크기 때문에 다음 정부에서 개헌이 추진되어야 한다는 의견이 다수의 지지를 받았다.

마지막으로 경제적 양극화와 사회적 불공정성에 대한 불만이 2016년 광화문 촛불의 동력이라는 의견을 보자. 이 견해는 주로 진보진영에서 제기되었다. 광장의 촛불은 '대통령과 최순실의 국정농단에 대한 분노를 표출하고 있지만, 그 심층에는 헬조선으로 표현되는 신자유주의의 부작용을 실존의 차원에서 겪는 사람들의 누적된 분노가 촛불의 동력'이라는 것이다(손호철, 프레시안, 2016. 11. 21; 최장집, 동아일보, 2017. 2. 6). 여기에 "돈 많은 부모 만나는 것도 실력"이라는 정유라의 한마디가 기름을 부어 청년, 청소년들의 분노를 폭발시켰다. 이들이 '박근혜 이후 살고 싶은 사회'는 "열심히 일하는 부모님이 돈 없다는 이유로 자식에게 부끄러워하지 않아도 되는 사회"로 요약되었다. 한마디로 무한경쟁과 1 대 99의 양극화가 완화되고, 돈 없고 배경 없다고 억울한 일을 당하지 않고 살 수 있는 공정한 사회의 실현이 촛불민심의 저변에 깔린 바람이라는 것이다.

박근혜 대통령의 탄핵에 찬성한 국민 대다수는 헌법재판소에서 박근혜 대통령의 탄핵이 인용되고 관련자들을 철저하게 수사하고 처벌함으로써 박근혜—최순실 게이트는 일단락되는 것으로 인식할 것이다. 그러나 다른 한편으로 국민은 적폐 청산을 위한 일련의 제도적 개혁 조치를 기대하고 있고, 나아가 개헌으로 1987년 헌정체제의 변경을 요구하고 있다. 뿐만 아니라 더 근본적으로는 바로 실현될 수 없는 일이지만 사회경제적 불평등의 완화와 공정사회의 실현을 열망한다. 이렇게 보면 대통령에 대한 탄핵은 끝이 아니고 시작인지도 모르겠다.

내일신문과 현대정치연구소의 2016년 12월 조사에서는 앞에서 언급한 국정농단 사건 발생 배경의 세 가지 층위에 조응하는 항목으로 사건의 원인을 물어보았다. 〈그림 4-4〉가 보여주는 것처럼, 전체적으로 국민의 42.5%가 국정농단 사건의 원인으로 박근혜 대통령의 비정상적인 통치행위를 지목했다. 국민의 23.6%는 사태의 원인으로 제

그림 4-4 **연령별 국정농단 사건에 대한 원인 진단** (단위: %)

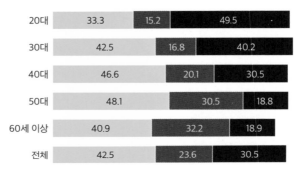

■ 박근혜 대통령의 비정상적인 통치행위
■ 대통령에게 과도하게 쏠린 권력
■ 재벌, 관료, 검찰의 비리 유착 관계

20대	33.3	15.2	49.5
30대	42.5	16.8	40.2
40대	46.6	20.1	30.5
50대	48.1	30.5	18.8
60세 이상	40.9	32.2	18.9
전체	42.5	23.6	30.5

출처: 내일신문—현대정치연구소 조사(2016. 12. 26)

왕적 대통령제라는 권력 구조의 문제에 주목했고, 30.5%는 재벌, 관료, 검찰의 비리 유착 관계에 무게를 두었다. 국민 사이에 원인 진단이 어느 하나로 쏠리지 않은 것이다. 단순히 대통령의 통치행위를 원인으로 보는 국민이 가장 많았지만 기득권층의 비리 유착 관계를 원인으로 보는 국민도 3분의 1에 육박했다.

국정농단 사건에 대한 원인 진단은 세대별로 뚜렷한 차이를 보였다. 20대는 박근혜—최순실 게이트의 원인으로 박 대통령의 비정상적인 통치행위보다 기득권층의 비리 유착 관계를 훨씬 더 많이 지목했다(33.3% 대 49.5%). 30대도 비정상적인 통치행위보다는 적었지만 40.2%가 특권층의 비리 유착 관계를 국정농단의 원인으로 꼽았다. 이처럼 젊은 세대가 특권층의 비리 유착 관계에 특별히 주목한 것은 정유라의 입학·학사 비리와 삼성의 승마 특혜 지원, 여기에 정유라의 '돈 많은 부모' 발언이 젊은 세대의 엄청난 공분을 샀기 때문이다.

이에 비해 50대와 60세 이상이 정경유착의 문제를 국정농단의 원인으로 지목한 비율은 약 19%에 불과했다. 대신에 이 세대에서는 대통령에게 권력이 과도하게 집중된 정치 구조의 문제에 크게 주목했다. 50대의 30.5%가 국정농단 사건의 원인으로 과도하게 쏠린 대통령의 권력을 지목했고, 60세 이상의 32.2%가 이를 원인으로 꼽았다. 문제의 원인을 대통령에게 지나치게 쏠린 권력의 문제로 여기는 사람들이 나이 든 세대에서 꽤 많은 이유는 이들 세대에서 박근혜—최순실 게이트를 지난 정부에서도 흔히 볼 수 있었던 권력형 비리 사건으로 간주하고 싶은 사람들이 많기 때문이며, 대선 전 개헌을 강조하는 자유한국당, 바른정당, 국민의당 등의 주장에 영향을 받은 사람들이 많기 때문이기도 하다.

〈표 4-21〉을 보면, 대통령의 비정상적인 통치행위가 사태의 원인이라고 보는 비율은 야권 지지층에서 훨씬 많았다. 민주당 지지층의 51.4%, 국민의당 지지층의 48.2%, 정의당 지지층의 46.8%가 사태의 원인을 대통령 개인의 통치행위로 지목하고 있다. 눈에 띄는 것은 자유한국당에서 분당한 바른정당의 지지자들의 대통령 통치행위에 대한 원인 지적이 51.7%로 가장 많았다는 것이다. 반면 자유한국당 지지층의 대통령 통치행위 지목은 29.2%로 평균보다 훨씬 적었고, 대신에 권력 구조의 문제를 원인으로 꼽은 비율이 27.5%로 평균보다 꽤 높았다. 보수진영 내에 박근혜 대통령에 대한 옹호 세력과 반대 세력이 확연히 나뉘어 있음을 알 수 있다.

표 4-21 **선호정당별 국정농단 사건에 대한 원인 진단**

(단위: %)

정당	박근혜 대통령의 비정상적인 통치행위	대통령에게 과도하게 쏠린 권력	재벌, 관료, 검찰의 비리 유착 관계	모름/ 무응답	인원
민주당	51.4	17.7	30.6	0.3	333명
자유한국당	29.2	27.5	34.2	9.2	120명
국민의당	48.2	30.4	21.4	0.0	112명
바른정당	51.7	25.9	19.0	3.4	58명
정의당	46.8	17.7	34.2	1.3	79명
기타 정당	42.9	14.3	42.9	0.0	7명
무당파	35.7	27.0	32.3	5.0	440명
모름	44.0	16.0	32.0	8.0	50명
전체	42.5	23.6	30.5	3.4	1,199명

출처: 내일신문—현대정치연구소 조사(2016. 12. 26)

　　박근혜 지지 성향이 강한 자유한국당 지지층은 박근혜—최순실 게이트가 정권마다 있어온 비리 사건이라고 인식했다. 이러한 모습은 대선 전에 개헌을 추진하려 했던 자유한국당의 입장이 크게 작용한 것으로 보인다. 국민의당과 바른정당의 지지층에서 제왕적 대통령제를 국정농단의 원인으로 지목한 사람들이 많이 나타난 것은 제3지대를 형성해서 대선에 도전하려 했던 이들 정치 세력의 이해관계를 잘 보여주는 것이라고 할 수 있다.

　　국민 사이에서 국정농단에 대한 원인 진단은 하나의 항목으로 집중되지 않았다. 그만큼 이 사건에 대한 원인을 다층적으로 바라보고 있음을 의미한다. 국민은 박근혜 대통령의 유신체제 식 통치행태를 박근혜—최순실 국정농단의 가장 큰 원인으로 바라보고 있었지만, 제왕적 대통령제의 문제점과 특권층의 비리 유착 관계에 대한 원인 인식도 결코 적지 않았다. 사태가 일단락된 이후에도 재벌 개혁, 검찰 개혁 등 우리 사회의 적폐 청산과 공정사회를 위한 여러 개혁 과제에 대해 국민들의 관심과 요구가 계속 이어질 것이다.

광장의 시민 1. 어떻게 달랐나

여기서는 2008년 미국산 쇠고기 수입 반대 촛불집회의 참여자와 비교하여 2016년 박근혜 퇴진 촛불집회 참여자의 성격을 더욱 구체적으로 알아보고자 한다. 비교 자료로 2008년과 2016년 촛불집회의 현장조사 자료를 활용했다. 2008년 6월 6일 집회는 쇠고기 촛불시위 시작 한 달여 후에 개최된 서울 집중 집회였고, 2016년 11월 26일 집회는 박근혜—최순실 게이트 관련 5주차 전국 단위 주말집회이자 서울 집중 집회였으므로 집회의 개최 시점과 규모 면에서 비교가 가능하다. 참고로 2008년 자료의 사례수는 1,347명이었고, 2016년 자료의 사례수는 2,058명이었다.

〈표 4-22〉는 2008년 촛불집회와 2016년 촛불집회의 연령대별 구성비를 비교하고 있다. 2008년 촛불집회 참가자 중 중고등학생의 비율이 10.6%였던 데 비해 2016년에는 14.4%로 조금 더 많았다. 20

표 4-22 **연령대별 참여 비율**

(단위: %, %p)

연령대	2008년	2016년	차이
13~18세	10.6	14.4	3.8
19~29세	37.5	31.6	- 5.9
30~39세	28.5	15.3	- 13.2
40~49세	18.1	21.1	2.9
50세 이상	5.3	17.6	12.4
인원	1,347명	2,058명	

출처: 이현우―조기숙 조사(2008. 6. 6), 내일신문―현대정치연구소 조사(2016. 11. 26)

대의 구성 비율은 2008년보다 5.9%p 줄었고, 30대는 13.2%p나 줄어든 것으로 나타났다. 그렇지만 2016년 집회 참가자 중 50대 이상 참가자가 차지하는 비율은 17.6%로 2008년보다 무려 12.4%p나 늘었다. 다시 말하면, 2008년에는 20대〉30대〉40대〉10대〉50세 이상 순으로 나타났으나, 2016년에는 20대〉40대〉50세 이상〉30대〉10대 순으로 나타났다. 이는 시위자 구성의 질적 변화를 보여주는 것으로 당시 현장 보도 기사의 '청소년 참여자가 늘었다', '고령 참여자가 늘었다'는 관찰을 확인해준다. 이러한 결과는 2008년 촛불집회가 미국산 쇠고기의 협상과 관련한 정책 이슈로서 반이명박정권의 성격이 강한 사람들이 참여한 시위였던 반면, 2016년 촛불집회는 '대통령 퇴진'이라는 전 국민적 공감대에서 이루어진 시위라는 차이점을 반영한다.

〈그림 4-5〉를 보면, 2008년 촛불집회에서 여성은 나이가 많을수록 참가자의 구성비가 낮아졌다. 반면에, 2016년 촛불집회에서는 여성의 구성비가 연령대 순으로 낮아지지 않았다. 2016년 집회에서 20

그림 4-5 **촛불집회 참가자의 연령/성별 구성 비율** (단위: %)

	2008 촛불집회 ■ 남 ■ 여			2016 촛불집회 ■ 남 ■ 여	
18세 미만	33.1	66.9	18세 미만	45.6	54.4
20대	36.6	63.4	20대	39.0	61.0
30대	52.1	47.9	30대	51.9	48.1
40대	62.8	37.2	40대	52.5	47.5
50세 이상	66.7	33.3	50세 이상	61.8	38.2

출처: 이현우―조기숙 조사(2008. 6. 6), 내일신문―현대정치연구소 조사(2016. 11. 26)

대와 30대 참여자 중 여성의 구성비는 61.0%와 48.1%로 2008년과 비슷했다. 그러나 40대 참여자의 여성 구성비는 47.5%로 2008년보다 10.3%p 더 높았다. 50세 이상에서도 차이가 줄어들긴 했지만 여성 구성비는 2016년이 2008년보다 4.9%p 더 높았다.

40대 이상 연령층에서 여성 참가자의 비중이 높아진 것은 2016년 촛불시위가 그만큼 국민적 공분으로 이루어졌다는 것을 의미한다. 특히 40대 여성들의 참여가 눈에 띄는 조사 결과는 박근혜 대통령을 지지했던 만큼 분노가 더 컸던 것으로 해석된다. 2012년 대통령 선거에서 40대 여성들의 당시 박근혜 후보 지지는 48.4%로 남성의 31.3%보다 약 17%p나 더 많았다(내일신문―현대정치연구소 대선 사후조사, 2012. 12. 28). 40대 여성은 박근혜 후보에 대해 고령층과 같이 박정희 향수에 젖어 지지했던 것이 아니다. 여성 대통령이 남성 대통령보다 국정을 통합적으로 더 잘 이끌 것이라는 기대가 있었을 것인데, 박근혜—최순실 게이트는 그러한 기대를 부끄러움으로 돌려준 것이다.

2008년 6월 6일 쇠고기 촛불집회와 2016년 11월 26일 '박근혜—최순실 게이트' 관련 집회는 모두 서울 집회였기 때문에 서울과 경기·인천 지역 시민의 참여가 대부분을 차지할 것으로 추정되지만, 두 집회 참가자의 지역 구성에는 차이가 있었다. 〈그림 4-6〉에서 보이는 것처럼, 2016년 11월 26일 집회에서 서울 지역 참가자 비율은 41.4%로, 2008년 집회 당시보다 약 10%p 감소했고 비수도권 참가자는 17.6%로 7.0%p 증가했다. 지방 거주자들의 참가자 비중이 이토록 늘어난 것은 2016년 집회가 2008년 집회보다 훨씬 더 전국적인 반향을 일으켰다는 것을 보여주는 증거이다. 지방의 청소년들이 촛불집회 참가자

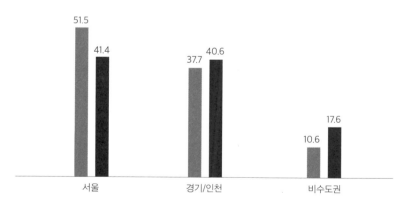

그림 4-6 촛불집회 참가자 지역별 구성 비율

(단위: %)

■ 2008(1,347명) ■ 2016(2,058명)

출처: 이현우—조기숙 조사(2008. 6. 6), 내일신문—현대정치연구소 조사(2016. 11. 26)

들로부터 거둔 성금으로 버스를 대절해 집회에 참가하기도 했고, 전국의 농민단체 회원들이 광화문 집회에 집결하는 모습도 보였다.

직업적으로도 2008년과 2016년 참가자의 구성에 약간의 차이가 있었다. 〈표 4-23〉을 보면, 촛불집회의 참가자 중 사무/관리/전문직 종사자는 가장 많은 비율을 차지한 직업군이었지만, 2016년 촛불집회에서는 2008년보다 7.6%p 줄어들었다. 2016년 참가자 중 학생은 33.0%로 2008년보다 조금 더 많았다. 눈에 띄는 변화는 판매/영업/서비스직 참여자가 2배 이상 늘었다는 것이다. 자영업자의 비율도 1.3%p 증가했다. 이로써 참가자의 직업별 구성은 2008년보다 2016년이 조금 더 다양해졌음을 알 수 있다.

저항 정치의 참여에 전문 사무직종의 젊은 사람들이 많은 것은 일반적인 현상이다. 판매/영업/서비스직 종사자와 자영업자는 업무시간상 집회 참여가 힘들기 때문이다. 그러나 2016년 집회에서 판매/

표 4-23 **촛불집회 참가자 직업별 구성 비율** (단위: %)

직종	2008년(1,347명)	2016년(2,058명)
농/임/어업	0.7	0.9
자영업	7.3	8.6
판매/영업/서비스직	1.9	4.5
생산/기능/노무직	3.3	2.9
사무/관리/전문직	42.7	35.1
주부	6.9	7.1
학생	30.4	33.0
무직/퇴직/기타	6.5	6.8
모름/무응답	2.3	1.0

출처: 이현우—조기숙 조사(2008. 6. 6), 내일신문—현대정치연구소 조사(2016. 11. 26)

영업/서비스직과 자영업 종사자의 비율이 조금 늘어난 것은 최순실—박근혜 국정농단이 그만큼 국민적 공분을 일으켰기 때문이며 관련 사안들이 누적된 경제적인 불만과 연결되어 있었기 때문이다.

광장의 시민 2. 그들의 분노

일반적으로 정치적 상황에 대한 분노가 정치 참여를 증대시킨다고 한다. 분노는 투표나 정당 참여와 같은 관습적 참여보다 촛불시위와 같은 비관습적 참여에 더 크게 작용한다. 아무런 공적 지위를 가지고 있지 않았던 대통령의 지인이 국정의 곳곳에 관여하면서 사익을 챙기고, 대통령이 이를 묵인했을 뿐만 아니라 직접 나서서 기업의 돈까지 모금했다는 사실이 낱낱이 밝혀지자 국민의 분노는 하늘을 찔렀고 수주일 내에 100만 명이 넘는 시민이 광화문광장을 메웠다. 광화문광장으로 나선 시민들은 얼마나 분노하고 있었을까? 그 분노의 정도를 세월호 참사 당시의 분노와 비교해보았다.

304명의 목숨을 앗아간 세월호 참사 때 정부의 무능에 대한 국민의 분노는 극에 달했고 아직도 그 분노는 가라앉지 않고 있다. 박근혜—최순실 국정농단에 대한 국민의 분노는 연인원 1,600만 명을

표 4-24 **촛불집회 참가자의 분노 강도(2,058명)**

(단위: %)

구분	세월호 참사	박—최 게이트
평균 분노 강도	9.0점	9.3점
0점	0.1	0.1
1점	0.3	0.1
2점	0.1	0.0
3점	0.3	0.0
4점	0.3	0.0
5점	1.4	0.2
6점	3.1	1.8
7점	9.8	5.6
8점	14.2	11.2
9점	12.6	16.5
10점	56.5	63.2

출처: 내일신문—현대정치연구소 조사(2016. 11. 26)

집회에 모이게 했다. 2016년 11월 26일 5차 집회 당시 조사에서 광화문의 촛불집회 참가자들을 상대로 세월호 참사와 박근혜—최순실 게이트에 대한 분노 정도를 물어본 결과 박근혜—최순실 게이트 쪽이 조금 더 강한 것으로 나타났다. 분노의 강도를 10점 만점(0점 '분노 없음', 5점 '조절 가능한 분노', 10점 '이성을 잃을 정도로 분노')으로 물었을 때 세월호 참사에 대한 분노는 평균 9.0점이었고, 박근혜—최순실 게이트는 0.3점 높은 9.3점으로 나타났다.

자제가 불가능한 수준(8점 이상)의 분노 비율이 세월호 참사는 84.3%였지만 박근혜—최순실 게이트는 91.9%로 높았다. 극단적인 분노치를 뜻하는 10점 만점을 준 응답자도 세월호 참사(56.5%)보다 박근혜―최순실 게이트(63.2%)가 많았다. 세월호 참사 당시와 '비슷한 정도의 분노를 느낀다'는 응답자가 66.3%로 가장 많았지만, '세월호 참사 때보다 더 큰 분노를 느낀다'는 응답이 23.7%에 달했다. 박근혜 촛불집회에 나온 참가자의 대다수가 세월호 참사에 대한 정부의 무능한 대응에 분노하고 그 가족들의 고통과 호소에 공감했지만, 그보다 더 큰 분노를 박근혜 전 대통령의 국정농단과 이후의 대응 과정에서 느꼈다는 것이다.

그렇다면 광화문에 나온 촛불시민들의 박근혜 전 대통령의 거취에 대한 의견은 어땠을까? 5차 촛불집회 참가자를 대상으로 대통령 거취에 대해 질문해보았다. 〈그림 4-7〉에서 알 수 있는 것처럼, 전체 참가자의 97.4%가 사임이든 탄핵이든 박근혜 전 대통령이 자리에서 물러나기를 원했다. 흔히 반정부 성격의 시위 현장에 가면 정부의 퇴진을 요구하는 플래카드를 보거나 그러한 구호를 듣는다. 그러나 참가자 중 실제로 대통령의 즉각적인 퇴진을 원하는 사람들은 그리 많지 않다. 대통령 측근의 부정부패 사건이 발생해도 다수 유권자는 대통령에 대한 지지는 철회하겠지만 대통령이 자리에서 물러나기를 바라지는 않는다.

그러나 2016년 촛불집회는 달랐다. 처음부터 시민들에게 국정농단 사건은 대통령 측근의 부정부패 사건이 아니었다. 국민은 박근혜 전 대통령이 대통령의 자리에 있어서는 안 될 사람임을 알게 되었으며, 그래서 바로 물러나라는 것이었다. 당시만 해도 참가자의 74.4%는 대통령이 스스로 물러나기를 원했다. 국회와 사법부로부터 탄핵되기 전에 국정농단에 대한 정치적 책임을 지고 명예롭게 퇴진하기를 바랐

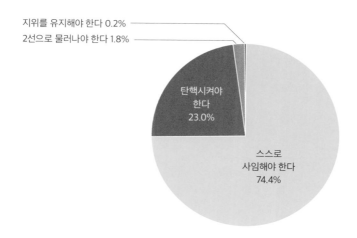

그림 4-7 **대통령 거취에 대한 촛불집회 참가자들의 의견(2,058명)**

지위를 유지해야 한다 0.2%
2선으로 물러나야 한다 1.8%

탄핵시켜야
한다
23.0%

스스로
사임해야 한다
74.4%

출처: 내일신문—현대정치연구소 조사(2016. 11. 26)

던 것이다. 그러나 박근혜 전 대통령이 스스로 물러날 의사가 전혀 없다는 것을 알게 되면서 이러한 의견은 탄핵으로 모아졌고, 헌법재판소의 탄핵 인용 직전까지 국민의 탄핵 찬성 의견은 80%에 가까웠다.

2016년 촛불광장의 시민들이 순전히 박근혜 전 대통령의 퇴진을 위해 나왔다는 것은 집회 참여의 이유를 물은 조사 결과를 통해서도 명확히 알 수 있다. 〈표 4-25〉에서 알 수 있는 것처럼, 집회 참가자들의 58.9%는 대통령의 퇴진이나 탄핵을 관철시키기 위해 집회에 참여했다고 응답했다. 그리고 참여자의 31.0%가 대통령 퇴진이라는 집회의 목적을 관철시키는 것보다 그냥 분노를 표출시키고 싶어서 참여했다고 응답했다. 반면에 소극적 태도로 분류되는 단순한 동참

표 4-25 **촛불집회 참여 이유: 2008년과 2016년 비교**   (단위: %)

2008년 쇠고기 촛불집회(1,347명)		2016년 박근혜 촛불집회(2,058명)	
집회 참여 이유	비율	집회 참여 이유	비율
이명박 정부의 정책을 저지하기 위해서	46.2	대통령 퇴진이나 탄핵을 관철시키기 위해서	58.9
정부와 대통령에 대한 분노를 표현하기 위해	29.2	박근혜 대통령에 대한 분노를 표현하기 위해서	31.0
다른 시위 참가자들에게 미안한 마음 때문에	1.6	다른 시위 참가자들과 함께하고 싶은 마음에서	4.7
호기심이나 연구 관찰 목적으로	1.4	촛불시위의 분위기를 경험하고 싶어서	2.5
이명박 대통령을 탄핵하기 위해	17.1		

출처: 이현우―조기숙 조사(2008. 6. 6), 내일신문―현대정치연구소 조사(2016. 11. 26)

은 4.7%, 분위기를 경험하기 위해 참여했다는 참가자의 비율도 2.5%에 불과했다.

2016년 박근혜 촛불집회 참여자들의 참여 이유가 대통령 탄핵이라는 집회의 목적을 관철시키기 위해서 모였다는 사실은 2008년 쇠고기 촛불집회와 비교해보아도 놀랍다. 2008년 쇠고기 촛불집회에서는 이명박 정부의 정책을 저지하기 위해서 나왔다는 참여자가 46.2%로 가장 많았다. 여기에는 미국산 쇠고기 수입 재협상을 관철시켜야 한다는 요구도 포함하고 있다. 분노의 표출은 29.2%로 2016년 박근혜 촛불집회와 비슷했다. 그러나 이명박 대통령을 탄핵하기 위해서 촛불집회에 참여했다는 참가자는 17.1%로 2016년 촛불집회와는 비교도 안 되게 적었다. 여기서 알 수 있는 점은 대규모 동원의 집회가 흔히 그렇듯이 박근혜 촛불집회가 목적과 이유에서 매우 단순했다는 것이다.

광장의 시민 3. 충만한 자신감

정치효능감이란 '자신의 참여가 정치적 의사 결정에 영향을 미칠 수 있다는 개인의 주관적 지각'이라고 한다.[62] 예를 들면, 한 개인이 투표에 참여하면서 자신의 한 표가 선거 결과에 영향을 미칠 수 있다고 인식하면 정치효능감이 높고, 그렇지 않으면 정치효능감이 낮다고 판단할 수 있다. 집회와 같은 비관습적 참여에 있어서도 마찬가지이다. 촛불집회가 투표와 같은 일상적인 정치 참여보다 시간과 노력과 위험의 정도에 있어서 훨씬 더 큰 비용을 부담하게 되는 것이지만, 그 많은 시민들이 촛불집회에 적극적으로 참여한 데에는 높은 정치효능감이 작용했을 것이다.

2016년 박근혜 촛불집회 참가자들은 자신들의 행동이 목적을 이룰 것이라는 기대감 또한 강하게 가지고 있었다. 〈그림 4-8〉에 의하면, 촛불집회 참가자의 39.1%가 자신들의 요구가 대통령의 거취에 매

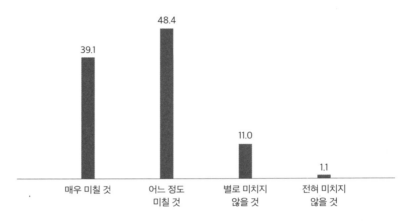

그림 4-8 **집회 참여가 대통령 거취에 미칠 영향(2,058명)**

(단위: %)

48.4

39.1

11.0

1.1

| 매우 미칠 것 | 어느 정도
미칠 것 | 별로 미치지
않을 것 | 전혀 미치지
않을 것 |

출처: 내일신문―현대정치연구소 조사(2016. 11. 26)

우 크게 영향을 미칠 것이라고 답했고, 어느 정도 영향을 미칠 것이라는 의견 또한 48.4%였다. 전체적으로 영향을 미치지 않을 것이라는 의견은 12.1%에 불과했다.

통상 항의집회에 참여하는 사람들의 정치효능감은 높은 편이다. 그러나 2016년 박근혜 촛불집회에서는 참가자의 87.5%가 자신들의 행동이 상황을 바꿀 수 있다고 인식할 만큼 정치효능감이 높았다. 박근혜―최순실 게이트가 언론에 폭로되기 시작했던 사태 초기에 정치권은 박근혜 대통령의 거취에 대한 요구를 놓고 우왕좌왕했다. 야당에서조차 정치적 유불리를 계산하면서 2선 후퇴를 제기하는 양상이었다. 그러나 주말마다 100만 명이 넘게 모인 촛불시민들이 한목소리로 대통령 퇴진을 외치며 정치권을 움직였고, 마침내 집권 여당인 새누리당 내부의 균열을 가져왔다. 그만큼 참여자들의 정치효능감은 하늘을 찌를 듯 높았을 것임을 짐작할 수 있다. 대부분의 언론에서 평가하는 것처럼, 헌법재판소 재판관들의 8 대 0 탄핵 인용 심판도 촛불민심의 결과였다.

촛불집회에 대한 충성심 또한 매우 높았다. 〈그림 4-9〉에서 알 수 있는 것처럼, 참가자의 대다수는 박근혜 전 대통령이 물러나지 않고 있는 상황이 지속될 경우 집회에 참가하겠다는 의사를 밝혔다. 그런 상황이 지속될 경우 향후 집회에 반드시 참가하겠다는 사람은 전체 촛불 참가자 중 55.9%였으며, 여건이 허락하면 참가하겠다는 사람이 43.1%였다. 즉 거의 모든 참여자가 앞으로도 지속적으로 참가할 의사를 가지고 있었다. 이로써 촛불집회의 목적에 대한 동의와 촛불

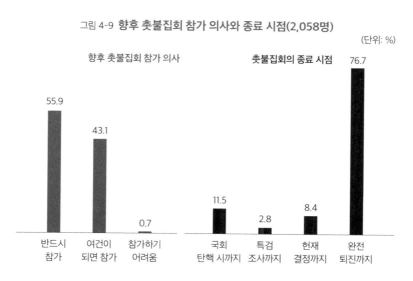

그림 4-9 **향후 촛불집회 참가 의사와 종료 시점(2,058명)**

(단위: %)

출처: 내일신문—현대정치연구소 조사(2016. 11. 26)

집회의 영향력에 대한 높은 기대가 집회 참여의 가치를 높이고 있었음을 알 수 있다. 언제까지 촛불집회가 지속되어야 하느냐는 질문에서도 '박근혜 전 대통령이 완전히 물러나는 시점까지'라고 답한 참가자가 76.7%에 달했다. 이는 촛불의 시민적 힘으로 대통령을 퇴진시켜야 한다는 의지를 보여주는 것이다.

촛불집회의 과정에서 박근혜—최순실 국정농단 사건으로 국가 자존심이 훼손되었지만 광화문의 촛불행동이 그 자존심을 다시 회복했다는 언급이 언론에 자주 등장했다. 5차 촛불집회가 열리던 당시 촛불민심에서도 그러한 모습이 나타났다. 조사에서는 국가 자부심과 시민의식에 대한 신뢰가 이전에 비해 어떠한지를 물었다. 〈그림 4-10〉에서 알 수 있는 것처럼, 국가 자부심이 이전보다 낮아졌다는 응답이

그림 4-10 **국가 자부심과 시민의식 신뢰의 변화(2,058명)**

(단위: %)

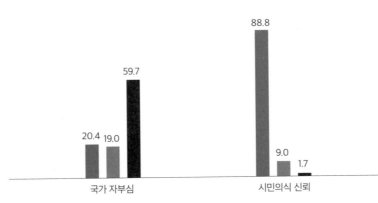

출처: 내일신문—현대정치연구소 조사(2016. 11. 26)

59.7%로 많았다. 박근혜—최순실의 국정농단 사건이 국민의 국가 자존심에 얼마나 큰 상처를 주었는지를 알 수 있다. 이런 가운데 100만, 200만의 시민이 참가한 평화적인 촛불집회는 오히려 국민 스스로의 자부심을 높였을 것이다.

촛불집회의 참여가 국민의 자존심을 살려주었다는 것은 시민의식에 대한 신뢰가 높아졌다는 사실에서 알 수 있다. 촛불집회 참가자의 88.8%는 시민의식에 대한 신뢰가 이전보다 높아졌다고 응답했다. 민주주의는 좋은 통치자의 선출을 보장하지 않는다. 다만 나쁜 통치자의 교체와 잘못됨에 대한 시정을 보장하는 제도이다. 그리고 그러한 시정은 투표와 같은 제도적 참여뿐만 아니라 대규모 시위와 같은 비제도적 시민 저항을 통해서도 이루어진다.

2016년 박근혜 촛불에서 시민들은 통치자가 저지른 국정농단과 헌정 유린의 사태를 바로잡아야겠다고 스스로 나섰으며, 공권력과의 충돌에서 발생할 수 있는 폭력 사태를 완벽하게 통제했다. 심지어 집회 종료와 함께 주변을 깨끗이 청소하는 등 높은 시민의식을 보였다. 이러한 모습에서 촛불집회 참가자들은 높은 시민의식을 느꼈을 것이다. 탄핵 인용까지 연인원 1,600만 명의 촛불집회 참가자가 보여준 평화적 시위는 세계를 놀라게 했다. 어떠한 폭력 사태도 없이 대통령을 자리에서 끌어내릴 수 있었던 시민의 힘은 이제 세계인의 부러움의 대상이 되었다.

부록

부록 1

사건일지

○ 사건 관련자의 직책은 최초 언급될 때만 명기하고 두 번째부터는 이름만 언급함.

○ 언론 보도는 '단독', '특종' 등 최초 보도 자체가 본 사태 전개에 영향을 미친 경우에 한해서만 언론사를 명시함.

○ 집회 명칭은 주최 측이 사용한 명칭을 그대로 인용했음.

일자	내용
2016년	
04월 13일	제20대 국회의원 선거
07월 07일	김종 문화체육관광부 제2차관이 수영 국가대표를 지낸 박태환 선수에게 리우올림픽 출전 포기를 강요했다는 증언 보도(TV조선)
07월 18일	우병우 전 민정수석, 처가 부동산을 넥슨코리아가 매입하는 과정에서 넥슨 김정주 회장과 친구인 진 검사장의 주선이 있었다는 의혹 보도(조선일보)
07월 18일	우병우, 조선일보 기자를 출판물에 의한 명예훼손으로 서울중앙지검에 고소
07월 19일	우병우, 정식 수임계를 내지 않고 홍만표 변호사와 정운호 전 대표의 변론을 맡았다는 의혹 보도(경향신문)
07월 26일	박근혜 전 대통령, 이석수 변호사 특별감찰관 임명, 우병우 사건 감찰 착수
07월 26일	안종범 전 수석, 미르재단 모금에 관여 의혹 보도(TV조선)
08월 02일	K스포츠재단의 기업 강제 모금 의혹 보도(TV조선)
08월 16일	이석수 특별감찰관, 조사 중인 우병우 사건 언론에 누설 보도(MBC)
08월 17일	이석수, 언론 누설 보도 부인
08월 19일	이석수, 진경준 검사장 인사 검증 부실, 가족 명의 회사 탈세 및 횡령, 아들 병역 특혜에 대한 직권남용 등의 혐의로 우병우 수사 의뢰
08월 19일	청와대, "특별감찰관이 감찰 내용을 특정 언론에 유출하고 서로 의견을 교환한 것은 특별감찰관의 본분을 저버린 중대한 위법행위이자 묵과할 수 없는 사안" 입장 발표
08월 23일	대검찰청, 우병우와 이석수 감찰관을 동시에 수사하는 특별수사팀 구성 발표

08월 26일	김진태 새누리당 의원, 조선일보 송희영 주필의 뇌물수수 관련 의혹 기자회견
08월 29일	송희영, 사임 표명
08월 29일	검찰, '우병우—이석수 사건' 관련 서울경찰청 차장실과 의경계 등 압수수색
09월 01일	정기국회 개원, 정세균 개회사 '우병우 사태(민정수석 검찰 수사)' 언급
09월 03일	최순실, 독일로 출국
09월 12일	국회 안전행정위원회, '백남기 농민 사망 사건' 청문회
09월 20일	'재벌들이 출연해 만들어진 미르재단과 K스포츠재단에 최순실 관여' 의혹 보도 (한겨레신문)
09월 20일	더불어민주당, 국민의당, 정의당 등 야3당, 국회 국정감사에서 미르재단과 K스포츠재단 의혹 진상규명 의지 표명, 최순실 등 증인 채택 요구
09월 20일	조응천 더불어민주당 의원, '최순실, 우병우 발탁 등 청와대 인사 개입' 의혹 제기
09월 22일	박 대통령, 청와대 수석비서관회의에서 "이런 비상시국에 난무하는 비방과 확인되지 않은 폭로성 발언은 우리 사회를 흔들고 혼란을 가중시키는 결과를 초래할 것" 발언
09월 23일	최순실 딸 승마 독일 연수, 삼성 지원 의혹 보도(경향신문)
09월 23일	박 대통령, 이석수 특별감찰관의 사표를 한 달여 만에 전격 수리
09월 24일	김재수 농림축산식품부 장관 해임건의안, 국회 본회의 통과
09월 25일	박 대통령, 김재수 장관 해임 건의안 불수용 결정
09월 25일	2015년 11월 경찰이 쏜 물대포에 맞고 쓰러져 의식 불명에 빠졌던 백남기 씨 사망
09월 26일	국회 국정감사 시작
09월 27일	정유라, 이화여대 특혜 의혹 보도(한겨레신문)
09월 27일	국회 교육문화체육관광위원회 문화체육관광부 국정감사에서 '미르재단·K스포츠재단이 대기업들로부터 모금하는 과정에 안종범의 개입이 있었다'는 대기업 관계자 육성 공개; 미르재단에 대한 차은택 전 창조경제추진단장의 영향력 관련 미르재단 관계자 녹음 공개
09월 28일	국회 교육문화체육관광위원회 교육부 국정감사에서 이화여대가 최순실 씨 딸을 위한 맞춤형 학적 특혜를 제공했다는 의혹 제기
09월 29일	시민단체, 최순실·안종범 등 사태 관련자 60여 명을 검찰에 고발
10월 05일	검찰, 미르재단·K스포츠재단 비리 의혹 관련 수사 착수, 검사 3명 배정
10월 18일	최순실이 독일에 설립한 회사 '비덱' 관련 의혹 보도(경향신문)
10월 19일	최순실 관련 회사 '더블루K' 관련 의혹 보도(경향신문)
10월 19일	'최순실, 박근혜 대통령 연설문 손보는 일을 즐겼다'는 고영태 전 '더블루K' 이사 증언 보도(JTBC 뉴스룸)
10월 20일	박 대통령, '재단 관련 불법 확인 시 엄벌' 지시
10월 21일	검찰, 미르재단·K스포츠재단 관련 수사검사 7명으로 확충

10월 24일	박 전 대통령, 국회 시정연설에서 "…오늘부터 개헌을 주장하는 국민과 국회의 요구를 국정과제로 받아들이고, 개헌을 위한 실무적인 준비를 해나가겠습니다"
10월 24일	최순실이 버리고 간 태블릿 PC 자료를 근거로 '최순실이 44개의 대통령 연설문을 대통령이 공개적으로 발표하기 전에 받았다'는 보도(JTBC 뉴스룸)
10월 25일	박 대통령 대국민사과, '일부 연설문 홍보 등 최순실에게 도움받아'
10월 26일	더불어민주당 의원총회, 특별검사 임명을 통한 진상규명 추진 결정
10월 26일	새누리당 최고위원회의, '청와대와 내각 인적 쇄신' 요구 결정
10월 26일	문재인 전 더불어민주당 대표, '국무총리 교체와 거국중립내각 구성' 요구
10월 26일	안철수 전 국민의당 대표, '비서진 전면 개편, 내각 총사퇴' 요구
10월 26일	이재명 성남시장, '대통령 하야와 거국중립내각 구성' 주장
10월 27일	최순실, 독일에서 '태블릿 PC 자기 것이 아니다' 주장 인터뷰(세계일보)
10월 27일	검찰, 미르재단·K스포츠재단 수사 관련 특별수사본부 설치
10월 27일	차은택, 광고회사 '포레카' 강탈 시도 의혹 보도
10월 29일	검찰, 청와대 압수수색 1차 시도, 청와대 거부로 실패
10월 29일	검찰, 안종범·정호성 등 자택 압수수색
10월 29일	'모이자! 분노하자! 내려와라 박근혜!' 촛불집회(제1차) 개최
10월 30일	이원종 비서실장 및 수석비서관(우병우 민정수석비서관, 이재만 총무비서관, 정호성 부속비서관, 안봉근 국정홍보비서관) 전원 사표 수리
10월 30일	최순실, 영국에서 귀국
10월 30일	검찰, 청와대 압수수색 2차 시도와 무산
10월 31일	최순실, 검찰 출석
10월 31일	정의당, '대통령 즉각사임' 당론 결정
11월 02일	박 대통령, 김병준 국무총리 지명 등 개각 단행
11월 03일	검찰, 최순실 구속
11월 04일	박 대통령 대국민담화, '이러려고 대통령 했나 자괴감 들어… 검찰 수사 및 특검 수사 협조하겠다'
11월 04일	안철수, 대통령 즉각사임 요구
11월 04일	박원순 서울시장, 대통령 즉각사임 요구
11월 04일	이재명, '자진사퇴가 아니라 탄핵과 구속 필요' 주장
11월 05일	'모이자! 분노하자! 내려와라 박근혜! 제2차 촛불집회' 개최
11월 06일	검찰, 안종범·정호성 구속
11월 08일	차은택, 중국에서 귀국 후 체포
11월 08일	박 대통령, 정세균 국회의장 면담, '국회 추천 총리 수용하겠다'
11월 09일	1,500여 개 시민단체 참여, '박근혜정권 퇴진 비상국민행동' 발족

11월 09일	야3당, 박 대통령의 '국회 총리 추천' 요구 거부
11월 10일	국민의당, '대통령 즉각퇴진' 당론 결정
11월 11일	검찰, 차은택 구속
11월 12일	'모이자! 분노하자! 내려와라 박근혜! 제3차 범국민행동' 집회 개최
11월 13일	검찰, 미르재단·K스포츠재단 출연 대기업 총수 조사
11월 13일	박 대통령, 차움병원 가명 진료 및 차병원 특혜 의혹 제기
11월 14일	더불어민주당, '대통령 즉각퇴진' 당론 결정
11월 15일	국회, 〈박근혜 정부의 최순실 등 민간인에 의한 국정농단 의혹 사건 진상규명을 위한 국정조사 요구서〉 제출
11월 17일	'박근혜 정부의 최순실 등 민간인에 의한 국정농단 의혹 사건 규명을 위한 특별검사의 임명 등에 관한 법률' 국회 통과
11월 17일	국회, 〈박근혜 정부의 최순실 등 민간인에 의한 국정농단 의혹 사건 진상규명을 위한 국정조사 계획서〉 채택
11월 17일	국회의장, '박근혜 정부의 최순실 등 민간인에 의한 국정농단 의혹 사건 진상규명을 위한 국정조사특별위원회' 위원 18인(새누리당 9인, 더불어민주당 6인, 국민의당 2인, 비교섭 1인) 선임
11월 18일	장시호 체포
11월 19일	'모이자! 광화문으로! 밝히자! 전국에서! 박근혜 퇴진 제4차 범국민행동' 집회 개최
11월 20일	검찰 중간 수사 결과 발표, 최순실·안종범·정호성 기소, 박 대통령 공범으로 적시
11월 20일	청와대, 검찰 수사 불공정성 제기하며 수사 협조 거부, '탄핵하려면 하라' 입장 발표
11월 21일	야3당, 대통령 탄핵소추 추진 당론으로 결정
11월 26일	'200만의 촛불, 200만의 함성 박근혜 즉각퇴진 제5차 범국민행동' 집회 개최
11월 29일	박 대통령 대국민담화, '임기 단축 포함 진퇴를 국회에 맡기겠다…'
11월 30일	박 대통령, 박영수 변호사 특별검사 임명
11월 30일	국회 국정조사특위, 1차 기관보고
12월 01일	새누리당 비상시국회의, 2017년 4월로 사퇴 시한 표명을 대통령에게 요구
12월 02일	이화여대 학교법인 이화학당 특별감사위원회, 정유라 입학·학사 관리 특혜 비리와 관련해 정유라 입학 취소 결정
12월 02일	국회, 탄핵소추안 발의 예정이었으나 연기
12월 03일	'박근혜 즉각퇴진의 날'(제6차) 집회 개최
12월 03일	국회, 대통령 탄핵소추안 발의
12월 04일	새누리당 비상시국회의, 국회 탄핵소추 찬성으로 입장 선회
12월 05일	서울시교육청, 청담고등학교에 정유라 졸업 취소 처분 지시

12월 06일	국회 국정조사특위, 1차 청문회, 재벌기업 총수들 대거 출석
12월 07일	국회 국정조사특위, 2차 청문회, 김기춘 등 출석
12월 08일	'박근혜 즉각퇴진, 응답하라 국회 비상국민행동—국회광장 주권자 시국대토론' 개최
12월 09일	국회 탄핵소추안 가결(불참 1, 찬성 234, 반대 56, 무효 7, 기권 2)
12월 09일	'박근혜 즉각퇴진, 응답하라 국회 비상국민행동—국회광장 주권자 시국대토론' 개최
12월 10일	'안 나오면 쳐들어간다 박근혜 정권 끝장내는 날'(제7차) 집회 개최
12월 11일	검찰의 최종 수사 결과 발표
12월 14일	국회 국정조사특위, 3차 청문회
12월 15일	국회 국정조사특위, 4차 청문회
12월 16일	국회 국정조사특위, 청와대 현장조사 시도, 청와대 거부로 무산
12월 17일	'끝까지 간다! 박근혜 즉각퇴진, 공범처벌—적폐청산의 날'(제8차) 집회 개최
12월 18일	박 대통령 대리인단 탄핵소추 답변서 제출
12월 20일	새누리당 분당 확정, 유승민 의원 등 탈당 일정 공식화
12월 21일	박영수 특검 수사 개시
12월 22일	헌법재판소, 탄핵심판 1차 준비기일
12월 22일	국회 국정조사특위, 5차 청문회, 우병우 출석 '우병우 청문회'
12월 24일	'끝까지 간다! 박근혜 즉각퇴진 조기탄핵 적폐청산 제9차 범국민행동' 집회 개최
12월 26일	국회 국정조사특위, 구치소 청문회 추진 무산, 최순실 '감방 청문회'
12월 27일	헌법재판소, 탄핵심판 2차 준비기일
12월 30일	헌법재판소, 탄핵심판 3차 준비기일
12월 31일	'박근혜 즉각퇴진! 조기탄핵! 적폐청산! 송박영신 제10차 범국민행동의 날' 집회 개최

2017년

01월 01일	박 대통령, 청와대 출입기자 간담회
01월 02일	정유라, JTBC 이가혁 기자에게 발견, 덴마크 경찰에 불법체류로 체포
01월 03일	헌법재판소, 탄핵심판 변론기일(1차)
01월 05일	헌법재판소, 탄핵심판 변론기일(2차)
01월 07일	'세월호 1,000일, 박근혜 즉각퇴진! 황교안 사퇴! 적폐청산! 제11차 범국민행동의 날' 집회 개최
01월 09일	국회 7차 국정조사 청문회
01월 10일	헌법재판소, 탄핵심판 변론기일(3차), 특검 두 번째 태블릿 PC

01월 12일	헌법재판소, 탄핵심판 변론기일(4차), 이재용 삼성전자 부회장 특검 출석
01월 14일	'박근혜 즉각퇴진! 조기탄핵! 공작정치주범 및 재벌총수 구속! 제12차 범국민행동의 날' 집회 개최
01월 16일	헌법재판소, 탄핵심판 변론기일(5차), 특검, 이재용 구속영장 청구
01월 17일	헌법재판소, 탄핵심판 변론기일(6차)
01월 18일	김기춘·조윤선 구속영장 청구
01월 19일	헌법재판소, 탄핵심판 변론기일(7차), 법원, 이재용 구속영장 기각
01월 20일	국회, 〈박근혜 정부의 최순실 등 민간인에 의한 국정농단 의혹 사건 진상규명을 위한 국정조사결과보고서〉 채택
01월 21일	김기춘, 조윤선 구속
01월 21일	'내려와 박근혜! 바꾸자 헬조선! 설맞이 촛불!'(제13차) 집회 개최
01월 22일	최순실 체포 영장, 최경희 전 이화여대 총장 구속영장 청구
01월 23일	헌법재판소, 탄핵심판 변론기일(8차)
01월 25일	헌법재판소, 탄핵심판 변론기일(9차)
01월 25일	정규재TV, 박근혜 대통령 인터뷰 동영상 공개
01월 28일	설날
01월 30일	최순실, '미얀마 K타운 프로젝트에 한인 기업을 참여시켜주고 그 대가로 기업 지분을 받았다'는 의혹 보도
02월 01일	헌법재판소, 탄핵심판 변론기일(10차)
02월 01일	반기문 전 유엔사무총장, 대선 출마 포기 선언
02월 03일	특검, 청와대 압수수색 시도, 청와대 거부로 무산
02월 04일	'박근혜 2월 탄핵, 황교안 사퇴, 공범세력구속, 촛불개혁 실현! 제14차 범국민행동의 날' 집회 개최
02월 07일	헌법재판소, 탄핵심판 변론기일(11차)
02월 08일	박근혜, 특별검사의 대면조사 거부
02월 09일	헌법재판소, 탄핵심판 변론기일(12차)
02월 10~11일	'"천만 촛불 명령이다! 2월 탄핵! 특검 연장!" 박근혜 황교안 즉각퇴진, 신속탄핵을 위한 제15차 범국민행동의 날' 집회 개최
02월 13일	특검, 이재용 재소환
02월 14일	헌법재판소, 탄핵심판 변론기일(13차)
02월 16일	특별검사, 황교안 국무총리에게 특검 수사기간 연장 승인 요청
02월 16일	헌법재판소, 탄핵심판 변론기일(14차)
02월 17일	이재용 구속

02월 18일	'탄핵지연 어림없다! 박근혜 황교안 즉각퇴진! 특검연장! 공범자 구속을 위한 제16차 범국민행동의 날' 집회 개최
02월 20일	헌법재판소, 탄핵심판 변론기일(15차)
02월 22일	헌법재판소, 탄핵심판 변론기일(16차)
02월 22일	우병우 구속영장 기각
02월 24~25일	'박근혜 탄핵·구속! 특검 연장! 박근혜 4년, 이제는 끝내자! 2·25 전국 집중 제17차 범국민행동의 날' 집회 개최
02월 27일	헌법재판소, 탄핵심판 최종 변론기일(17차)
02월 28일	특검수사 종료일
03월 01일	'박근혜 구속 만세! 탄핵인용 만세! 3·1절 맞이 박근혜 퇴진 제18차 범국민 행동의 날' 집회 개최
03월 04일	'"박근혜 없는 3월, 그래야 봄이다!" 헌재 탄핵 인용! 박근혜 구속! 황교안 퇴진! 제19차 범국민행동의 날' 집회 개최
03월 06일	특별검사 수사 결과 발표
03월 08일	헌법재판소, 3월 10일로 선고일 결정 발표
03월 10일	헌법재판소, 탄핵소추안 8:0으로 인용
03월 11일	'"촛불과 함께한 모든 날이 좋았다" 모이자! 광화문으로! 촛불 승리를 위한 제20차 범국민 행동의 날' 집회 개최

부록 2

—

촛불집회 현장조사 기초 자료

(2016. 11. 26)

[조사개요]

모집단	2016년 11월 26일 광화문 집회 참석자
표본크기	2,058명
표본추출	1차 조사 - 오후 3시부터 5시 30분까지 광화문 광장을 9등분하여 지역별 조사
	2차 조사 - 오후 8시부터 10시 30분까지 지하철 광화문역/경복궁역/종각역 내 조사
표집오차	무작위추출을 전제할 경우, 95% 신뢰수준에서 최대허용 표집오차는 ±2.2%p임.
조사방법	연인원 50명의 조사자가 응답자 자기 기입 방식으로 조사
응답률	약 85%(조사자 의견 종합)
조사기간	2016년 11월 26일 오후 3시 ~ 밤 10시 30분
조사기관	서강대학교 현대정치연구소(소장 이현우)

촛불집회 참가 동기와 이유

1. 선생님께서는 어떤 계기로 박근혜—최순실 게이트 관련 촛불집회에 참여하게 되셨습니까?

① 가족의 권유(4.9%)　　　　　② 친구의 권유(8.5%)

③ 인터넷 카페나 동호회, 페이스북 친구의 권유(2.0%)

④ 뉴스를 접하고 스스로 판단(80.5%)　　　⑤ 모름/무응답(4.2%)

2. 오늘이 박근혜―최순실 게이트 관련 제5차 촛불집회입니다. 선생님께서는 5회 중 몇 번이나 참여하셨습니까?

① 1회(48.8%)   ② 2회(24.9%)   ③ 3회(14.7%)   ④ 4회(5.4%)

⑤ 5회(5.8%)   ⑥ 모름/무응답(0.3%)

3. 선생님께서는 주로 누구와 함께 집회에 참여하십니까?

① 가족(32.2%)   ② 친구나 직장 동료(49.9%)

③ 인터넷 카페나 인터넷 동호회의 회원(0.5%)

④ 정당, 노조, 시민단체의 회원(2.5%)

⑤ 혼자(13.4%)   ⑥ 모름/무응답(1.5%)

4. 선생님께서는 2008년 미국산 쇠고기 전면수입을 반대하는 촛불집회에 참여하신 적이 있으십니까?

① 있다(21.0%)   ② 없다(78.7%)   ③ 모름/무응답(0.3%)

5. 선생님께서 이번 촛불집회에 참여하신 가장 큰 이유는 무엇입니까?

① 박근혜 대통령의 퇴진이나 탄핵을 관철시키기 위해서(58.9%)

② 박근혜 대통령에 대한 분노를 표현하기 위해서(31.0%)

③ 다른 시위 참여자들과 함께하고 싶은 마음에서(4.7%)

④ 촛불시위의 분위기를 경험하고 싶어서(2.5%)

⑤ 모름/무응답(2.9%)

6. 선생님은 현재의 정치 상황에 큰 변화가 없다면, 앞으로 박근혜―최순실 게이트 관련 촛불집회에 참가하실 의향이 있습니까?

① 반드시 참석하겠다(55.9%)

② 여건이 허락하는 한 참석하겠다(43.1%)

③ 앞으로는 참석이 어렵다(0.7%)   ④ 모름/무응답(0.3%)

7. 선생님께서는 만약 이번 촛불집회가 예전처럼 경찰과 충돌할 우려가 있었다면, 어떻게 하셨겠습니까?

　① 그래도 참여했을 것이다(58.4%)

　② 참여를 고민했을 것이다(37.3%)

　③ 참여하지 않았을 것이다(4.0%)

　④ 모름/무응답(0.3%)

8. 촛불집회에서 시민들의 요구가 대통령의 거취 결정에 얼마나 영향을 미칠 것이라고 생각하십니까?

　① 매우 크게 미칠 것이다(39.1%)

　② 어느 정도 영향을 미칠 것이다(48.4%)

　③ 별로 영향을 미치지 못할 것이다(11.0%)

　④ 전혀 영향을 미치지 못할 것이다(1.1%)　　⑤ 모름/무응답(0.4%)

9. 촛불집회는 언제까지 지속되어야 한다고 생각하십니까?

　① 국회에서 탄핵안이 통과될 때까지(11.5%)

　② 특별검사 조사가 끝날 때까지(2.8%)

　③ 헌법재판소의 탄핵 결정 때까지(8.4%)

　④ 대통령이 완전히 물러날 때까지(76.7%)

　⑤ 모름/무응답(0.6%)

10. 선생님께서는 '박근혜 게이트'와 촛불시위를 보면서 우리나라 시민의식에 대해 어떤 느낌을 가지십니까?

　① 이전보다 더 신뢰하게 되었다(88.8%)

　② 이전과 비슷하다(9.0%)

　③ 이전보다 더 불신하게 되었다(1.7%)

　④ 모름/무응답(0.5%)

11.　야당 정치인들이 촛불집회에 참석하는 것에 대해 어떻게 생각하십니까?

　　　① 매우 찬성한다(38.1%)　　　② 찬성하는 편이다(52.7%)

　　　③ 반대하는 편이다(6.9%)　　　④ 매우 반대한다(1.4%)

　　　⑤ 모름/무응답(0.8%)

12. 선생님께서는 이전에 다음의 활동을 해보신 적이 있습니까?

구분		있다	없다	모름/무응답
1	정당 및 정치인 접촉(전화, 편지, 홈페이지 의견 달기, 행사 참여, 만남 등)	19.7%	74.9%	5.3%
2	서명(길거리나 인터넷 서명 포함)	66.2%	31.2%	2.6%
3	문자, 댓글 등을 통해 집회 참여 권유 및 독려	33.1%	60.9%	5.9%
4	언론이나 기업에 항의 전화, 인터넷상에 항의 댓글	19.9%	74.1%	6.0%

13.　선생님께서는 정치에 대한 정보를 어디에서 가장 많이 얻습니까?

　　　① 가족(1.6%)　　　② 친구나 동료(2.9%)

　　　③ 신문(6.3%)　　　④ TV나 라디오(27.8%)

　　　⑤ 인터넷(58.7%)　　　⑥ 모름/무응답(2.7%)

현 정국과 정치인식

※　2014년 '세월호 사건' 당시 선생님께서 느끼셨던 정부에 대한 분노와 '박근혜—최순실 게이트'로 느끼시는 분노를 점수로 나타낸다면 각각 몇 점을 주시겠습니까? 10점을 가장 큰 분노라고 할 때, 자신의 느낌을 점수로 나타내 주십시오.

14. '세월호 사건'

작다	<-->									크다
0	1	2	3	4	5	6	7	8	9	10
	0.5%		0.3%	0.3%	1.4%	3.1%	9.8%		83.4%	

15. '박근혜—최순실 게이트'

작다	<-->									크다
0	1	2	3	4	5	6	7	8	9	10
	0.3%		0.0%	0.2%	0.2%	1.8%	5.6%		90.9%	

16. 박근혜 대통령의 거취를 어떻게 해야 한다고 생각하십니까?

　① 스스로 사임해야 한다(74.4%)

　② 탄핵을 시켜야 한다(23.0%)

　③ 책임총리를 임명하고 2선으로 물러나야 한다(1.8%)

　④ 정상적인 대통령의 지위를 유지해야 한다(0.2%)

　⑤ 모름/무응답(0.5%)

17. "대통령이 스스로 사임을 한다면 법적 처벌을 하지 않아도 된다"는 의견이 있습니다. 선생님께서는 어떻게 생각하십니까?

　① 찬성한다(9.4%)　　　② 반대한다(90.1%)

　③ 모름/무응답(0.4%)

18. 선생님께서는 "현재 시국에서 야당들이 국민보다 자신들의 정치적 이익을 먼저 생각하고 있다"는 주장에 대해 어떻게 생각하십니까?

　① 매우 동의한다(19.0%)　　　② 동의하는 편이다(53.7%)

　③ 동의하지 않는 편이다(21.4%)　　　④ 전혀 동의하지 않는다(4.9%)

　⑤ 모름/무응답(1.0%)

19. 며칠 전 검찰이 '박근혜—최순실 게이트'에 대한 중간 수사 결과를 발표했습니다. 선생님께서는 검찰의 수사가 얼마나 공정하다고 생각하십니까?

　① 매우 공정하다(1.3%)　　　　② 공정한 편이다(21.6%)

　③ 별로 공정하지 않다(51.7%)　④ 전혀 공정하지 않다(24.8%)

　⑤ 모름/무응답(0.7%)

20. 선생님께서는 재벌기업 총수들이 대통령과 독대를 한 후 미르재단 등에 돈을 낸 이유가 무엇이라고 생각하십니까?

　① 불이익을 피하려고(27.3%)　　② 자기 이익을 추구하려고(72.1%)

　③ 모름/무응답(0.6%)

21. '박근혜—최순실 게이트' 전후로 국가에 대한 자부심과 애국심에 어떠한 변화가 있습니까?

구분		이전보다 낮아짐	변화 없음	이전보다 높아짐	모름/무응답
1	국가에 대한 자부심	59.7%	19.0%	20.4%	0.9%
2	국가에 대한 애국심	27.6%	27.8%	42.5%	2.1%

22. 선생님께서는 현재 한국 국민의 의식이 어느 정도 민주화되었다고 생각하십니까?

매우 민주화되었다	민주화된 편이다	보통이다	민주화되지 않은 편이다	전혀 민주화되지 않았다	모름/무응답
16.0%	48.3%	21.4%	11.3%	2.5%	0.5%

23. 다음의 각 사항에 대해 어떻게 생각하시는지 '매우 찬성'이 ①번, 매우 반대'가 ⑦번이라고 할 때 적당한 번호를 골라 주시기 바랍니다.

1	국가가 국민을 테러로부터 보호하기 위해서는 개인정보 침해는 불가피하다	(　　)

매우 찬성			보통			매우 반대	모름/무응답
①	②	③	④	⑤	⑥	⑦	
	10.3%		16.0%		69.1%		4.5%

2	내가 속한 집단을 위해 나의 이익을 대체로 양보한다	( )

매우 찬성			보통			매우 반대	모름/무응답
①	②	③	④	⑤	⑥	⑦	
	28.5%		35.3%		31.1%		5.2%

성별	① 남자(48.7%)	② 여자(51.1%)	
연령별	① 19세 미만(14.5%) ④ 40대(21.1%)	② 19~29세(31.5%) ⑤ 50대(13.5%)	③ 30대(15.3%) ⑥ 60세 이상(4.1%)

—

일반 유권자 설문조사 기초 자료

한국리서치 조사

[조사개요]

모집단	전국 17개 광역시도에 거주하는 만 19세 이상 남녀
표본크기	1,200명
응답률	15.2%(유선전화 9.7%, 휴대전화 13.6%, 패널 36.3%)
표본추출	행정자치부 '주민등록인구현황' 2016년 11월 기준
	성별/연령별/지역별 인구 구성비에 따라 비례 할당한 후 무작위 추출
표집오차	무작위 추출을 전제할 경우, 95% 신뢰수준에서
	최대허용 표집오차는 ±2.8%p임.
조사방법	유무선 혼합 RDD(임의번호걸기·Random Digit Dialing)를 이용한
	전화면접조사(CATI)
유무선전화별 표본크기	유선전화 142명/ 휴대전화 764명/ MS 패널 294명
조사기간	2016. 12. 26 ~ 12. 28
조사기관	(주)한국리서치(대표이사 노익상)

민주주의 인식

1. 선생님께서는 다음의 의견 가운데 어디에 가장 가까우십니까?

   ① 민주주의는 다른 어떤 제도보다 항상 더 낫다(75.5%)

   ② 상황에 따라서는 독재가 민주주의보다 낫다(15.2%)

   ③ 민주주의나 독재나 상관없다(7.6%)

   ④ 모름/무응답(읽지 마시오)(1.7%)

2. 선생님께서는 '나 같은 사람이 정부가 하는 일에 대해 뭐라고 얘기해 봤자 아무 소용이 없다'는 의견에 대해 어떻게 생각하십니까?

① 매우 동의한다(17.3%)　　　　② 동의하는 편이다(28.0%)

③ 동의하지 않는 편이다(30.7%)　　④ 전혀 동의하지 않는다(22.6%)

⑤ 모름/무응답(읽지 마시오)(1.4%)

3. 선생님께서는 대한민국이라는 국가를 얼마나 신뢰하십니까?

① 매우 신뢰한다(7.2%)　　　　　② 신뢰하는 편이다(30.9%)

③ 신뢰하지 않는 편이다(45.0%)　　④ 전혀 신뢰하지 않는다(16.1%)

⑤ 모름/무응답(읽지 마시오)(0.7%)

4. 선생님은 우리 사회가 어느 정도 믿을 수 있는 사회라고 생각하십니까? '전혀 믿을 수 없다'에 0점, '매우 믿을 수 있다'에 10점을 준다면 몇 점을 주시겠습니까?

전혀 믿을 수 없다	<------------------------- 보통 ------------------------->							매우 믿을 수 있다	모름/무응답 (읽지 마시오)
0	1	2	3	4	5	6	7	8　9　10	99
11.0%	3.3%	7.1%	13.3%	8.3%	32.7%	10.5%	8.5%	5.1%	0.1%

5. 다음 정치에 대한 질문에 답해 주십시오.

구분	전혀 그렇지 않다	별로 그렇지 않다	보통 이다	다소 그렇다	매우 그렇다	모름/무응답 (읽지 마시오)
	①	②	③	④	⑤	⑥
1. 내년에는 정치가 올해보다 나아질 것이다	11.8%	25.6%	24.5%	27.4%	9.3%	1.3%
2. 정치인을 잘 뽑으면 나라가 달라질 수 있다	4.5%	10.5%	16.4%	32.4%	35.7%	0.4%

3. 현재 정치의 문제는 정치를 제대로 하지 못한 정치지도자들의 책임이다	1.2%	4.1%	10.6%	27.7%	55.9%	0.6%
4. 현재 정치의 문제는 정치인을 제대로 뽑지 못한 유권자의 책임이다	3.5%	7.8%	14.2%	37.9%	36.5%	0.1%

사회경제 인식

6. 선생님께서는 우리 사회에서 부의 분배가 얼마나 공정하게 이루어지고 있다고 생각하십니까?

    ① 매우 공정하다(0.6%)

    ② 공정한 편이다(13.9%)

    ③ 공정하지 않은 편이다(51.4%)

    ④ 전혀 공정하지 않다(32.8%)

    ⑤ 모름/무응답(읽지 마시오)(1.3%)

7. 선생님께서는 우리 사회의 빈부격차 문제에 대해 어떻게 생각하십니까?

    ① 매우 심각하다(50.3%)

    ② 약간 심각한 편이다(43.9%)

    ③ 별로 심각하지 않은 편이다(5.1%)

    ④ 전혀 심각하지 않다(0.1%)

    ⑤ 모름/무응답(읽지 마시오)(0.6%)

8. 선생님께서는 선생님의 노력에 비해 사회적으로 받는 대우가 어떻다고 생각하십니까?

    ① 대우가 매우 낮다(6.8%)

    ② 대우가 낮은 편이다(35.8%)

    ③ 대우가 적당하다(49.6%)

④ 대우가 높은 편이다(6.0%)

⑤ 대우가 매우 높다(0.8%)

⑥ 모름/무응답(읽지 마시오)(0.9%)

9. 선생님께서는 "누구나 노력한다면 지금보다 더 높은 계층으로 옮겨갈 수 있다"
    고 생각하십니까?

    ① 매우 그렇다(6.7%)

    ② 대체로 그런 편이다(35.1%)

    ③ 그렇지 않은 편이다(44.1%)

    ④ 전혀 그렇지 않다(13.6%)

    ⑤ 모름/무응답(읽지 마시오)(0.6%)

10. 선생님께서 보시기에 지금 우리 사회의 갈등은 일 년 전과 비교하여 어떻다고 생
    각하십니까?

    ① 더 심각해졌다(76.4%)

    ② 비슷한 수준이다(18.5%)

    ③ 더 완화되었다(4.8%)

    ④ 모름/무응답(읽지 마시오)(0.3%)

11. 선생님께서는 지금 우리 사회에서 어떤 갈등이 가장 심각하다고 생각하십니까?

    ① 이념갈등(33.2%)

    ② 빈부갈등(40.1%)

    ③ 세대갈등(13.5%)

    ④ 지역갈등(10.0%)

    ⑤ 기타(1.8%)

    ⑥ 모름/무응답(읽지 마시오)(1.3%)

12. 선생님께서는 다음의 상황이 올해와 비교해 내년에는 어떨 것이라고 생각하십니까?

구분	나아질 것이다	비슷할 것이다	나빠질 것이다	모름/무응답 (읽지 마시오)
	①	②	③	⑨⑨
1. 가정의 소득	16.4%	57.6%	25.2%	0.8%
2. 일자리 문제	8.6%	40.7%	48.6%	2.1%

13. 선생님께서는 현 정부에서 발생하고 있는 정치갈등에 대해 누구의 책임이 가장 크다고 생각하십니까?
① 대통령(46.4%)
② 여당인 새누리당(28.6%)
③ 민주당을 포함한 야당(10.2%)
④ 잘 모르겠다(14.9%)

촛불과 정치인식

※ 다음 의견에 대한 선생님의 생각을 말씀해 주십시오.

14. 정치가 내 삶에 중요한 영향을 미친다
① 그렇다(68.1%)   ② 아니다(18.8%)   ③ 모르겠다(13.1%)

15. 정치가 국가 발전에 중요한 역할을 한다
① 그렇다(89.7%)   ② 아니다(5.5%)   ③ 모르겠다(4.8%)

16. 다음의 주장에 대해 어떻게 생각하십니까?

구분	매우 찬성	찬성하는 편	반대하는 편	매우 반대	모름/무응답
	①	②	③	④	⑤
1. 시민들이 촛불집회를 통해 정치에 관여하는 것은 정치 불안을 가져올 수 있다	11.7%	20.0%	28.5%	38.7%	1.1%
2. 집회에 참여하는 사람들은 이념적으로 진보에 치우친 사람들이다.	11.0%	25.0%	34.4%	25.1%	4.5%
3. 국가의 중요한 정책을 결정할 때에는 국민의 의사를 직접 묻는 국민투표를 실시해야 한다	42.2%	42.8%	11.0%	2.3%	1.8%

17. 촛불집회와 박근혜 대통령 탄핵을 계기로, 향후 정치권의 비리는 어떻게 될 것으로 보십니까?

① 많이 줄어들 것이다(10.3%)

② 어느 정도 줄어들 것이다(46.5%)

③ 별로 줄어들지 않을 것이다(34.0%)

④ 전혀 줄어들지 않을 것이다(7.7%)

⑤ 모름/무응답(읽지 마시오)(1.5%)

18. 선생님께서는 이번 국정농단 사건의 가장 중요한 원인은 무엇이라고 생각하십니까?

① 박근혜 대통령의 비정상적인 통치행위(42.5%)

② 대통령에게 과도하게 쏠린 권력(23.6%)

③ 재벌, 관료, 검찰의 비리 유착 관계(30.4%)

④ 모름/무응답(읽지 마시오)(3.5%)

19. 선생님께서는 최근 광화문 촛불집회에 참여하신 적이 있습니까?

① 있다(23.9%) → 문20　　　　② 없다(76.0%) → 문21

③ 모름/무응답(읽지 마시오)(0.1%) → 문22

20. 참여하셨다면 몇 번이나 참여하셨습니까? → 문22

① 1회(55.8%)　　　　② 2회(25.9%)　　　　③ 3~4회(13.9%)

④ 5회 이상(4.1%)　　　　⑤ 모름/무응답(읽지 마시오)(0.3%)

21. 참여하시지 않은 주된 이유는 무엇입니까?

① 시간이나 여건이 되지 않아서(65.5%)

② 별로 관심이 없어서(8.9%)

③ 집회 목적에 찬성하지 않아서(13.0%)

④ 기타(12.2%)

⑤ 모름/무응답(읽지 마시오)(0.3%)

22. 박근혜 대통령의 거취가 지금과 변화가 없다면 앞으로 촛불집회에 참여할 의사
가 있으십니까?

① 있다(65.6%)　　② 없다(33.8%)　　③ 모름/무응답(읽지 마시오)(0.6%)

—

일반 유권자 설문조사 기초 자료

서베이몹 조사

[조사개요]

모집단	전국 17개 광역시도에 거주하는 만 19~59세 남녀
표본크기	1차(1,540명), 2차(1,077명), 3차(836명), 4차(812명)
응답률	모바일 플랫폼 조사이므로 응답율을 계산할 수 없음.
표본추출	1차 조사에서 행정자치부 '주민등록인구현황' 2016년 11월 기준
	성별/연령별/지역별 인구 구성비에 따라 비례 할당한 후
	쿼터별 표집, 2~4차 조사에서는 1차 조사 응답자 연속조사
표집오차	1차 조사에 한해 무작위 추출을 전제할 경우, 95% 신뢰수준에서
	최대허용 표집오차는 ±2.5%p임.
조사방법	T-MONEY 사용자를 대상, 모바일 플랫폼 조사
	1~4차 연속 패널조사
조사기간	1차 조사(2016. 11. 14 ~ 11. 24)
	2차 조사(2016. 11. 25 ~ 12. 5)
	3차 조사(2016. 12. 15 ~ 12. 25)
	4차 조사(2017. 3. 13 ~ 3. 23)
조사기관	(주)서베이몹

1차 조사

1. 박근혜 대통령은 거취를 어떻게 결정해야 한다고 생각하십니까?
   ① 스스로 하야해야 한다(800명, 51.95%)

② 국회에서 탄핵 절차를 밟아야 한다(239명, 15.52%)

③ 권한 대부분을 총리에게 이양하고 2선으로 물러나야 한다(187명, 12.14%)

④ 조기사임을 선언하고 대선을 진행해야 한다(208명, 13.51%)

⑤ 정상적인 대통령의 지위를 유지해야 한다(106명, 6.88%)

2. 최순실이 저지른 비리에 대해 그동안 대통령은 얼마나 알고 있었다고 생각하십니까?

① 거의 다 알고 있었다(1,138명, 73.9%)

② 일부만 알고 있었다(306명, 19.87%)

③ 거의 모르고 있었다(62명, 4.03%)

④ 전혀 모르고 있었다(34명, 2.21%)

3. 이번 최순실 비리 사건으로 현재 국가가 얼마나 심각한 위기에 빠졌다고 생각하십니까?

① 전혀 위기가 아니다(39명, 2.53%)

② 별로 위기가 아니다(69명, 4.48%)

③ 약간 위기이다(246명, 15.97%)

④ 매우 위기이다(1,186명, 77.01%)

4. 이번 비리 사건으로 인해 북한의 위협 등 국가 안보가 이전과 비교해서 어떠한 상황 변화가 있다고 생각하십니까?

① 매우 심각해졌다(738명, 47.89%)

② 약간 심각해졌다(518명, 33.61%)

③ 별로 심각해지지 않았다(239명, 15.51%)

④ 전혀 심각해지지 않았다(46명, 2.99%)

5. 이번 비리 사건과 관련하여 촛불집회 등 시민 집회에 참석해 본 경험이 있습니까?

① 있다(519명, 33.68%)　　② 없다(1,022명, 66.32%)

6. 만일 이번 주 중에 대통령의 거취가 결정되지 않는다면 이번 주말 촛불집회에 참석할 의사가 있습니까?
① 반드시 참석할 것이다(483명, 31.34%)
② 아마 참석할 것이다(565명, 36.66%)
③ 아마 참석하지 않을 것이다(385명, 24.98%)
④ 절대 참석하지 않을 것이다(108명, 7.01%)

7. 촛불집회에서 시민들의 요구가 대통령의 거취 결정에 얼마나 영향을 미친다고 생각하십니까?
① 매우 크게 미친다(589명, 38.22%)
② 어느 정도 영향을 미친다(697명, 45.23%)
③ 별로 영향을 미치지 못한다(210명, 13.63%)
④ 전혀 영향을 미치지 못한다(45명, 2.92%)

8. 만일 최순실 소유의 태블릿 PC를 검찰이 먼저 압수했다면 이번 비리가 얼마나 밝혀졌을 것으로 생각합니까?
① 현재 정도로 밝혀졌을 것이다(214명, 13.89%)
② 현재보다는 적지만 대부분이 밝혀졌을 것이다(372명, 24.14%)
③ 대부분 감춰졌을 것이다(618명, 40.1%)
④ 모든 것이 감춰졌을 것이다(337명, 21.87%)

9. 최순실 비리 사건에 대한 검찰의 수사가 얼마나 공정할 것으로 생각하십니까?
① 매우 공정할 것(111명, 7.2%)
② 어느 정도 공정할 것(363명, 23.56%)
③ 별로 공정하지 않을 것(715명, 46.4%)

④ 전혀 공정하지 않을 것(352명, 22.84%)

10. 우병우 전 민정수석에 대한 검찰의 수사가 얼마나 공정할 것으로 생각하십니까?
① 매우 공정할 것(89명, 5.78%)
② 어느 정도 공정할 것(312명, 20.25%)
③ 별로 공정하지 않을 것(585명, 37.96%)
④ 전혀 공정하지 않을 것(555명, 36.02%)

11. 대통령에 대한 검찰의 수사가 얼마나 공정할 것으로 생각하십니까?
① 매우 공정할 것(103명, 6.68%)
② 어느 정도 공정할 것(303명, 19.65%)
③ 별로 공정하지 않을 것(627명, 40.66%)
④ 전혀 공정하지 않을 것(509명, 33.01%)

12. 이번 최순실 비리 사건이 한국 민주주의 발전에 어떤 영향을 미칠 것으로 생각하십니까?
① 민주주의 발전에 도움이 될 것이다(697명, 45.2%)
② 별 영향이 없을 것이다(282명, 18.29%)
③ 민주주의를 후퇴시킬 것이다(563명, 36.51%)

13. 만일 대통령이 물러난다면 이후 대통령의 임기는 어떻게 된다고 생각하십니까?
① 잔여 임기를 채우고 내년 12월에 대선에서 새 대통령을 뽑는다(433명, 28.8%)
② 새 대통령은 5년의 임기를 시작한다(826명, 53.57%)
③ 잘 모르겠다(283명, 18.35%)

14. 대통령을 탄핵할 경우 절차상 누가 최종적으로 결정한다고 생각하십니까?

① 국회(193명, 12.52%)

② 헌법재판소(512명, 33.2%)

③ 국민투표(756명, 49.03%)

④ 잘 모르겠다(81명, 5.25%)

2차 조사

1. 박근혜 대통령은 거취를 어떻게 결정해야 한다고 생각하십니까?

   ① 스스로 하야해야 한다(614명, 57.01%)

   ② 국회에서 탄핵 절차를 밟아야 한다(236명, 21.91%)

   ③ 권한 대부분을 총리에게 이양하고 2선으로 물러나야 한다(66명, 6.13%)

   ④ 조기사임을 선언하고 대선을 진행해야 한다(103명, 9.56%)

   ⑤ 정상적인 대통령의 지위를 유지해야 한다(58명, 5.39%)

2. 최순실이 저지른 비리에 대해 그동안 대통령은 얼마나 알고 있었다고 생각하십니까?

   ① 거의 다 알고 있었다(807명, 74.93%)

   ② 일부만 알고 있었다(203명, 18.85%)

   ③ 거의 모르고 있었다(45명, 4.18%)

   ④ 전혀 모르고 있었다(22명, 2.04%)

3. 이번 최순실 비리 사건으로 현재 국가가 얼마나 심각한 위기에 빠졌다고 생각하십니까?

   ① 전혀 위기가 아니다(33명, 3.06%)

   ② 별로 위기가 아니다(68명, 6.31%)

   ③ 약간 위기이다(215명, 19.96%)

   ④ 매우 위기이다(761명, 70.66%)

4. 이번 비리 사건으로 인해 북한의 위협 등 국가 안보가 이전과 비교해서 어떠한 상황 변화가 있다고 생각하십니까?

   ① 매우 심각해졌다(472명, 43.83%)

   ② 약간 심각해졌다(390명, 36.21%)

   ③ 별로 심각해지지 않았다(176명, 16.34%)

   ④ 전혀 심각해지지 않았다(39명, 3.62%)

5. 이번 비리 사건과 관련하여 촛불집회 등 시민 집회에 참석해 본 경험이 있습니까?

   ① 있다(430명, 39.93%)

   ② 없다(647명, 60.07%)

6. (5번에서 있다고 응답한 경우) 그동안 몇 번이나 참가하였습니까?

   ① 1회(180명, 43.06%)　　　② 2회(141명, 33.73%)

   ③ 3회(74명, 17.70%)　　　④ 4회(14명, 3.35%)

   ⑤ 5회(8명, 1.91%)　　　⑥ 6회 이상(1명, 0.24%)

7. 주로 누구와 참가하였습니까?

   ① 가족(141명, 32.79%)

   ② 친구나 직장 동료(177명, 41.16%)

   ③ 인터넷 카페나 인터넷 동호회의 회원(8명, 1.86%)

   ④ 정당, 노조, 시민단체의 회원(4명, 0.93%)

   ⑤ 혼자(100명, 23.26%)

8. 대통령의 거취 등 정치권의 변화가 없다면 주말 촛불집회에 참석할 의사가 얼마나 있습니까?

   ① 확실히 참석한다(334명, 31.01%)

   ② 아마 참석할 것이다(454명, 42.15%)

③ 아마 참석하지 않을 것이다(217명, 20.15%)

④ 절대 참석하지 않을 것이다(72명, 6.69%)

9. 참가하지 않는 이유는 무엇입니까?

① 시간이나 여건이 되지 않아서(182명, 62.98%)

② 별로 관심이 없어서(36명, 12.46%)

③ 집회 목적에 찬성하지 않아서(71명, 24.57%)

10. 촛불집회에서 시민들의 요구가 대통령의 거취 결정에 얼마나 영향을 미친다고 생각하십니까?

① 매우 크게 미친다(400명, 37.14%)

② 어느 정도 영향을 미친다(498명, 46.24%)

③ 별로 영향을 미치지 못한다(142명, 13.18%)

④ 전혀 영향을 미치지 못한다(37명, 3.44%)

11. 촛불집회는 언제까지 계속되어야 한다고 생각하십니까?

① 국회에서 탄핵안이 통과될 때까지(251명, 23.31%)

② 특별검사 조사가 끝날 때까지(102명, 9.47%)

③ 헌법재판소의 탄핵 결정 때까지(82명, 7.61%)

④ 대통령이 완전히 물러날 때까지(642명, 59.61%)

12. "대통령이 스스로 사임한다면 법적 처벌을 하지 않아도 된다"라는 의견이 있습니다. 선생님께서는 어떻게 생각하십니까?

① 찬성한다(201명, 18.66%)   ② 반대한다(876명, 81.34%)

13. 며칠 전 검찰이 박근혜─최순실 게이트에 대한 중간 수사 결과를 발표하였습니다. 선생님께서는 검차의 수사가 얼마나 공정하다고 생각하십니까?

① 매우 공정하다(59명, 5.48%)

② 공정한 편이다(305명, 28.32%)

③ 별로 공정하지 않다(529명, 49.12%)

④ 전혀 공정하지 않다(184명, 17.08%)

14. 재벌기업 총수들이 대통령과 독대한 후 미르재단 등에 돈을 낸 이유가 무엇이라고 생각하십니까?

① 불이익을 피하려고(491명, 45.59%)

② 자기 이익을 추구하려고(586명, 54.41%)

15. 박근혜—최순실 게이트 전후로 국가에 대한 자부심에 어떤 변화가 있었습니까?

① 이전보다 낮아짐(666명, 61.84%)

② 변화 없음(286명, 26.56%)

③ 이전보다 높아짐(125명, 11.61%)

16. 박근혜—최순실 게이트 전후로 국가에 대한 애국심에 어떤 변화가 있었습니까?

① 이전보다 낮아짐(472명, 43.83%)

② 변화 없음(303명, 28.13%)

③ 이전보다 높아짐(302명, 28.04%)

17. 세월호 때 느끼신 정부에 대한 분노는 몇 점 정도입니까? 0점은 분노 없음, 5점은 참을 만한 정도의 분노, 10점은 이성을 잃을 정도의 분노로 표시하십시오.

◎ 0명(0%)	① 34명(3.16%)	② 5명(0.46%)
③ 8명(0.74%)	④ 14명(1.3%)	⑤ 11명(1.02%)
⑥ 119명(11.05%)	⑦ 59명(5.48%)	⑧ 161명(14.95%)
⑨ 210명(19.5%)	⑩ 130명(12.07%)	

18. 세월호 때 느끼신 정부에 대한 분노와 박근혜—최순실 게이트로 느끼는 분노는 몇 점 정도입니까? 0점은 분노 없음, 5점은 참을 만한 정도의 분노, 10점은 이성을 잃을 정도의 분노로 표시하십시오.

◎ 0명(0%) ① 21명(1.95%) ② 3명(0.28%)

③ 12명(1.11%) ④ 5명(0.46%) ⑤ 6명(0.56%)

⑥ 67명(6.22%) ⑦ 52명(4.83%) ⑧ 111명(10.31%)

⑨ 191명(17.73%) ⑩ 213명(19.78%)

19. "현재 시국에서 야당들이 국민보다 자신들의 정치적 이익을 먼저 생각하고 있다"는 주장에 대해 어떻게 생각하십니까?

① 매우 동의한다(416명, 38.63%)

② 동의하는 편이다(492명, 45.68%)

③ 동의하지 않는 편이다(127명, 11.79%)

④ 전혀 동의하지 않는다(42명, 3.9%)

20. 야당 정치인들이 촛불집회에 참석하는 것에 대해 어떻게 생각하십니까?

① 매우 찬성한다(225명, 20.87%)

② 찬성하는 편이다(519명, 48.14%)

③ 반대하는 편이다(226명, 20.96%)

④ 매우 반대한다(108명, 10.02%)

21. 만일 대통령이 물러난다면 이후 대통령의 임기는 어떻게 된다고 생각하십니까?

① 잔여 임기를 채우고 내년 12월에 대선에서 새 대통령을 뽑는다

　(264명, 24.49%)

② 새 대통령은 5년의 임기를 시작한다(640명, 59.37%)

③ 잘 모르겠다(174명, 16.14%)

22. 대통령을 탄핵할 경우 탄핵은 절차상 누가 최종적으로 결정한다고 생각하십니까?
① 국회(96명, 8.91%)
② 헌법재판소(454명, 42.12%)
③ 국민투표(528명, 48.98%)

3차 조사

1. (문항 1은 패널조사에서 조사 참여에 동의하는지 여부를 확인하는 문항이므로 생략함.)

2. 최근 6차(12월 3일 탄핵안 통과 전)나 7차(12월 10일 탄핵안 통과 후) 광화문 촛불집회에 참가하신 적이 있습니까?
① 있다(329명, 39.35%)
② 없다(507명, 60.65%)

3. 있다면, 어떤 집회에 참가하셨습니까?
① 6차(181명, 55.02%)
② 7차(43명, 13.07%)
③ 둘 다(105명, 31.91%)

4. 없다면, 그 이유는 무엇입니까?
① 시간이나 여건이 되지 않아서(437명, 86.19%)
② 별로 관심이 없어서(15명, 2.96%)
③ 집회 목적에 찬성하지 않아서(55명, 10.85%)

5. 그동안 최순실 비리 사건과 관련된 집회에 참석한 횟수는 총 몇 번이나 됩니까?

① 없음(415명, 49.64%) ② 1회(118명, 14.11%)

③ 2회(129명, 15.43%) ④ 3회(75명, 8.97%)

⑤ 4회(36명, 4.31%) ⑥ 5회(24명, 2.87%)

⑦ 6회(7명, 0.84%) ⑧ 7회(32명, 3.83%)

6. 만일 대통령이 사임하지 않는다면 선생님께서는 앞으로 광화문 촛불집회에 참가할 의향이 있습니까?

① 반드시 참가하겠다(256명, 30.62%)

② 여건이 허락한다면 참가하겠다(480명, 57.42%)

③ 앞으로 참가하지 않겠다(100명, 11.96%)

7. "촛불집회 참가자는 대부분 진보적인 사람들이다"라는 주장에 대해 어떻게 생각하십니까?

① 매우 동의한다(123명, 14.71%)

② 동의하는 편이다(250명, 29.9%)

③ 별로 동의하지 않는다(325명, 38.88%)

④ 전혀 동의하지 않는다(138명, 16.51%)

8. 지난 12월 9일 국회에서 대통령 탄핵안을 통과시켰습니다. 광화문 촛불집회가 탄핵안 통과에 얼마나 영향을 미쳤다고 생각하십니까?

① 큰 영향을 미쳤다(528명, 63.16%)

② 어느 정도 영향을 미쳤다(272명, 32.54%)

③ 별로 영향을 미치지 못했다(20명, 2.39%)

④ 전혀 영향을 미치지 못했다(16명, 1.91%)

9. 탄핵안 통과 이후 촛불집회에서는 대통령의 즉각 하야를 주장하고 있습니다. 이에 대해 어떻게 생각하십니까?

① 매우 동의한다(447명, 53.47%)

② 동의하는 편이다(261명, 31.22%)

③ 별로 동의하지 않는다(86명, 10.29%)

④ 전혀 동의하지 않는다(42명, 5.02%)

10. 촛불집회는 언제까지 지속되어야 한다고 생각하십니까?

① 특별검사 조사가 끝날 때까지(90명, 10.77%)

② 헌법재판소의 탄핵 여부 결정 때까지(170명, 20.33%)

③ 대통령이 완전히 물러날 때까지(472명, 56.46%)

④ 이제 그만 멈추어야 한다(104명, 12.44%)

11. "대통령이 지금이라도 스스로 사임을 한다면 법적 처벌을 하지 않아도 된다"는 의견이 있습니다. 선생님께서는 어떻게 생각하십니까?

① 찬성한다(150명, 17.94%)

② 반대한다(686명, 82.06%)

12. (11번에서 찬성한다고 응답한 경우) 찬성하시는 주된 이유는 무엇입니까?

① 스스로 사임하는 것만으로 처벌된 것이므로(70명, 46.67%)

② 대통령도 최순실의 국정농단에 속은 것이기 때문에(25명, 16.67%)

③ 대통령이 자신의 사익을 챙긴 것은 아니기 때문에(26명, 17.33%)

④ 대통령을 법적으로 처벌하는 것은 국가 망신이므로(23명, 15.33%)

⑤ 그냥 불쌍하거나 측은하기 때문에(6명, 4%)

13. (11번에서 반대한다고 응답한 경우) 반대하시는 주된 이유는 무엇입니까?

① 사임 여부와 관계없이 불법행위는 처벌해야 하므로(521명, 75.95%)

② 탄핵안이 이미 통과되어 사임이 의미가 없기 때문에(14명, 2.04%)

③ 다른 관련자는 처벌하고 대통령은 처벌하지 않으면 공평하지 않아서
  (79명, 11.52%)

④ 대통령이 진심으로 반성하고 있지 않아서(72명, 10.5%)

14. 야당 정치인들이 촛불집회에 참석하는 것에 대해 어떻게 생각하십니까?

① 매우 찬성한다(158명, 18.9%)

② 찬성하는 편이다(412명, 49.28%)

③ 반대하는 편이다(186명, 22.25%)

④ 매우 반대한다(80명, 9.57%)

15. 선생님께서는 "현재 시국에서 야당들이 국민보다 자신들의 정치적 이익을 먼저 생각하고 있다"는 주장에 대해 어떻게 생각하십니까?

① 매우 동의한다(262명, 31.34%)

② 동의하는 편이다(424명, 50.72%)

③ 별로 동의하지 않는다(122명, 14.59%)

④ 전혀 동의하지 않는다(28명, 3.35%)

16. 박근혜 대통령이 거취를 어떻게 해야 한다고 생각하십니까?

① 즉시 사임해야 한다(621명, 74.28%)

② 헌법재판소의 탄핵 여부 판결 때까지 기다려야 한다(215명, 25.72%)

17. 며칠 전 검찰이 '박근혜—최순실 게이트'에 대한 최종 수사 결과를 발표했습니다. 선생님께서는 검찰의 수사가 얼마나 공정하다고 생각하십니까?

① 매우 공정하다(39명, 4.67%)

② 공정한 편이다(290명, 34.69%)

③ 별로 공정하지 않다(404명, 48.33%)

④ 전혀 공정하지 않다(103명, 12.32%)

18. 현재 진행되고 있는 특검의 수사는 얼마나 공정할 것이라고 예상하십니까?
① 매우 공정할 것이다(77명, 9.21%)
② 어느 정도 공정할 것이다(481명, 57.54%)
③ 별로 공정하지 않을 것다(229명, 27.39%)
④ 전혀 공정하지 않을 것이다(49명, 5.86%)

19. 며칠 전 국정조사에서 비리 관련 재벌총수들이 진술을 하였습니다. 선생님께서는 재벌총수들이 대통령과 독대를 한 후 미르재단 등에 돈을 낸 이유가 무엇이라고 생각하십니까?
① 불이익을 피하려고(390명, 46.65%)
② 자기 이익을 추구하려고(446명, 53.35%)

20. 만약 앞으로 촛불집회가 경찰과 충돌한다면 어떠한 입장을 취하시겠습니까?
① 촛불집회를 지지할 것이다(438명, 52.39%)
② 상황에 따라 촛불집회 지지 여부를 결정할 것이다(300명, 35.89%)
③ 촛불집회를 반대할 것이다(98명, 11.72%)

21. 대통령이 거취를 결정하는 데 촛불집회에서 즉각사퇴를 요구하는 것이 얼마나 영향을 미칠 것이라고 생각하십니까?
① 매우 크게 영향을 미칠 것이다(258명, 30.86%)
② 어느 정도 영향을 미칠 것이다(411명, 49.16%)
③ 별로 영향을 미치지 못할 것이다(128명, 15.31%)
④ 전혀 영향을 미치지 못할 것이다(39명, 4.67%)

22. 이번 최순실 사건을 계기로 앞으로 정치에서 비리가 어떻게 될 것이라고 생각하십니까?

① 거의 없어질 것이다(29명, 3.47%)

② 어느 정도 줄어들 것이다(417명, 49.88%)

③ 별로 줄어들지 않을 것이다(324명, 38.76%)

④ 전혀 줄어들지 않을 것이다(66명, 7.89%)

23. 국회에서 탄핵안을 통과시킨 이후 선생님의 분노는 어떻게 변했습니까?

① 분노가 줄었다(176명, 21.05%)

② 탄핵안 통과 이전과 비슷하다(549명, 65.67%)

③ 분노가 더 커졌다(111명, 13.28%)

24. 소셜 미디어와 모바일 메신저에서 선생님의 친구나 팔로어가 몇 명 정도입니까?

① 200명 이하(530명, 63.4%)

② 201~400명(165명, 19.74%)

③ 401~600명(51명, 6.1%)

④ 601~800명(32명, 3.83%)

⑤ 801명 이상(58명, 6.94%)

25. 선생님께서는 현재까지 소셜 미디어나 모바일 메신저를 통해서, 메시지를 작성하거나 타인의 메시지를 공유하는 방식으로, 최순실 게이트와 촛불집회 정보를 얼마나 많이 전달하였습니까?

① 총 25회 이하(617명, 73.8%)

② 총 26~50회(115명, 13.76%)

③ 총 51~75회(52명, 6.22%)

④ 총 76~100회(14명, 1.67%)

⑤ 총 101회 이상(38명, 4.55%)

4차 조사

1. 이번 비리 사건과 관련하여 촛불집회 등 탄핵 찬성 집회에 참석해 본 경험이 있습니까?

   ① 있다(421명, 51.85%)   ② 없다(391명, 48.15%)

2. (1번에서 있다고 응답한 경우) 그동안 촛불집회에 참석한 횟수는 총 몇 번이나 됩니까?

   ① 1회(109명, 25.89%)

   ② 2회(117명, 27.79%)

   ③ 3회(89명, 21.14%)

   ④ 4회(36명, 8.55%)

   ⑤ 5~7회(47명, 11.16%)

   ⑥ 8~10회(6명, 1.43%)

   ⑦ 10회 이상(17명, 4.04%)

3. (1번에서 없다고 응답한 경우) 참석하지 않은 이유는 무엇입니까?

   ① 시간이나 여건이 되지 않아서(305명, 78.01%)

   ② 별로 관심이 없어서(29명, 7.42%)

   ③ 집회 목적에 찬성하지 않아서(57명, 14.58%)

4. 그렇다면 탄핵 반대 태극기 집회에 참가해 본 적은 있습니까?

   ① 있다(6명, 1.53%)   ② 없다(385명, 98.47%)

5. "촛불집회에 참가한 사람들은 이념적으로 진보에 치우친 사람들이다"라는 주장에 대해 어떻게 생각하십니까?

   ① 매우 동의한다(100명, 12.32%)

② 동의하는 편이다(293명, 36.08%)

③ 반대하는 편이다(278명, 34.24%)

④ 매우 반대한다(141명, 17.36%)

6. 재벌총수들이 대통령과 독대를 한 후 미르재단 등에 돈을 낸 이유가 무엇이라고 생각하십니까?

① 불이익을 피하려고(383명, 47.17%)

② 자기 이익을 추구하려고(429명, 52.83%)

7. 헌법재판소의 탄핵 결정에 대해서 어떻게 생각하십니까?

① 동의한다(688명, 84.73%)

② 동의하지 않지만 받아들인다(92명, 11.33%)

③ 동의하지 않고 받아들일 수도 없다(32명, 3.94%)

8. 촛불집회가 헌법재판소의 탄핵 인용 결정에 어느 정도 영향을 미쳤다고 생각하십니까?

① 많은 영향을 미쳤다(394명, 48.52%)

② 어느 정도 영향을 미쳤다(339명, 41.75%)

③ 별로 영향을 미치지 않았다(63명, 7.76%)

④ 전혀 영향을 미치지 않았다(16명, 1.97%)

9. 탄핵이 된 박근혜 전 대통령의 사법 처리에 대해 어떻게 생각하십니까?

① 탄핵과 관계없이 사법 처리해야 한다(667명, 82.14%)

② 탄핵되었으니 사법 처리는 하지 말아야 한다(97명, 11.95%)

③ 잘 모르겠다(48명, 5.91%)

10. 그렇다면 구속 여부에 대해서는 어떻게 생각하십니까?

    ① 수사 결과에 따라 구속 여부가 결정되어야 한다(684명, 95.66%)

    ② 구속까지는 시키지 말아야 한다(31명, 4.34%)

11. 이번 비리 사건을 계기로 앞으로 정치에서 비리가 어떻게 될 것이라고 생각하십니까?

    ① 거의 없어질 것이다(36명, 4.43%)

    ② 어느 정도 줄어들 것이다(404명, 49.75%)

    ③ 별로 줄어들지 않을 것이다(283명, 34.85%)

    ④ 전혀 줄어들지 않을 것이다(89명, 10.96%)

12. 선생님이 대선에서 투표 결정을 할 때 이번 비리 사건이 어느 정도 영향을 미칠 것으로 생각하십니까?

    ① 큰 영향을 미칠 것이다(378명, 46.55%)

    ② 약간 영향을 미칠 것이다(286명, 35.22%)

    ③ 별로 영향을 미치지 않을 것이다(117명, 14.41%)

    ④ 전혀 영향을 미치지 않을 것이다(31명, 3.82%)

13. 이번 비리 사건에 관한 정보를 어디서 가장 많이 얻으셨습니까?

    ① 공중파 TV(KBS, MBC, SBS 등)(185명, 22.78%)

    ② 종편 채널(YTN, JTBC, TV조선, MBN 등)(430명, 52.96%)

    ③ 종이 신문(11명, 1.35%)

    ④ 인터넷(포털, 카페, 블로그 등)(161명, 19.83%)

    ⑤ 소셜 미디어와 모바일(카카오톡, 밴드, 트위터, 텔레그램 등)(25명, 3.08%)

14. 그동안 다른 사람들에게 소셜 미디어나 모바일 메신저 등으로 촛불집회 정보를 얼마나 전달하였습니까?

① 25회 이하(582명, 71.67%)　　② 26~50회(125명, 15.39%)

③ 51~75회(52명, 6.4%)　　④ 76~100회(16명, 1.97%)

⑤ 100회 이상(37명, 4.56%)

15.　우리 사회에서 부의 분배가 얼마나 공정하게 이루어지고 있다고 생각하십니까?

① 매우 공정하다(35명, 4.31%)

② 공정한 편이다(77명, 9.48%)

③ 공정하지 않은 편이다(402명, 49.51%)

④ 전혀 공정하지 않다(298명, 36.7%)

16.　선생님의 노력에 비해 사회적으로 받는 대우가 어떻다고 생각하십니까?

① 대우가 높은 편이다(36명, 4.43%)

② 적당하다(231명, 28.45%)

③ 대우가 낮은 편이다(545명, 67.12%)

17.　"국가의 중요한 정책을 결정할 때에는 국민의 의사를 직접 묻는 국민투표를 실시해야 한다"는 의견에 대해 어떻게 생각하십니까?

① 매우 찬성한다(351명, 43.23%)

② 찬성하는 편이다(381명, 46.92%)

③ 반대하는 편이다(67명, 8.25%)

④ 매우 반대한다(13명, 1.6%)

18.　선생님께서는 다음의 의견 가운데 어디에 가장 가까우십니까?

① 민주주의는 다른 어떤 제도보다 항상 낫다(573명, 70.57%)

② 상황에 따라서는 독재가 민주주의보다 낫다(175명, 21.55%)

③ 민주주의나 독재나 상관없다(64명, 7.88%)

주
---

1. 이하 촛불집회 참가인원 수는 주최 측('박근혜정권 퇴진 비상국민행동') 추산 발표 자료를 사용한다. 1월 7일 11차 촛불집회까지는 경찰 측과 주최 측이 각각 참가인원 수를 추산하여 발표했지만, 경찰이 추산 방식의 차이 등을 둘러싼 논란으로 인해 12차 촛불집회부터는 인원 집계 발표를 하지 않았기 때문에 데이터의 연속성을 확보하기 위해 주최 측 발표 숫자를 사용할 것이다.

2. 2015년 1월 26일자 경향신문, "'지지율 30%' 대통령"; 2016년 7월 22일자 문화일보, "'우병우 의혹'에도 朴 지지율 흔들림 없어"

3. 2016년 가을부터 본격화되어 2017년 3월 10일 결국 대통령의 해임으로 이어진 일련의 사태는 2017년 봄 지금까지 여전히 수사와 재판이 진행 중이다. 이 사태에 대한 여러 명칭이 있지만 언론 등에서 가장 보편적으로 사용되는 '박근혜—최순실 게이트'를 이 글에서도 주로 사용하되, 맥락에 따라 '박근혜 게이트', '최순실 게이트' 등을 혼용한다.

4. 이 시기에 '최순실' 키워드 검색으로 확인된 뉴스는 이혼 소송 등에 관한 보도였다.

5. 2016년 9월 20일자 MBN 뉴스, "최순실 K스포츠재단, 설립 특혜 의혹…野 '박근혜 대통령 비선실세냐'"

6. 2016년 9월 20일자 노컷뉴스, "조응천 '최순실, 우병우 靑 입성에도 영향'"

7. 2016년 10월 21일자 오마이뉴스, "박근혜 정권과 이화여대의 '기막힌 동거'"

8. 2016년 10월 22일자 MBC 뉴스, "이화여대 학생들, 86일 만에 점거농성 중단"

9. 2016년 10월 7일자 경향신문, "점거농성 이화여대 학생들 '경찰 수사에도 우리의 농성은 위축되지 않는다'"

10. 2016년 9월 26일자 한겨레신문, 〈단독〉 딸 지도교수까지 바꾼 '최순실의 힘'"; "최순실 도 넘은 개입…'승마하는 딸' 고비마다 특혜 논란"

11. 2013년 4월 17일자 국민일보, "朴 대통령 '남북대화 하더라도 비선라인 활용 않겠다'"

12. 2014년 10월 6일자 YTN 보도, "박근혜 대통령 '개헌 논의는 경제 블랙홀 유발'"

13. 2016년 10월 11일자 뉴스1 보도, "靑 '자제령'에도 여권발 개헌론 지속…대선정국 블랙홀 되나"

14. 2016년 10월 24일자 중앙일보, "'개헌은 블랙홀'→'적기'…朴 대통령 입장 바꾼 가장 큰 이유"

15. 2016년 10월 20일자 경향신문, "박근혜 대통령, '최순실 게이트' 두고 '도 지나친 인신공격' 성 논란, 위기 가중시켜'"

16. 2016년 10월 25일자 중앙일보, 〈뉴스룸 레터〉 판도라의 상자

17. 2016년 10월 27일자 세계일보, "연설문 수정, 신의로 한 일인데…국가 기밀인 줄 몰랐다"; "박 대통령 당선 직후 이메일로 연설문 받아봤다"

18. 2016년 10월 25일자 국민일보, "'박근혜 최순실'에 점령당한 실시간 검색어 10개"

19. 2016년 10월 26일자 경향신문, "'대한민국은 최순실의 꿈이 이뤄지는 나라입니까'…대학 가 시국선언 잇따라"

20. 2016년 10월 28일자 세계일보, "'대통령 하야 안 하면 대정부 투쟁' 현대차 노조도 시국 선언"

21. 2016년 10월 26일자 민중의 소리, "국민 말은 안 듣고 선무당 말은 듣다니…박근혜 하야 하라"

22. 2016년 10월 27일자 노컷뉴스, "최순실 게이트 키맨 고영태 전격 출석 조사"

23. 2016년 10월 27일자 오마이뉴스, "전북도민 '경악 넘어 분노, 박근혜―내각 총사퇴하라'"

24. 2016년 10월 28일자 뉴스1, "朴 대통령 정치적 기반 대구에서도 '대통령 하야'"

25. 2016년 10월 27일자 서울신문, "시국선언 이어져…'최순실 의혹'에 교수들도 '朴 대통령 탄핵이 마땅'"

26. 2016년 10월 27일자 한겨레신문, "기습시위·시국선언…전국서 번지는 '박 대통령 사퇴' 목 소리"

27. 2016년 10월 26일자 세계일보, "이재명 '권위 상실한 대통령 하야하고 거국중립내각에 권 력 넘겨야'"

28. 2016년 11월 9일 '박근혜정권 퇴진 비상국민행동 발족 전국대표자회의 및 기자회견' 보도 자료

29. 한국갤럽, 2016년 11월 첫 주 국정지지도 조사 결과 발표

30. 2016년 11월 4일자 오마이뉴스, "'박근혜 퇴진 캠핑촌' 만들다 경찰과 몸싸움 중"

31. "지금 이 상황은 국민들이 하야와 퇴진을 요구하는 상황. 국민들의 마음을 헤아리고 국민들이 받아들일 수 있게 하려면 거국내각을 만드는 절차나 과정이 중요하다."(문재인 전 더불어민주당 대표)

32. 2016년 11월 4일자 시사저널, "'박근혜 하야론'으로 움직이는 야권 잠룡들"

33. 2017년 1월 7일 11차 집회까지는 경찰 측도 별도로 집계한 참가인원 수를 발표했는데, 경찰 추산 1차 집회 참여자는 1만 2,000여 명이었고 2차 집회 참여자는 4만 8,000여 명으로, 경찰 추산으로 하더라도 2차 집회에는 1차 집회의 4배에 이르는 인원이 참여한 것으로 확인된다.

34. 2016년 11월 20일자 서울신문, "청와대 '검찰 중간수사 결과 발표, 인격 살인에 가까운 유죄 단정'"; MBC 뉴스데스크, "청와대 '검찰 발표 인격 살인, 탄핵 절차 밟아달라'"

35. 2016년 11월 22일자 동아일보, "김무성 '박근혜 대통령 탄핵은 마땅…난 찬성표 던지겠다'"

36. 2016년 11월 25일자 뉴스1, "새누리당 비상시국회의 '탄핵안 찬성 최소 40명 확인'"

37. 2016년 12월 1일자 노컷뉴스, "與 비상시국회의 '朴 대통령, 4월 30일까지 퇴진해야'"

38. 2017년 1월 1일자 연합뉴스, "민주 '황 대행, 송수근 인사 재고해야'…특검수사 촉구"

39. 2017년 1월 9일자 BBS 뉴스, "국회, 청문회 불출석·위증 혐의 '우병우 등 35명' 검찰 고발"

40. 2016년 10월 29일자 헤럴드경제, "'박근혜 하야하라'…전국 각지 대규모 촛불집회"

41. 2016년 11월 5일자 MBN 뉴스, "전국 곳곳서 촛불집회 열려… 박근혜 대통령 퇴진 촉구 투쟁 이어갈 것"

42. 2017년 2월 27일자 헤럴드경제 "경찰, 맞불집회가 더 많다더니 촛불집회에 병력 12배 배치"

43. 박근혜정권 퇴진 비상국민행동, 11월 9일 보도자료

44. 이하 '퇴진행동'의 조직운영 관련 내용은 참여연대 정책위원장이자 '퇴진행동' 5명의 상황실장 중 1인이었던 이태호 실장 인터뷰 내용을 토대로 구성되었다. 인터뷰는 2017년 3월 28일 진행되었다.

45. 그 이전 집시법에는 주요 관공서 200미터 이내에서 집회 및 시위가 금지되었으나 1989년 전문개정 법률(제4095호)에 따라 현행처럼 100미터 이내 금지로 변경되었다.

46. 이하 내용은 스토리펀딩 '촛불행진 둘러싼 법정 스토리'에 참여연대 공익법센터 김선휴 변호사 등이 연재한 내용을 토대로 재구성된다(https://storyfunding.daum.net/project/12395).

47. https://medium.com/zoyi-blog/wi-spot-1119-d2cf113b1e3c#.pcgq4mbb9(검색일 2016. 1. 29)

48. http://www.ohmynews.com/NWS_Web/View/at_pg.aspx?CNTN_CD=A0002263445 (검색일 2016. 1. 10)

49. 2015년 통계청 자료에 따르면 20세 이상 수도권 인구는 1,949만 명이다.

50. 2008년 광우병 관련 촛불집회에서도 참가자들의 기본 동인은 분노와 공포라는 진단이 있다(이해진 2009). 분노가 항의집회 참여의 기본이라는 것은 다른 국가에서도 일반적으로 발견된다(스테켈렌뷔르흐·클란더만스, 2010).

51. 항의집회 참가에 관한 연구 중에는 반대로 학력이 중요하다는 논리도 있다. 학력이 참여 여부에 직접 영향을 미치는 것이 아니라 교육 수준이 효능감에 영향을 미치고 효능감이 참여 여부에 결정적 영향을 끼치는 것을 파악하고 있다. 정치에 적극적인 사람이 집회 참가 가능성이 높은데, 정치효능감이란 자신이 정치에 대해 상당한 지식이 있으며, 자신의 정치 참여가 정치에 영향을 미친다는 자신감을 의미한다. 그리고 학력이 높을수록 정치효능감이 높다는 것이 학계의 정설이다. 따라서 학력이 높은 집단에서 정치효능감이 높기 때문에 집회 참여가 높다는 주장도 일리가 있다.

52. 2012년 대선에서 투표권이 없던 응답자들 중 집회 참여자들의 정치성향을 보면 대선 후보로서 문재인 전 대표를 선호한다는 응답은 33.3%뿐이다. 또한 이들 중 선호정당이 있다는 응답은 20.8%에 그친다. 이러한 정치태도를 볼 때 이들이 촛불집회에 참석한 이유가 정치적 목적을 가진 것이라고 할 수 없다.

53. 서베이몹이 2017년 3월 13일 조사한 결과에 따르면 촛불집회가 헌법재판소의 탄핵 인용 결정에 많은 영향을 미쳤다(48%), 어느 정도 영향을 미쳤다(42%)로 나타났다. 이를 합하면 90%가량의 국민은 계속된 촛불집회의 요구에 헌재 결정이 영향을 받은 것으로 생각하고 있다.

54. 한겨레신문의 2017년 3월 6일자에서 '만일 박 대통령이 탄핵심판 전에 자진사퇴를 할 경우 그대로 탄핵심판을 진행해야 된다고 보십니까? 중단해야 한다고 보십니까?'라는 질문

에 대한 조사 결과를 보도했다. '자진사퇴와 무관하게 탄핵심판은 계속해야 한다'라는 응답이 63.4%, '자진사퇴한다면 탄핵심판을 중단해야 한다'는 응답이 32.9% '잘 모름' 3.7%로 나타났다. 20~30대에서는 80%가 탄핵심판의 계속을 찬성했으며 60세 이상에서만 자진사퇴 후 탄핵심판 중단을 찬성하는 비율이 더 높았다. 한편 자유한국당 지지자들 가운데에서는 단지 7%만이 탄핵심판의 계속을 원해 국민 전체의 63.4%와 큰 차이를 보였다.

55. 즉시사퇴를 요구하는 시민의 가장 중요한 정보 소스가 종편이 21,7%, 인터넷이 17.8%, SNS가 2.3%인 데 비해 헌재 판결을 기다려야 한다는 의견을 가진 시민의 정보 소스는 종편 44.2%, 인터넷 24.7%, SNS 4.5%로 조사되었다. 대통령 비판이 주류였던 종편 의존도가 헌재 판결을 기다려야 한다는 집단에서 낮았고 그 대신 동일한 의견 소통이 중심인 인터넷이나 SNS의 비율이 높았다(서베이몹 3월 조사).

56. 내일신문과 현대정치연구소의 2016년 12월 말 조사에 따르면, 대통령의 탄핵에 직면하게 된 국정 위기의 사태에 대한 책임이 정치지도자에게 있다는 응답이 83.6%였고, 유권자에게 있다는 응답 또한 74.4%로 많았다.

57. 질문항이 정치권을 불신하는지를 묻고 있기 때문에 응답이 부정적일수록 정치를 긍정적으로 보는 것을 의미한다. 즉 '매우 그렇다'는 응답은 정치를 매우 불신하는 것이고, '전혀 그렇지 않다'는 응답은 정치에 대한 높은 수준의 신뢰를 의미한다.

58. 서베이몹 12월 조사를 보면 촛불집회가 국회의 탄핵안 통과에 영향을 미쳤다는 답변이 절대적이다. '큰 영향을 미쳤다'는 답변이 62.6%, '어느 정도 영향을 미쳤다'는 답변이 33.3%이다.

59. 대국민담화에서 대통령은 자신의 임기 단축을 포함한 진퇴 문제를 국회의 결정에 맡긴다고 발언했다. 이에 대해 국회의 탄핵소추를 막고 시간을 벌기 위한 전략이라는 비판의 목소리가 높았다. 휴먼리서치가 조사한 대통령의 담화에 대한 국민 여론을 보면 '만족한다'는 답변은 20.3%이고 '불만족한다'와 '잘 모름'이 각각 73.3%, 6.4%였다. 또한 '탄핵을 계속 추진해야 한다'는 답변이 70.5%였다.

60. 2017년 3월 5일 국민일보 조사에 따르면 탄핵이 인용된다면 법과 원칙에 따라 필요하다면 구속 수사를 해야 한다는 의견이 78.2%이고, 전직 대통령 예우 차원에서 불구속 수사해야 한다는 의견은 20.4%이다. 연령별로는 20~30대의 90% 이상이 구속 수사에 찬성했고, 40대는 88.9%, 50대는 72.1%, 60세 이상은 53.5%였다. 한편 박 대통령 탄핵에 대한 찬

성 의견은 78.5%이고, 반대 의견은 18.2%이다. 자유한국당 지지자 층에서는 6.4%만이 탄핵 인용에 찬성하여 더불어민주당(95.8%), 국민의당(0.4%), 바른정당(69.3%), 그리고 정의당(9.0%)의 지지층과 큰 차이를 보였다. 한겨레신문의 3월 6일자 보도 역시 비슷한 결과를 보여준다. 3월 3일 조사 결과는 '탄핵 이후에도 철저히 수사해 요건이 충족되면 구속해야 한다'는 답변이 67.8%, '철저히 수사하되 구속은 안 하는 게 좋다'는 답변은 17.6%로 조사되었다. 철저한 수사를 촉구한 의견을 합치면 85.4%이며 '탄핵되면 검찰 수사를 중단해야 한다'는 의견은 9.5%에 불과했다. 탄핵을 일종의 처벌로 보고 수사 중단을 원하는 국민은 10%가 되지 않는 셈이다.

61. 대통령의 3차 담화에 대한 국민의 평가는 냉담했다. 11월 30일 리서치뷰의 조사에 따르면 임기 단축을 포함한 진퇴 문제를 국회에 위임하기로 한 것에 대해 '특검과 탄핵을 피하려는 꼼수'라는 응답이 74.2%이고, 최순실 게이트는 '국가를 위한 공적인 사업이라고 믿어 추진했던 일이고 그 과정에서 어떠한 개인적 이익도 취하지 않았다'는 취지의 담화 내용에 비공감한다는 응답이 74.9%였다. 탄핵안이 통과되었음에도 불구하고 분노가 줄지 않거나 오히려 더 상승했다는 응답은 대통령의 부적절한 반응에 대한 분노라고 해석할 수 있다.

62. 밀러와 그의 동료들(Miller et al. 1980)은 이를 내적 효능감라고 하여, '정부 당국이 시민들의 요구에 귀를 잘 기울이고 반응한다는 느낌'으로 정의되는 외적 효능감과 구분한다.

참고문헌

—

김동춘. 2017. "촛불시위, 대통령 탄핵과 한국 정치의 새 국면."《황해문화》94호. 202~220쪽.

문우진. 2009. "정치정보, 정치참여와 민주주의."《한국정치학회보》43권 4호. 327~349.

민희·윤성이. 2016. "정보의 풍요와 정치참여의 양극화."《한국정당학회보》15권 1호. 131~157쪽.

손호철. 2017.《촛불혁명과 2017년 체제: 박정희, 87년, 97년 체제를 넘어서》서울: 서강대학교출판사.

송호근. 2017.《촛불의 시간》서울: 북극성.

송효진·고경민. 2013. "SNS 정보서비스의 질, 정치효능감, 그리고 정치참여의 촉진."《한국정당학회보》12권 1호. 175~216쪽.

윤성이. 2009. "2008년 촛불과 정치참여 특성의 변화: 행위자, 구조, 제도를 중심으로."《세계지역연구논총》27집 1호. 315~334쪽.

이갑윤. 2010. "촛불집회 참여자의 인구·사회학적 특성 및 정치적 정향과 태도."《한국정당학회보》9권 1호. 95~120쪽.

이동연. 2017. "촛불의 리듬, 광장의 문화역동-민주주의 정치를 위한 인식적 지도 그리기."《마르크스주의 연구》14권 1호. 91~117쪽.

이재신·이민영. 2011. "정치정보습득 채널, 정부신뢰, 사회적 영향이 대학생들의 정치참여에 미치는 영향."《언론과 사회》19권 3호. 77~111쪽.

이해진. 2009. "촛불집회와 10대 참여자들의 주체형성." 홍성태 편.《촛불집회와 한국사회》문화과학사. 164~215쪽.

이현우 외. 2016.《표심의 역습: 빈부, 세대, 지역, 이념을 통해 새로 그리는 유권자 지도》. 서울: 책담.

조기숙. 2009. "2008 촛불집회 참여자의 이념적 정향."《한국정치학회보》43권 3호. 125~148쪽.

천정환. 2017. "누가 촛불을 들고 어떻게 싸웠나: 2016/17년 촛불항쟁의 문화정치와 비폭력·평화의 문제," 《역사비평》 118호. 436~465쪽.

최장집·서복경·박상훈·박찬표. 2017. 《양손잡이 민주주의: 한 손에는 촛불, 다른 손에는 정치를 들다》 후마니타스.

Miller, Warren E., Miller, Arthur H. and Schneider, Edward J. 1980. *American National Election Studies Data Sourcebook: 1952-1978.* Cambridge, MA: Harvard University Press.

Olson, Mancur. 1971. *The Logic of Collective Action: Public Goods and the Theory of Groups.* Cambridge, MA: Harvard University Press.

Stekelenburg, Jacquelien Van, and Bert Klandermans. 2010. "The Social Psychology of Protest." http://www.surrey.ac.uk/politics/research/researchareasofstaff/isppsummeracademy/instructors/Social%20Psychology%20of%20Protest,%20Van%20Stekelenburg%20%26%20Klandermans.pdf (검색일 2017. 1. 20)

Stephan, Maria J. and Erica Chenoweth. 2008. "Why Civil Resistance Works: The Strategic Logic of Nonviolent Conflict." International Security. Vol. 33. No. 1, 7~44쪽.

찾아보기

탄핵 광장의 안과 밖

ⓒ 이지호, 이현우, 서복경

초판 1쇄 펴낸날 2017년 7월 28일

지은이 이지호, 이현우, 서복경
펴낸이 최만영
책임편집 김민정
디자인 최성수, 이이환
마케팅 박영준, 신희용
영업관리 김효순
제작 김용학, 강명주

펴낸곳 주식회사 한솔수북
출판등록 제2013-000276호
주소 03996 서울시 마포구 월드컵로 96 영훈빌딩 5층
전화 02-2001-5819(편집) 02-2001-5828(영업)
팩스 02-2060-0108
전자우편 chaekdam@gmail.com
책담 블로그 http://chaekdam.tistory.com
책담 페이스북 https://www.facebook.com/chaekdam

ISBN 979-11-7028-162-7 03300

* 무단 전재와 복제를 금합니다.
* 이 도서의 국립중앙도서관 출판예정도서목록(CIP)은 서지정보유통지원시스템 홈페이지
  (http://seoji.nl.go.kr)와 국가자료공동목록시스템(http://www.nl.go.kr/kolisnet)에서
  이용하실 수 있습니다.(CIP제어번호: CIP2017015542)
* 책담은 (주)한솔수북의 인문교양 임프린트입니다.
* 책값은 뒤표지에 있습니다.

 **책담** 다른 내일을 만드는 상상